2020 SME Development Environment Evaluation Report of Gansu Province: Explorations and Practices in Western China

甘肃省2020年中小企业发展环境评估报告

——优化中小企业发展环境的西部探索与实践

何文盛　编著

蘭州大學出版社
LANZHOU UNIVERSITY PRESS

图书在版编目（CIP）数据

甘肃省2020年中小企业发展环境评估报告 ：优化中小企业发展环境的西部探索与实践 / 何文盛编著. -- 兰州 ：兰州大学出版社，2021.12

ISBN 978-7-311-06175-3

Ⅰ. ①甘… Ⅱ. ①何… Ⅲ. ①中小企业－发展环境－研究报告－甘肃－2020 Ⅳ. ①F279.243

中国版本图书馆CIP数据核字(2022)第000118号

责任编辑 黄 卉
封面设计 汪如祥

书　　名 甘肃省2020年中小企业发展环境评估报告
——优化中小企业发展环境的西部探索与实践
作　　者 何文盛 编著
出版发行 兰州大学出版社 (地址:兰州市天水南路222号 730000)
电　　话 0931-8912613(总编办公室) 0931-8617156(营销中心)
0931-8914298(读者服务部)
网　　址 http://press.lzu.edu.cn
电子信箱 press@lzu.edu.cn
印　　刷 兰州人民印刷厂
开　　本 710 mm×1020 mm 1/16
印　　张 17.25
字　　数 307千
版　　次 2021年12月第1版
印　　次 2021年12月第1次印刷
书　　号 ISBN 978-7-311-06175-3
定　　价 48.00元

序

中小企业是发展经济、促进就业、改善民生、稳定社会的基础力量，已成为我国市场经济主体中数量最大、最具活力的企业群体。

2018年10月24日，习近平总书记在广东考察期间明确指出，“中小企业在现在我们国内经济发展中，起着不可替代的重要作用，中央还是在重视并且想办法，怎么使中小企业能够进一步发展，这样才能够真正使我国的经济全面发展。我们现在创新、创造、创业，实际上就是给中小企业更多的机会和空间。”之后，习近平总书记多次召开非公有制经济座谈会，对发展民营经济和中小企业作出了一系列重要指示和批示。

2017年以来，国家先后修订了《中小企业促进法》，颁布施行了《优化营商环境条例》等一系列重要法律法规，甘肃省修订了《甘肃省促进中小企业发展条例》等重要地方性法规，共同搭建起优化中小企业发展环境的制度体系。健全的法律体系和强有力的政策措施形成了强大的政策叠加效能，对持续改进和优化中小企业发展环境，促进中小企业高质量发展发挥了重要作用。

放在全国大局中来看，甘肃省经济社会发展已连续多年处于后列。原因虽是多方面的，但一个重要原因就是中小企业无论是数量还是质量都与东部经济发达地区存在较大差距。为了尽快改善全省中小企业的发展环境，增强中小企业的发展后劲，激发中小企业的发展活力，甘肃省委、省政府近年来密集出台了一系列重要政策文件与改革措施，将优化中小企业发展环境作为促进经济社会全面发展的重要突破口，摆在全省各级政府的面前。从总体效果上看，这些政策对优化中小企业发展环境，推动中小企业健康持续发展发挥了重要作用，全省各级政府更加重视中小企业发展、市场环境对中小企业更加友好、全社会共同支持中小企业发展的良好氛围正在逐渐形成。

为了科学、准确、客观评价国家推动中小企业发展的重要政策和省委、省政府加快全省中小企业发展的改革举措的贯彻实施效果，对全省各地中小企业发展环境的现状、取得的经验与存在的突出问题精准把握，为出台后续支持中小企业发展的系列政策提供科学依据，2020年甘肃省促进中小企业和民营经济发展工作领导小组办公室委托兰州大学何文盛教授专门组织评估团队，对全省的14个市（州）、兰州新区和86个县（市、区）进行了首次全覆盖的中小企业发展环境评估，形成了系统全面的评估报告，并报送省委、省政府主要领导进行决策参考。同时，本报告相关内容业已通过新华社、人民网、经济日报等主流媒体向社会发布。

为了进一步扩大甘肃省首次中小企业发展环境评估的社会影响力，经甘肃省促进中小企业和民营经济发展领导小组办公室同意，在甘肃省工业与信息化厅领导和中小企业处的大力支持下，《甘肃省2020年中小企业发展环境评估报告——优化中小企业发展环境的西部探索与实践》得以在兰州大学出版社付梓出版。本报告的正式出版，是甘肃省在推动中小企业发展环境建设方面取得的一项重要理论与实践成果。本人非常感谢兰州大学何文盛教授团队的高度信任与盛情邀请，有幸成为首批读者，并为本书题写序言。本人有几点体会愿与广大读者分享。

其一，本书基于科学客观原则，首次构建了适于甘肃省实际情况的中小企业发展环境评估指标体系。2021年9月，甘肃省第十三届人民代表大会常务委员会审议通过修订后的《甘肃省促进中小企业发展条例》规定："省人民政府有关部门应当制定中小企业发展环境评估方案，委托第三方机构定期开展中小企业发展环境评估，并向社会公布。"这意味着我省的中小企业发展环境评估将成为一项常态化的重要工作，而要高质量完成本项工作首先要解决的就是评估指标体系的问题。本书在系统梳理中小企业发展环境的理论与实践的基础上，结合甘肃省的实际情况，运用科学的理论方法，首次构建了涵盖9个一级指标、31个二级指标和88个三级指标的评估指标体系，可以说为未来甘肃省中小企业发展环境评估工作编写了急需的“工具书”。

其二，本书基于系统全面原则，首次全景展示了甘肃省中小企业发展环境评估的过程与结果。自《中小企业促进法》修订以来，工业与信息化部定期组织全国省级层面中小企业发展环境评估，福建省等地方政府也已开展相关工作，取得了积极成效。甘肃省此前并未就中小企业发展环境开展系统性评估与诊断，本书作为首次实施覆盖全省14个市（州）、兰州新区、86个县（市、区）的中小企业发展环境评估项目成果，对评估方案、实施过程、分维度评估结果及总体评价与排名等关键要素作了全景式展示，特别是数据获取与数据分析，确保了其为各级政府及相关职能部门摸清当前中小企业发展环境的现状提供可靠的依据。这是省级中小企业发展环境评估的又一次创新探索，为后续甘肃省及相关地方政府开展中小企业发展环境评估提供了“教科书”。

其三，本书直面改革痛点与堵点，首次对甘肃省中小企业发展环境存在的问题进行了科学总结与梳理。评估的直接目的在于发现真实问题，进而寻求解决之道。项目研究团队在全省开展了长达两个多月的实地调研，深入各地政府部门、中小企业开展问卷调查和深度访谈，其中，回收的政府部门和中小企业的有效问卷多达12806份，可以说研究工作做得十分扎实。在此基础上，本书提炼了各地方的成功做法和经验，更为重要的是对部分地方政府在优化中小企业发展环境方面存在的认识不足、投入不够、措施不力、效果不佳等问题做了科学系统总结，特别指出了“放管服”改革相对滞后，公平、法治的市场环境营造不到位，财政与融资政策效能不足等突出问题。可以说，本书为解决长期以来困扰各级政府改革优化的方向性问题提供了有价值的参考，是一份科学可靠的“诊断书”。

其四，本书立足改革实际与需要，首次为优化甘肃省中小企业发展环境提供了直接决策参考。科学研究服务于经济社会发展，将论文写在祖国大地上应当是新时代学者的追求。作为中央布局在甘肃的重点大学，兰州大学一直积极服务于甘肃经济社会发展，本书即是很好的例证。以何文盛教授领衔的研究团队，长期以来深切关注甘肃省经济社会发展的现实需要，做了大量的开创性研究工作。本书以大规模的调查数据为起点，合理运用科学方法与分析工具，针对甘肃省中小企业发展环境中存在的问题，就如何持续深化“放管服”改革、营造更加公平透明的市场环境、提升各级政府依法行政执法水平、制定并落实激励中小企业发展的政策及提升地方政府服务中小企业发展能力等方面首次给出了系统性解决方案，是一份清晰可操作的决策“参考书”。

总体来看，本书具有积极的学术意义和重要的实践价值，研究资料充实，研究过程严谨，评估方法科学，评估结论可靠，同时具有很强的可读性。不言而喻，本书的出版对甘肃省中小企业发展环境优化乃至经济社会发展都具有开创性的重要意义，也期冀相关的政府及职能部门能从中汲取改革能量，找到创新的着力点，切实为甘肃省中小企业发展作出更多更大的努力。

由于本人2012年至2017年曾担任甘肃省非公有制经济领导小组副组长兼办公室主任，期间曾四次主持起草并以省委、省政府名义印发了关于支持中小企业和非公有制经济发展的政策措施，共112条。在这些政策的推动下，全省非公有制市场主体数量翻了一番多。期间也多次和兰州大学管理学院合作对非公制企业管理人员进行培训，取得了显著的成效。现本书作者邀我作序，便欣然允之。希望更多有识有志之士对甘肃省中小企业的发展给予更多关注和支持，共同推进甘肃省中小企业又好又快发展，为甘肃省经济社会高质量发展贡献更多力量。

是为序。

郭承录

2022年2月于兰州

目 录

第1篇 评估基础

第2篇 评估过程

第3篇 成效与对策

附　录

第 1 篇

评/估/基/础

第一章　评估背景

一、中小企业的属性与定位

古典经济学开山鼻祖亚当·斯密曾指出，分工与专业化是规模经济产生的主要原因。随着企业规模扩大，企业内部可以采用更为细密的专业化技术，新的专业化技术又可以进一步深化劳动分工，直到受到市场容量的约束，这就是著名的“斯密定理”。在20世纪初，垄断资本主义的空前发展，甚至让诸多西方学者一度认为，随着生产和资本的集中与垄断，大规模化和现代化是企业发展的方向，随之中小企业将会由于逐渐被大企业吞并、排挤而日渐消亡。然而，二战后的经济现实却并非如此，大企业发展的同时中小企业也蓬勃发展，少数大企业和大量中小企业共存是多数国家企业规模结构的共同特征。

那么，中小企业为什么会存在并持续性发展呢？单从企业的性质来看，企业是作为价格机制的替代物，内部的交易成本决定了企业的规模（科斯，1937）。由于企业内部没有价格信号，资源配置到哪个方面主要靠企业家的自我感觉、经验和判断。随着内部交易的扩大，各种生产要素的调配也更加复杂，经验和判断的失误也会增多，也就会使新增资源的使用效率逐渐降低，这决定了企业不可能无限制地扩大。有学者对中小企业的存在进行了理论总结，指出经济进化论、不完全市场理论、规模经济论、产业分工论、生产力本位论等理论从不同的角度论证了中小企业存在的原因（林汉川，2009）。事实上，中小企业的存在是一个极为复杂的经济现象，受到经济、政治、社会文化甚至自然环境等多重因素的影响。

中小企业的研究始于罗宾逊（Robinson）对中小企业的界定，以分析在市场失灵情境下政府对于中小企业的扶持。中小企业的范围有了明确的界定，才能考察它们在经济发展及社会建设中的作用，才能评估政府扶持中小企业发展相关政策的效果。目前，世界各国主要通过定量和定性标准对中小企业进行界定，定量标准主要包括雇员数量、资产额（资本额）和营业额等；定性标准则以企业性质来界定中小企业，通常要求独立所有、自主经营和较小市场份额或在经营领域不占垄断地位。

由于企业都有创立与发展的过程，对于特定的企业而言，有时中小企业只是一个阶段性标签，中小企业经过发展逐步成为大型企业。但对于一些特定的行业，企业经营分散或难以集中，进入和退出门槛相对较低，从而中小企业是构成行业的主体部分。此外，随着经济社会的发展，以及“新产业、新经济、新商业”等不断涌现，对于中小企业具体的界定标准也会发生变化。因此，所谓中小企业，诸多场景下仍然是一个相对模糊的概念。

根据《中华人民共和国中小企业促进法》（以下简称《中小企业促进法》）第二条规定，我国的中小企业是指“在中华人民共和国境内依法设立的，人员规模、经营规模相对较小的企业，包括中型企业、小型企业和微型企业”。工业与信息化部联合国家统计局、国家发展与改革委员会及财政部，于2011年印发了《中小企业划型标准规定》（工信部联企业〔2011〕300号），从企业从业人员、营业收入、资产总额等指标对16个行业作了具体划分。而过去十年间，我国社会发生了重大变化，经济总量持续增长，经济环境深刻变化，因此2021年初工业和信息化部牵头《中小企业划型标准规定》的修订工作，再次对中小企业认定标准进行大幅修订，并广泛征求意见。

如何扶持和发展中小企业，这个问题长期以来是各国政府和理论界普遍关注的热点。中小企业自身的属性决定了它们成为关注的焦点。

一方面，除极特殊的情况，企业在初创之时都属于中小企业，它是大型企业的必经阶段，扶持中小企业即是对大型企业的培育。更为重要的是，中小企业本身对于经济社会发展起着至关重要的作用。相对于大型企业，中小企业具有更强的灵活性，不论是对组织结构还是业务模式的调整都更为容易，由于专注于特定的细分市场，其产品与服务的质量可能也更有保证。相关研究显示，中小企业在促进经济增长、创造就业机会、推动科技创新与进步、均衡地区差异等方面发挥着重要作用（Birch，1986；Voulgarls，2005；姚耀军等，2013；金陈飞等，2017）。

从实际情况来看，在中国1亿多的市场主体中，中小企业占了绝大多数。其中，绝大多数是民营企业。这些民营企业、中小微企业合在一起，贡献了50%以上的税收，60%以上的国内生产总值（以下简称GDP）经济总量，70%以上的以技术发明为代表的科技创新成果，80%以上的就业岗位以及90%以上的新增就业。可以说，中小企业是促进就业、改善民生、稳定社会、发展经济、推动创新的基础力量，是构成我国市场经济主体中数量最大、最具活力的企业群体。因此，中小企业发展状况关系到我国经济社会结构调整与发展方式转变，关系到促进就业与社会稳定，关系到科技创新与转型升级。

然而现实的另一面是，中小企业的发展面临着诸多的困境和制约。相对于大企业的成熟稳定，中小企业脆弱性更为明显，承受风险的能力较低，参与市场竞争也存在诸多劣势。制约中小企业发展最为突出问题，就是融资困难（郭仕广，2019；张月君，2020；韩凤琴等，2020），以及在市场上常常遭遇“不公平”的竞争，包括对外的产品或服务、对内的人才与队伍建设（刘消寒，2012；沈伟，2018；孙红等，2016）。在市场规则之下，品牌有明显的溢价，企业的规模很多时候成为一种有效的“背书”，一方面它是企业参与竞争不断发展的动力来源之一，另一方面它也是构成企业发展挑战的来源之一。

在市场失灵的情况下，中小企业的生存与发展空间会极度萎缩，行业发展乃至经济发展都将会受到极大影响。然而，通过借助“有形之手”，不断优化和改善中小企业发展环境，既可以培育大型企业，又能够增强市场活力，同时解决就业等公共福利问题。在这个意义上，扶持中小企业发展必然成为政策之选。在中国特色社会主义新时期，以新旧动能转换推进高质量发展成为时代主题，中小企业在稳增长、促就业、保税收等方面的重要性尤为突出。特别是2020年以来发生的新冠疫情，对我国经济社会发展产生巨大冲击，中小企业承受风险能力较低的特性充分显现，这意味着中小企业的发展需要更多的政策调节和扶持。

二、促进中小企业发展政策回顾

近年来，以习近平同志为核心的党中央高度重视中小企业发展，在财税金融、营商环境、公共服务等方面出台了一系列政策措施，取得了显著成效。事实上，我国长期以来都对中小企业发展给予了充分的政策关注，也正是由于政策的支持，我国的中小企业才能够蓬勃发展，在税收、经济增长、科技创新、社会就业与新增就业等方面做出“56789”的贡献。

为了促进中小企业发展，早在1986年，工业与信息化部成立了中国中小企业发展促进中心（以下简称中心）。该中心是我国唯一国家层面促进中小企业发展的综合性服务机构。三十余年来，该中心在支撑服务国家中小企业工作主管部门、建立完善全国中小企业服务体系、促进中小企业国际交流合作等方面开展了大量工作，已经成为全国中小企业服务体系的领头羊。中心认真贯彻落实工业和信息化部党组的工作要求，以“促进中小企业，成就远大未来，成为中国第一、世界知名的中小企业发展促进机构”为战略愿景和目标，加快改革发展，全力推进中小企业政策研究、咨询评估、管理培训、融资服务、会议展览、宣传推广、创新创业支持、数字化智能化改造、“专精特新”培育服务等各项业务，为促进我国中小企业高质量发展切实履行了职责使命、努力做出了积极贡献。

近20年来，国家在出台促进中小企业发展政策方面摸索前进，不断突破。2002年6月，全国人大常委会审议通过《中小企业促进法》，于2003年1月1日起施行，为我国促进中小企业发展的相关政策提供了法理依据，也标志着中小企业在经济社会发展中的重要作用得到了充分认可和重视。《中小企业促进法》共七章四十五条，从资金支持、创业扶持、技术创新、市场开拓和社会服务等多个方面，明确了各级政府及相关部门、金融机构、行业组织等在促进中小企业发展中的职责，对中小企业实行积极扶持、加强引导、完善服务、依法规范、保障权益的方针，为中小企业创立和发展创造有利的环境。《中小企业促进法》构成我国中小企业促进工作的“基本法”，为后续相关政策的出台奠定了坚实的基础。随后各省也先后制定了《中小企业促进条例》，以更为细化的举措来促进中小企业发展。

2009年9月，国务院印发《关于进一步促进中小企业发展的若干意见》（国发〔2009〕36号）（以下简称《意见》），明确提出“中小企业是我国国民经济和社会发展的重要力量，促进中小企业发展，是保持国民经济平稳较快发展的重要基础，是关系民生和社会稳定的重大战略任务”。同时，针对中小企业普遍面临的“融资难、担保难问题突出，部分扶持政策尚未落实到位，企业负担重，市场需求不足，产能过剩，经济效益大幅下降，亏损加大等”问题，从进一步营造有利于中小企业发展的良好环境、切实缓解中小企业融资困难、加大对中小企业的财税扶持力度、加快中小企业技术进步和结构调整、支持中小企业开拓市场、努力改进对中小企业的服务、提高中小企业经营管理水平、加强对中小企业工作的领导八个方面，提出了明确的工作要求，从而帮助中小企业克服困难，转变发展方式，实现又好又快发展。《意见》的出台有力地促进了我国中小企业的发展，特别是在李克强总理提出“大众创业、万众创新”之后，中小企业如雨后春笋般快速崛起，并与资本市场快速融合，成就了一大批“独角兽”企业，直接催生了“三新”经济的兴起。

2017年9月，全国人大常委会审议修改了《中小企业促进法》，并于2018年

1月1日起施行。新的《中小企业促进法》将中小企业促进工作的创新举措、成熟经验上升为法律规定，为新时代的中小企业发展提供了坚实的政策基础。新的《中小企业促进法》共十章六十一条，除包括进一步强化对中小企业的资金支持、创业支持、创新扶持和市场开拓等外，还明确了财政部支持政策，细化了相关的服务措施及权益保护内容，从而形成了较为完善的促进中小企业发展的政策体系。此外，为切实落实中小企业促进工作，《中小企业促进法》还明确规定，县级以上人民政府须定期组织对中小企业促进工作情况进行监督检查；要求国务院负责中小企业促进工作综合管理的部门应当委托第三方机构定期开展中小企业发展环境评估并向社会公布。此外，针对“三新经济”快速发展的实际情况以及中小企业仍然面临的发展困境，通过明确多元主体在中小企业促进工作中的职责，遵循“以评促改”的执行逻辑，使中小企业的发展有了根本性保障。

2019年4月，中共中央办公厅、国务院办公厅印发了《关于促进中小企业健康发展的指导意见》（以下简称《指导意见》），进一步重申“中小企业是国民经济和社会发展的生力军，是扩大就业、改善民生、促进创业创新的重要力量，在稳增长、促改革、调结构、惠民生、防风险中发挥着重要作用”。基于国际和国内市场环境发生的深刻变化，针对中小企业面临的生产成本上升、融资难融资贵、创新发展能力不足等突出问题，《指导意见》从营造良好发展环境、破解融资难融资贵问题、完善财税支持政策、提升创新发展能力、改进服务保障工作、强化组织领导和统筹协调六个方面提出了具体的举措和工作要求。其中，强化组织领导和统筹协调方面明确了加强工作督导评估，指出国务院促进中小企业发展工作领导小组办公室要加强对促进中小企业健康发展工作的督导，委托第三方机构定期开展中小企业发展环境评估并向社会公布，各地方政府要根据实际情况组织开展中小企业发展环境评估。

同年，国务院第66次常务会议通过了《优化营商环境条例》（国务院令第722号），并于2020年1月1日起施行。营商环境指向“企业等市场主体在市场经济活动中所涉及的体制机制性因素和条件”，优化营商环境目的在于“不断解放和发展社会生产力，加快建设现代化经济体系，推动高质量发展”。这是新时代背景下，国家对于发挥“市场在资源配置中的决定性作用，更好发挥政府作用”的具体政策落实。国家加快建立统一开放、竞争有序的现代市场体系，依法促进各类生产要素自由流动，保障各类市场主体公平参与市场竞争。鉴于中小企业的特殊性，《优化营商环境条例》明确“鼓励和支持金融机构加大对民营企业、中小企业的支持力度”，“支持符合条件的民营企业、中小企业依法发行股票、债券以及其他融资工具，扩大直接融资规模”，同时要求“国家机关、事业单位不得违约拖欠市场主体的货物、工程、服务等账款，大型企业不得利用优势地位拖欠中小企业账款”。

2020年初暴发的新冠疫情对企业生产经营产生了巨大冲击，原材料成本上升，供应链持续承压，产品销售渠道中断。特别是，中小企业集中的第三产业出现大幅波动。同时，由于疫情在全球的蔓延，国内的进出口受到严重影响，加之中美贸易摩擦等外部环境变化，中小企业的发展面临着前所未有的困难。为了应对疫情的影响，中央及各级政府发布了一系列政策扶持措施，加大融资支持（财金〔2020〕3号、银发〔2020〕29号、银保监办发〔2020〕15号等），实施税费优惠（财政部税务总局公告2020年第8号、税总函〔2020〕19号等），加强社保用工、复工复产支持（人社部明电〔2020〕2号、人社厅明电〔2020〕7号、人社部发〔2020〕8号、工信明电〔2020〕14号等），优化企业服务（发改办就业〔2020〕100号、工企业函〔2020〕30号等），降低企业生产经营成本（发改办价格〔2020〕110号等）。这些政策有力地促进了中小企业的复工复产，在疫情常态化背景下快速形成了新的发展之路。

此外，根据《中小企业促进法》，在中央财政支持方面，2003年中央财政预算增设中小企业科目，设立了中小企业发展专项资金。从2004年起，中央财政每年安排专项资金，以支持中小企业技术进步、结构调整、专业化发展、改善中小企业服务环境等。专项资金的使用重点在于引导地方等有关方面完善中小企业公共服务体系、融资服务体系，改善中小企业发展环境，突破制约中小企业发展的短板和瓶颈。2014年，财政部按照国务院规范中央对地方专项转移支付要求，会同有关部门统一整合中小企业发展专项资金，当年下达专项资金预算116亿元。2015年，财政部在2014年相关资金整合的基础上，对中小企业发展专项资金进行改革，改革财政资金使用方式，减少职能交叉造成的资金使用重叠现象，统筹归并分散于各部门的中小企业扶持资金，形成合力，加大对中小企业创业、创新、融资以及社会化服务的支持力度。2016年12月30日，财政部修订《中小企业发展专项资金管理办法》，对中小企业发展专项资金管理使用进一步做出规范。

通过政策回顾可以发现，中小企业在我国经济社会发展建设中一直具有举足轻重的地位，中央与地方各级政府都高度重视中小企业的发展，并出台了一系列支持性政策，极大地推动了我国中小企业繁荣发展。公共政策的生命在于落实的效果，自《中小企业促进法》实施以来，工业和信息化部多次组织了以省（市）为单位的中小企业发展环境评估，旨在通过评估发现问题，形成倒逼压力，为中小企业发展环境的改善提供极为重要的助力。

三、甘肃省中小企业及发展环境概况

甘肃省地处中国西北地区，东接陕西省，南邻四川省，西连青海省、新疆维吾尔自治区，北靠内蒙古自治区、宁夏回族自治区，西北端与蒙古国接壤，地处黄土高原、青藏高原和内蒙古高原的交汇地带。纵深长约1600公里的甘肃省，具有承东启西、南拓北展的区位优势，不仅是西北地区的核心省份，还与中西亚地区有源远流长的传统联系，具有高度的经济互补性和深化合作的广阔空间，是“丝绸之路经济带”的重要通道和关键节点。同时，甘肃还是国家重要生态安全屏障、黄河流域重要水源涵养区、黄河上游高质量发展先行区、黄河文化保护传承弘扬示范区，对于推动黄河流域生态保护和高质量发展具有举足轻重的作用。

根据国家统计局公布的数据，2020年甘肃省实现地区生产总值9016.7亿元，在全国31个省级行政区和直辖市中位列第27名，仅占地区生产总值第一名广东省（110760.9亿元）的8.14%。其中，第一产业增加值为1198.1亿元，第二产业增加值为2852亿元，第三产业增加值为4966.5亿元。三类产业增加值比例为13.28：31.63：55.08。2020年，甘肃省的人均地区生产总值为35995元，在全国31个省级行政区和直辖市中位列第31名，仅是人均地区生产总值第一名北京市（164889元/人）的21.83%。从西北五省（区）来看，甘肃省的地区生产总值次于陕西和新疆，排名位于西北五省（区）的中间位置，而人均地区生产总值垫底。可见，甘肃省的地区生产总值、人均地区生产总值位于全国末尾，经济社会发展水平明显滞后。

甘肃省经济发展滞后的主要原因是市场主体不活跃。在2019年《财富》杂志评选出的“世界500强企业”中，甘肃金川集团排名369位，是甘肃省唯一的上榜企业。在中国企业联合会、中国企业家协会评选的“2020中国500强企业”和“中国服务业企业500强”名单中，甘肃省也只有金川集团、甘肃公路航空旅游投资集团、酒泉钢铁集团、甘肃建设投资集团和白银有色集团5家国有企业入围，入围企业总数在全国排名并列第22位（此排名及以下排名均不含港澳台地区）。从上市公司数量来看，2020年甘肃省有34家上市公司（均为大型国有企业），在全国排名第25位；以12月31日的市值计算，34家上市公司总市值为2503亿元，在全国排名第29位。

甘肃省不仅进入国际、国内企业排名榜单的大型国有企业较少，而且由于受地理区位相对偏远、城镇化步伐相对缓慢、经济发展水平相对落后、市场发育迟缓、要素聚集能力较弱、社会创新创业动力不足等多方因素限制，中小企业数量相较全国其他相近省（区）而言整体偏少，且在甘肃省内各市（州）的分布也非常不均衡。根据《甘肃省各市（州）中小企业报送材料汇总表》相关数据，2019年甘肃省共有291157家中小企业，产业活动单位314177家，中小企业占比92.67%。其中，兰州市中小企业数量遥遥领先，甘南州、临夏州等市（州）中小企业数量相对较少。甘肃省各市（州）中小企业数量和产业活动单位数分布情况详见表1-1和图1-1。

需要特别说明的是，在本项目实施过程中，通过实地调研得到的中小企业总数来源于各市（州）提供的不完全统计数据，与《2020年甘肃发展年鉴》中产业活动单位数存在一定差异，主要原因是各市（州）对于本地区中小企业数量统计不完全或统计口径不一致、中小企业统计体系不够健全、中小企业划分认定标准存在差异等。

表1-1　甘肃省各市（州）中小企业数量总体分布情况（2019）　　单位：家

市(州)	中小企业总数	2019年产业活动单位数
兰州市	131616	59065
武威市	29582	18768
庆阳市	27000	24214
张掖市	20949	24061
平凉市	19266	18486
酒泉市	13620	18627
定西市	13258	26613
白银市	12072	23361
嘉峪关市	7463	5263
陇南市	6951	26782
天水市	4700	30486
金昌市	3639	6011
甘南州	613	10135
临夏州	428	22305
合计	291157	314177

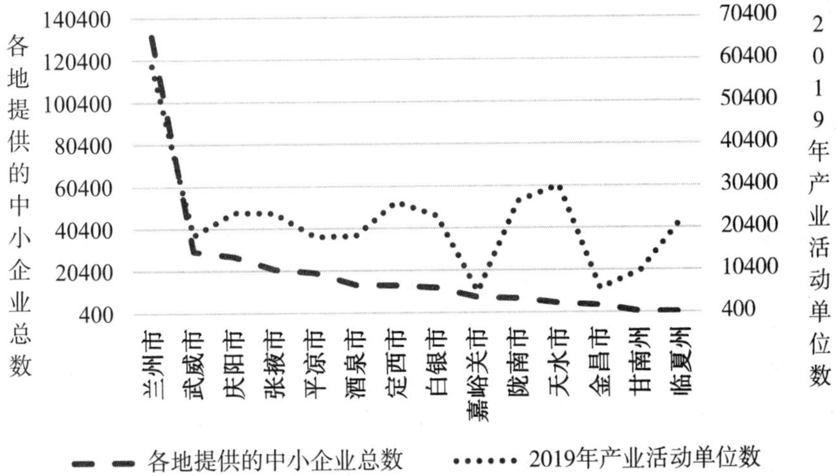

图1-1 甘肃省各市（州）中小企业数量分布情况

注：中小企业数量数据来源于2019年《甘肃省各市（州）中小企业报送材料汇总表》，产业活动单位数数据来源于《2020年甘肃发展年鉴》。

鉴于此现状，甘肃省政府及相关部门多次召开会议研究优化营商环境的政策措施，并出台了一系列政策文件支持中小企业发展。2018年，甘肃省人民政府办公厅印发《关于聚焦企业关切进一步推动优化营商环境政策落实的通知》，旨在进一步深化“放管服”改革，破解企业投资生产经营中的“堵点”“痛点”，打造市场化、法治化、国际化营商环境，增强企业发展信心和竞争力。2020年4月，甘肃省人民政府办公厅印发《关于贯彻落实〈优化营商环境条例〉的若干措施》的通知，要求解放和发展社会生产力，加快建设现代化经济体系，推动高质量发展；同年8月，甘肃省人民政府办公厅印发《关于切实保护和激发市场主体活力促进民营经济持续健康发展的若干措施》，从进一步放开民营企业市场准入、切实降低企业生产经营成本、加大民营企业发展奖补力度等十个方面提出切实保护和激发市场主体活力，发挥民营企业重要作用的若干举措。

根据2020年国内部分机构发布的代表性营商环境评价报告——工信部中小企业发展促进中心发布的《2020年度中小企业发展环境评估报告》、北京大学光华管理学院组织与战略管理系张志学教授与武汉大学经济与管理学院张三保副教授等共同完成的《中国省份营商环境研究报告2020》、广东粤港澳大湾区研究院联合21世纪经济研究院发布的《2020年中国296个城市营商环境报告》、万博新经济研究院联合中国战略文化促进会等单位发布的《后疫情时代中国城市营商环境指数评价报告（2020）》等，可以看出，甘肃省营商环境与中东部地区相比差距较大，与西北五省（区）相比仍有较大的改进空间。鉴于营商环境易受到地理区位和经济发展水平的影响，项目组根据上述报告中的数据信息，将甘肃与陕西、青海、宁夏、新疆等四个周边邻近省（区）进行横向比较，能够更为客观地反映甘肃省营商环境的现实状况。

工信部于2020年首次开展全国重点城市营商环境评估，并于2021年3月30日在首届全国优化中小企业发展环境论坛上发布了《2020年度中小企业发展环境评估报告》。这次评估选取36个典型城市（包括4个直辖市、5个计划单列市和27个省会城市），分别从市场环境、法治环境、融资环境、创新环境、政策环境5个维度构建5个一级指标，确定了21个二级指标和36个三级指标进行综合评估。在该报告中，兰州市综合得分为0.4530分，在全国排名第25位，位居西安市和西宁市之后、银川市和乌鲁木齐市之前（详见表1-2）。

《中国省份营商环境研究报告2020》将“十三五”规划纲要中提出的营商环境建设的4个方面——市场环境、政务环境、法律政策环境、人文环境，选定为一级指标；参考《优化营商环境条例》将“融资、创新、竞争公平、资源获取和市场中介”“政府效率、政府廉洁与政府关怀”“政策透明、司法公正”“对外开放、社会信用”12个方面选定为二级指标；基于既有参照指标体系和数据可获得性，确定了24个三级指标，对31个省级行政区的营商环境进行系统性评估。在该报告中，甘肃省综合得分为41.22分，排名第29位，位居西北五省（区）末位（详见表1-3）。

表1-2 《2020年度中小企业发展环境评估报告》西北五省（区）省会城市得分及排名

	兰州市	西安市	西宁市	银川市	乌鲁木齐市
排名	25	13	24	30	34
得分	0.4530	0.5688	0.4577	0.3893	0.3132

注：数据来源于《2020年度中小企业发展环境评估报告》。

表1-3 《中国省份营商环境研究报告2020》西北五省（区）得分及排名

	甘肃	陕西	青海	宁夏	新疆
排名	29	24	28	19	27
得分	41.22	46.27	43.05	51.73	43.19

注：数据来源于《中国省份营商环境研究报告2020》。

《2020年中国296个城市营商环境报告》使用各类统计年鉴数据、行政记录及启信宝等多个大数据公司数据，构建包括软环境、基础设施、社会服务、市场总量、商务成本、生态环境6个维度指标，实际纳入测算的三级指标达到了50多个，测评了中国296个地级及地级以上城市在营商环境方面的综合表现。在该报告中，兰州市综合得分为0.2821分，排名第65位，位居西北五省（区）省会城市末位（详见表1-4）。

《2019年中国城市营商环境指数评价报告》将评价体系的一级指标分为硬环境指数和软环境指数。其中，硬环境指数包括自然环境和基础设施环境，权重为40%；软环境指数包括技术创新环境、人才环境、金融环境、文化环境和生活环境，权重为60%。在该报告中，兰州市综合得分为51.13分，排名第50位，位居三个参与排名西北省（区）省会城市的末位（详见表1-5）。

通过对不同营商环境评估报告中甘肃省（或兰州市）与邻近省（区）（或其省会城市）的表现进行对比分析，不难看出甘肃省（或兰州市）在西北地区营商环境中总体排名表现并不佳。在上述四份报告中，甘肃省（或兰州市）最好的成绩位列西北五省（区）（或其省会城市）第三名，且三个报告中排名为西北五省（区）（或其省会城市）的末位。如与浙江、江苏和广东等营商环境建设领先的经济发达省份相比，则差距更为明显。因此，甘肃省在优化中小企业发展环境建设方面依然面临严峻挑战，发展之路任重道远。

表1-4　《2020年中国296个城市营商环境报告》西北五省（区）省会城市得分及排名

	兰州市	西安市	西宁市	银川市	乌鲁木齐市
排名	65	11	77	45	64
得分	0.2821	0.4016	0.2744	0.3043	0.2832

注：数据来源于《2020年中国296个城市营商环境报告》。

表1-5　《2019年中国城市营商环境指数评价报告》西北五省（区）省会城市得分及排名

<table>
<tr><th></th><th>兰州市</th><th>西安市</th><th>西宁市</th><th>银川市</th><th>乌鲁木齐市</th></tr>
<tr><td>排名</td><td>50</td><td>15</td><td colspan="2" rowspan="2">未进入全国经济总量前100名，未做评估</td><td>39</td></tr>
<tr><td>得分</td><td>51.13</td><td>80.61</td><td>60.04</td></tr>
</table>

注：数据来源于《2019年中国城市营商环境指数评价报告》。

四、中国特色新型智库为中小企业发展助力

党的十八大以来，我国高度重视智库建设，希望通过智库建设助力决策民主化、科学化。2013年，习近平总书记首次提出了建设中国特色新型智库的新目标。2015年，中共中央办公厅和国务院办公厅正式印发《关于加强中国特色新型智库建设的意见》，开启了我国特色新型智库建设的序幕。中国特色新型智库能够积极服务公共决策，发挥咨政建言、理论创新及舆论引导等重要功能，为党和政府提供理性、前瞻性的政策建议与智力支持，对服务于地方社会经济发展具有重要作用。高校智库建设是我国新型智库建设的重要组成部分，是高校服务党和政府决策的重要途径，是提升教育服务经济社会发展能力的重要载体。2014年，教育部印发《中国特色新型高校智库建设推进计划》，强调“推进中国特色新型高校智库建设，为党和政府科学决策提供高水平智力支持”。高校具有学科覆盖广泛、研究力量雄厚、科研成果丰硕、学术交流频繁等突出优势，服务于社会经济发展也是高校重要的职能之一，高校智库正在成为服务政府决策、推动社会发展的重要力量。

兰州大学是教育部直属的综合性全国重点大学，中央直管副部级建制，由国家国防科技工业局与教育部共建，世界一流大学建设高校A类、“985工程”和“211工程”重点建设高校，在甘肃省乃至西北地区具有举足轻重的地位。兰州大学管理学院自2004年成立以来发展迅猛，现有公共管理一级学科博士学位授权点和工商管理一级学科博士学位授权点，有公共管理博士后科研流动站。学院的公共管理学科是甘肃省重点学科、甘肃省优势学科，在教育部第四轮学科评估中获评B+档（学科前10%～20%）。依托于兰州大学管理学院的兰州大学中国政府绩效管理研究中心是中国行政管理学会与兰州大学共建的研究基地，是甘肃省高校人文社会科学重点研究基地和中国智库索引（CTTI）来源智库，已成为集中国政府绩效评价、学术研究、人才培养和咨询服务为一体的多功能学术机构，承担了多项服务于地方政府经济、社会发展的委托项目。

为贯彻落实党中央、国务院关于促进中小企业发展决策部署，有效应对近年来国内外市场环境的剧烈变化，进一步优化甘肃省中小企业发展环境，激发中小企业创新活力和发展动力，甘肃省委、省政府在政务服务、财税支持、融资环境等方面先后出台了若干举措。为全面深入了解甘肃省中小企业发展环境现状，促进全省中小企业健康高质量发展，根据省委、省政府相关要求，甘肃省工业和信息化厅制定了《甘肃省中小企业发展环境第三方评估工作组织方案》，由甘肃省

促进中小企业和民营经济发展工作领导小组办公室（原甘肃省促进中小企业发展工作领导小组办公室）作为项目委托方，兰州大学管理学院组成第三方评估项目组，对全省14个市（州）、兰州新区和86个县（市、区）的中小企业发展环境开展科学客观、全面系统的评估，并在诊断全省中小企业发展环境问题、剖析问题成因的基础上，提供进一步优化全省中小企业发展环境的政策建议。

第三方机构作为主体组织开展中小企业发展环境评估，可以充分体现绩效评估中工具理性与价值理性的双重取向。一方面，通过构建科学的中小企业发展环境评估指标体系，对全省各市（州）、兰州新区、各县（市、区）中小企业发展环境进行系统性评估，从而深入了解和掌握全省各级政府贯彻落实促进中小企业发展政策措施的实际效果，以及涉及促进中小企业发展相关职能部门的履职情况。另一方面，通过评估充分获取广大中小企业的意见与心声，全面掌握中小企业在发展过程中面临的实际困难与严峻挑战，对照中央和省委、省政府出台的相关指导性意见和政策，针对性、可行性地提出优化全省中小企业发展环境的对策建议。在当前愈加复杂的国内外市场环境变化与我国经济结构调整不断深化的背景下，持续优化全省中小企业发展环境，达到“以评促改、以评促建、以评促优”的效果。

为了圆满地完成此次委托项目，兰州大学管理学院专门组建项目组，认真组织实施项目评估工作。在评估过程中，严守职业伦理与保密义务，并全程与委托方充分沟通，确保运用科学方法收集数据资料，形成客观的评估结论，按时完成并提交评估报告。本次甘肃省中小企业发展环境评估项目覆盖全省14个市（州）、兰州新区和86个县（市、区）。项目组基于构建的中小企业发展环境评估指标体系，对上述地区开展实地调研，全面搜集评估数据，在此基础上撰写完成并提交《甘肃省中小企业发展环境评估报告（2020）》。本书正是本项目的最终成果。

第二章　学理支撑

一、相关研究回顾

（一）营商环境相关研究

营商环境作为近年流行起来的公共治理术语，已成为中国国家治理现代化的新内容和地方政府治理竞争的新场域。作为地区综合实力和竞争力的重要体现以及衡量政府监管质量和效率的宏观变量，营商环境可被用以评价贸易及投资的法治化、便利化和国际化程度，它是对国家行政治理制度的整体评价，在一定程度上反映着政府治理能力的高低，集中体现了国家治理制度的质量水平（阮舟一龙，许志端，2020；冯杰，2018）。优化营商环境的浪潮已在全国范围内掀起，学术界和地方政府对营商环境的相关研究将此浪潮推到了高点，并形成了一些代表性的理论和实践成果，主要包括以下几个方面：

1.什么是营商环境

营商环境作为企业在生产经营过程中所感知到的体制性、社会性因素的一种统称，是一个较为宽泛的概念，目前在理论和现实中还没有形成足够明确、精准一致的定义表述（郑国楠，刘诚，2021；张劲松，卢兆梅等，2020；后向东，2019）。实际上，营商环境是世界银行近年来提出的概念，现已经广泛用于评价国家、区域、城市适合营商的水平，并得到各国普遍认可（王光荣，2019）。追本溯源，营商环境概念从投资环境概念发展而来，随着经济社会发展，以投资为中心的思路和策略发生了变化。与投资相比，商业经营活动对市场经济发展具有的作用更大、更持久。于是，着眼点便从投资转移到营商活动，营商环境概念应运而生。

世界银行将营商环境界定为企业在申请开设、生产经营、贸易活动、纳税、关闭及执行合约等方面遵循政策法规所需要的时间和成本等条件的总和，是一项涉及经济社会改革和对外开放众多领域的系统工程（Kolasinski，2015；李志军，张世国，李逸飞，单珊，2019）。具体而言，营商环境是指私营企业在申请开设、生产经营、贸易活动、纳税、关闭以及执行合约等方面所需要承担的时间和成本，由市场环境、基础设施、政府效率、产权保护和税收体系等因素共同决定（World Bank，2019），由此进一步延伸出了营商环境“九要素说”（Wach，2008）、“五要素说”（Bah，Fang，2015）等不同外延。

事实上，企业的生存发展不仅需要宏观的经营环境，更需要优良的微观生态环境，这涉及企业日常的生产经营活动（崔鑫生，2020）。因此，从广义上来讲，营商环境也可以归结为影响企业生产经营的宏观环境和微观环境（Worthington，Britton，2011）。其中宏观环境主要包括政治、经济、法律、社会等系列环境，而微观环境则主要包括供应商、竞争者、劳动市场、金融机构等诸要素（宋林霖，何成祥，2018）。还有学者将营商环境视为一种制度质量，包括政府效率、规制质量和腐败程度等，认为营商环境是政府主导经济的必然产物，甚至把政府对市场的干预行为也作为营商环境常规的一部分（Escaleras，Chiang，2017）。有些中国学者也认为营商环境一般指企业在开办、运营、注销过程中所处的政治环境、经济环境、法治环境、国际化环境等各种外部环境的总和，是一项涉及经济社会改革和对外开放众多领域的系统工程（马相东，王跃生，2018）。

2.优化营商环境的必要性

首先，营商环境改革成为世界各国吸引外资的重要方式（崔丽媛，周玉玺，2019）。已有研究表明，东道国优越的营商环境对促进经济增长（董志强，魏下海，汤灿晴，2012）、扩大进口（史长宽，梁会君，2013）、吸引优质外商直接投资（王正新，周乾，2019）都有着积极而显著的影响。例如，国外有学者曾利用2003—2007年《营商环境报告》的数据，研究营商环境制度改革对投资与经济发展的影响，结果发现缩短执行合同的时间和对劳动力制度进行改革可以显著促进经济的增长，每项营商环境监管的改革都会带来该地区GDP大约0.15%的增长（Eifert，Gelb，Ramchandranv，2007）。国外也有学者就曾提出的营商环境排名提升是否意味着更多外商投资流入表示疑问，最后通过研究发现营商环境的改善与外商投资的流入有着密切的正相关关系（Jayasuriya，2011）。也有学者解答了上述疑问，认为更好的营商环境会吸引更多直接投资的流入（Corcoran，Gillanders，2015）。中国学者研究发现中国企业倾向于在整体营商环境更好的国家投资，中国企业对弱势制度国家的营商环境更加敏感，不同投资动机的企业选址更是表现出对营商环境子类指标的异质性偏好（杨亚平，李腾腾，2018）。

其次，营商环境的改善有助于企业技术创新绩效的提升。相关研究文献得出的研究结论较为一致，只是营商环境作用于企业创新绩效的内在机理各有不同。例如，王智新等学者利用世界银行发布的中国企业数据考察了营商环境改善对企业技术创新的影响，结果表明我国营商环境改善能够显著促进企业技术创新，其内在机制则在于营商环境改善通过国际贸易变动和受教育程度两个机制影响企业技术创新（王智新，赵沙俊一，朱磊，2021）。此外，优化营商环境可以提升金融发展对创新项目的资本配置总量和效率，进而促进企业技术创新（冯涛，张美莎，2020）。这一作用机制主要体现在三个方面：一是拥有良好营商环境的区域就意味着企业信贷审批程序更为简化，政银企协同对接机制更为完善（于文超，梁平汉，2019）；二是营商环境优良的地区往往拥有更为完善的法治体系，既能够保护贷款合同双方的合法利益，又能为技术创新活动提供更好的产权保护，从而激发企业的创新热情（陈刚，陈敬之，2016）；三是拥有优良营商环境的地区能够为企业技术创新项目提供更为多元化的融资方式，从根本上缓解中小企业融资难、融资贵问题（张美莎，徐浩，2020）。

最后，区域营商环境可以在很大程度上促进当地的经济发展。其影响路径主要包括以下三个方面：一是优良的营商环境要求当地政府减少行政权力对市场行为的干预，从而可以为当地市场主体的发展创造更加自由和平等的市场竞争环境（马忠新，2021）。国外有研究就表明放松管制等营商环境的变化促进了欧洲保险公司在2002—2013年间全要素生产率的显著增长（Eling，Schaper，2017）。国内学者则发现僵尸企业对私有非僵尸企业投资的挤出在国家干预程度更强的地区和外部融资依赖程度更高的行业表现得更为明显（谭语嫣，谭之博等，2017）。二是内嵌于营商环境之中的法治环境有利于优化市场主体的资源配置，激励了生产和创新要素私人所有者的投入，进而促进当地经济发展。例如，腐败问题将通过影响资源配置进而影响市场主体的生产效率、产品质量升级、资产周转、经营周期等绩效（Sharma，Mitra，2015）。反过来，政府的廉洁度对创业活动和市场主体的获利能力能够产生重要影响，从而影响区域经济发展质量（Gaganis，Pasiouras，Voulgari，2019）。三是税收、商事等方面的营商制度环境的优化可以降低市场主体开办、经营、退出等环节的活动成本，从而促进当地经济发展。例如，大量研究表明行政审批改革会显著提升当地企业的进入率（毕青苗，陈希路，2018），同时对当地居民的创业倾向和规模具有显著的正向影响（张龙鹏，蒋为，2016）。另外，作为营商环境的重要组成部分，优良的税收营商环境将显著促进当地市场主体的技术创新，从而带来经济发展（徐建斌，朱芸，2020）。

3.优化营商环境的策略与路径

对于服务型政府来说，营商环境无论在什么时候都是一个至关重要的问题。在市场经济条件和经济高质量发展的背景下，没有优良的营商环境，经济不可能真正繁荣，现代化经济体系无从谈起，高质量发展目标也不可能实现（杨志勇，文丰安，2018）。总体而言，“十四五”期间，我国的营商环境优化应突出减少审批、简化程序、合理收费、畅通融资、统一市场、放管协同、司法保护等十项重点任务（张占斌，2020）。

进一步地，为保证“十四五”时期营商环境重点工作的推进，支撑高质量发展目标的实现，有学者提出需要持续深化市场经济体制改革、行政管理体制改革和垄断行业改革，完善市场信用体系建设，为进一步优化营商环境创造条件（李先军，罗仲伟，2020）。在具体的改进策略方面，有学者从法治化建设的视角提出我国应该从在顶层设计上提供制度保障以完善立法、建设法治政府和诚信政府以规范执法和提高法院审判能力以公正司法三个方面助力营商环境的优化（钱玉文，2020）。

有学者从第三方视角出发，认为优化我国营商环境，从根本上讲，是要进一步落实“放管服”工作，尤其是从“简政放权、创新监管和优化服务”三个方面促进营商环境改善（阳军，刘鹏，2019）。也有学者认为补齐社会环境短板，是提升营商环境竞争力和吸引力的突破口。未来中国应以治理思维和方法为导向，以优化公共服务为核心，以构建社会诚信体系为杠杆，以强化制度引导为关键，循序渐进地改善社会环境，助推稳定公平透明、可预期的营商环境的营造（王光荣，2019）。

有学者从制度“嵌入性”的视角提出，营商环境优化的关键在于制度创新，而政府作为营商环境优化的责任主体，应坚持系统思维和结果导向等原则，积极构建多元主体协作与制度反馈机制，以有效的制度创新实现政府服务的高效性、市场竞争的公平性与社会要素的完备性（张国勇，娄成武，2018）。张威提出优化我国的营商环境，必须恪守以底线思维确定开放边界、以辩证思维发挥最大效能、以系统思维加强整体谋划、以战略思维统揽全局方向、以法治思维构建制度体系、以精准思维推进优化进程六大基本原则，同时在放、改、减、惠、守五个方面做文章（张威，2017）。

4.营商环境评估的探讨与分析

世界银行连续十八年发布年度《全球营商环境报告》，积累、丰富并形成了较为完善的指标体系，涵盖了开办企业、获得施工许可、电力建设、注册资本、获得银行信贷、投资者保护、税收、跨境贸易、合同执行和破产保护10个方面（World Bank，2019）。经济学人智库（Economist Intelligence Unit，EIU）综合了宏观环境和市场重点要素领域的政策评价指标，对政治环境、宏观经济环境、市场机会、政府对自由市场及外国投资的政策、外贸和外汇管制、税收、融资、劳动力市场和基础设施十大领域进行系统的评价（EIU，2014）。GEM（Global Entrepreneurship Monitor）则基于创业环境开发了包括创业者融资、政府政策（支持）、政府政策（税收和官僚机构）、政府创业项目、基础学校创业教育、高校创业教育和培训、研发成果转化、商业和法律基础、内部市场动态、内部市场开放、基础服务设施、文化和社会规范在内的评价指标体系（张三保，康璧成，张志学，2020）。

Korner和Kudrna在对中欧营商环境的测量中，认为应该以清廉指数、综合治理指数、捕捉指数、透明度指数和公司治理风险指数为框架对经济体营商环境进行测量（Korner，Kudrna，2002）。Civelek等人则在构建中小企业营商环境质量测量模型中，提出相比其他测量主体过于关注构成营商环境的主要要素，他们更加侧重分析要素之间的联系以及要素对营商环境的影响，认为国家、社会、金融市场和银行、商业风险会决定营商环境的质量（Civelek，2016）。然而，对于在全球配置资源的跨国公司而言，其对一个城市营商环境的关注点与中小企业会有所不同，其可能更加关注城市的腹地支撑、链接全球产业链的能力、在全球城市网络体系中的连通性，以及经济体制框架的一些基本构成要素与国际准则的兼容性等（Frick，Rodriguez-Pose，2016），但在世界银行等国际组织的主流评价指标体系中并没有包含这些因素（刘江会，黄国妍，鲍晓晔，2019）。

由于世界各国政治体制和经济体制的不同，国外的评价指标对不同国家适用程度并不一致，中国、巴西、印度、阿根廷等国都曾对其提出质疑（杨涛，2015）。有学者更是明确提出中国若要建立世界一流的营商环境，则应当立足于国情制定出具有中国特色、符合国家现状的创新型、系统性、全领域、全要素营商环境评价指标体系，并以新指标体系为蓝图，优化提升中国营商环境（杨枝煌，刘泽黎，李斐，2020）。由此，一些学者也逐步开始从不同视角、不同维度探索中国场景中的营商环境评价指标体系。例如，袁莉基于推动民营经济高质量发展的视角将促进民营经济发展的营商法规、涉企行政执法、地方政商关系及相关公共法律服务等设置为营商环境评价内容，将公平竞争的市场环境是否得到优化、民营企业及企业家相关权益是否得到依法平等保护、民营企业营商守法状况是否良好、民营企业对营商法治环境是否满意等设置为营商环境评价的标准（袁莉，2020）。

李志军等学者根据营商环境的主要影响因素及评价原则，围绕政府效率、人力资源、金融服务、公共服务、市场环境、创新环境6个因素，构建了包括政府效率、人力资源、金融服务、公共服务、市场环境、创新环境6个一级指标，下设17个二级指标的营商环境评价体系（李志军，张世国，李逸飞，单珊，2019）。娄成武等认为，在新时代背景下，营商环境评估应以市场主体和社会公众的满意为根本判断标准。他们以评估主体的民主性、评估信息的可获得性和评估结果的可比性为营商环境评估框架的构建原则，从整体感知、政务环境感知和要素环境感知三个维度设计评估指标体系（娄成武，张国勇，2018）。彭向刚、马冉借鉴国外有关营商环境评价的方法并遵循指标易操作化和数据易取得的原则，从需求识别、服务职能、服务能力、服务供给四个维度构建了一个包含14个二级指标、49个三级指标的递阶层次的营商环境评价指标体系（彭向刚，马冉，2018）。

（二）中小企业及其发展环境相关研究

不论是中国还是西方，中小企业在市场主体中均占了极高比例。据Sixlens数据显示，截至2020年底，中国存续在营的中小企业数量突破4200万家，占全国企业总量的98.5%。工业和信息化部的数据显示，截至2018年底，中国中小企业的数量超过3000万家，个体工商户数量超过7000万户，贡献了全国50%以上的税收，60%以上的GDP，70%以上的技术创新成果和80%以上的劳动力就业。加之上述关于营商环境的相关研究与中小企业发展环境的分析存在高度重合性，因此从某种意义讲，营商环境主要指向的就是中小企业发展环境。

基于不同的划分标准，各国对于中小企业的界定存在一定差异，多采用定量与定性相结合。根据林汉川（2009）的梳理，44个国家与地区样本都采用了定量的评价方式，评价维度主要包括雇员（从业者）数量、资本（资产）数量、营业额（营业收入）三个维度；而采用定性标准的占比13.64%，多为欧美国家。采用定量的方法，主要是考虑操作上的便利性，这个便利性主要指向的是确定中小企业扶持政策的享受范围。由于中小企业在市场竞争环境中常处于弱势地位，但它又是增进市场活力、促进商业变革的重要力量，因此各国都会采取一定的扶持措施。

早在1959年，马森·海尔瑞就提出了可以用生物学中的“生命周期”来看待企业的观点，认为企业的发展也符合生物学中的成长曲线，后由爱迪思将其发展完善提出了企业生命周期理论，在《企业生命周期》一书中，他把企业成长过程分为孕育期、婴儿期、学步期、青春期、盛年期、稳定期、贵族期、官僚初期、官僚期以及死亡期共十个阶段，认为企业成长的每个阶段都可以通过灵活性和可控性两个指标来体现。美国学者格雷纳（1992）提出企业成长模型（也称格雷纳模型），认为中小企业作为一种组织，一般会经过五个阶段发展成为大型企业组织，以阶段作为依据也可以判断企业是否属于中小企业。在这个模型之中，格雷纳考虑了企业的组织年龄、规模、演变阶段、变革阶段和产业成长率五个关键维度，从学理上对中小企业作了界定，也进一步揭示了中小企业可以发挥市场极为重要的主体作用，为扶持政策的介入提供了框架性指引。因此，对于特定的企业组织，纳入中小企业范围只是一个阶段性的结果。

由于中小企业处于成长的早期，在激烈的竞争环境下可能面临着大企业并不需要特别考虑的问题。从资源的输入端来看，中小企业由于经营风险较大，难以获得金融机构的授信，其融资成本更高，进入资本市场直接融资的渠道更是有限（张蕴萍等，2021；张月君，2020）。同时，由于中小企业发展前景不是十分明朗，对于人才的吸引力往往不够，加上资金受限，往往难以获得高素质人才（吕臣等，2019；刘骏等，2020）。从产品或服务输出端来看，中小企业常常被视为“规模小、实力弱、技术落后、抗风险能力差”的代表，在获得目标消费者上成本更高，相对于大企业更难融入市场的价值链（刘消寒，2012；沈伟，2018），如此难以获得可持续发展的有效支持，严重地影响了其潜力的充分发挥（张培丽，2019；卜振兴，2018）。在这种背景下，中国高度重视中小企业的发展，并以全国人大立法的形式明确相关支持政策，取得了较为显著的成效（刘戒骄等，2019）。在地方层面上，享有地方立法权的省（市）也先后通过立法来推进支持中小企业工作。针对中小企业的发展困境，学者们深入探究了政府、金融机构及其他主体在促进小企业发展中的措施及效果（池自先等，2017；封北麟，2020；林敏等，2020）。

为了进一步落实对中小企业的政策支持，2019年工业和信息化部委托中国中小企业发展促进中心等单位，选择了全国27个省会城市和4个直辖市的“双创”城市示范区，共计31个评估对象，针对其2018年中小企业发展环境进行第三方机构独立评估。试评估构建了“竞争环境、要素环境、创新环境、政策环境”4个一级指标、25个二级指标和41个三级指标，基于评估结果，在优化公平竞争的市场环境、提升政府服务效率和水平、加强对中小企业权益保护力度、多措并举解决中小企业融资难题等方面提出了针对性建议。在试评估基础上，为实现“以评促建、以评促改、以评促优”的目的，2020年中小企业发展促进中心进一步完善评估指标体系、改进评估方法、扩大评估范围，选取了4个直辖市、5个计划单列市和27个省会城市，共计36个典型城市作为评估对象，以2019年统计数据为基础，从市场环境、法治环境、融资环境、创新环境和政策环境5个维度，对2.6万家中小企业展开多维度调查。自此，中小企业发展环境评估成为一项常态化工作。

二、相关理论基础

（一）生态系统理论

生态学初期为生物学领域的概念。“生态”一词本指自然界的万物依自然本来的规定而和谐地处在合理的生命循环之中，是自然界和谐性的一种表述。而“生态系统”则指在自然界的一定空间内，生物与环境的统一整体以及这二者在一定时间内的动态平衡。本质上而言，生态学是研究生物个体与其环境相互作用的科学，也是一种认识论和方法论。1979年，美国心理学家布朗芬布伦纳（Bronfenbrenner）首次较系统地将生态学的知识引入到人类行为的研究中，并提出了生态系统理论。该理论认为，人生来就有与环境和其他人互动的能力，人与环境的关系是互惠的，并且个人能够与环境之间形成良好的相互调和度；个人的行动是有目的的，人类遵循着适者生存的法则，个人意义是环境赋予的，要理解个人，就必须将其置于其环境之中；个人问题是生活过程中的问题，对个人问题的理解和判定也必须在其生存的环境中来进行。

生态系统理论的关键在于将个体放在一个系统之中，将个体与其所生活的环境作为一个整体来看待。一个人如果与其所生活的环境之间没能建立良好的联系，不能有效地利用生活环境中存在的资源，或者其环境中不存在其所需要的资源，都将影响个人的生存与发展。同时，系统在动态的变化过程中维持稳定和平衡，系统内部的子系统之间不是简单的线性联系，而是存在着多元互动或互为因果的循环关系。系统及子系统与外界的关系是一种积极的互动关系，系统具有主动调试和适应的能力，而不是消极地接受和顺应。从生态系统理论可以看出，通过改变系统以及系统与个体之间的互动关系可以实现个体需求的满足。

此外，生态系统理论本质上亦是一种共生共存的组织系统，每一个系统都存在于另一个系统中，该理论将影响人类行为的环境分为四个层级，从内到外分别为微观系统、中观系统、外观系统和宏观系统。微观系统是指介于发展的个人与环境之间的复杂联系，是一种直接影响个人发展、包容个人的中间组织；中观系统是指介于包容个人的主要组织之间的联系，即微观系统间的互动关系；外观系统是微观系统的一种延伸，对个体有影响，但发展中的个人并未直接参与运作的系统，通常它们可以影响和包容微观系统或中间组织，进而间接地影响个人；宏观系统指文化的支撑部分，是一种较大的环境系统，如经济、社会、教育、法律及政治体系等。

整体而言，生态系统理论强调在整个社会生态环境中，人类行为与自然环境以及社会环境等之间的相互联系、相互影响。而将生态系统理论引入经济管理研究领域，则更加强调了诸如物质资源、市场环境、资金支持、人力资源等多重环境要素对企业成长与发展的重要影响。类似地，从生态系统理论视角出发，营商环境可以视为企业从事创业、创新、融资、投资等活动时所面临的外部环境的一个综合性的生态系统（李志军，2021；杜运周等，2020）。此时，影响企业营商环境的因素可能来自于政治环境、经济环境、法治环境、创新环境等各种外部环境要素。所以，生态系统视角在交易成本、制度逻辑基础上，更加强调宏观外部环境因素，以及各个因素之间耦合关系对企业生产经营产生的影响（杨传开、蒋程虹，2019；杜运周等，2020）。

在本项目的研究过程中，项目组认为企业作为“政府-市场-社会”这一生态系统中的一个重要主体，其成立、发展、壮大乃至消亡都会受到区域内政策环境的牵引、金融环境的支持、市场环境的引领、创新环境的支撑、政务环境的限制、公共服务环境的制约等。因此项目组基于生态系统理论，在重新认识与界定中小企业发展环境内涵和外延的基础上，结合《优化营商环境条例》《甘肃省人民政府办公厅印发关于贯彻落实〈优化营商环境条例〉若干措施的通知》《甘肃省促进中小微企业高质量发展若干措施》等一系列政策文件，从政务服务环境、政策环境、财税支持、融资环境、创新创业环境、公共服务环境、新型政商关系、工作机制、社会满意度九个方面确定了甘肃省中小企业发展环境的评估维度。

（二）服务型政府理论

“服务型政府”这一概念与理论体系是在中国情境下发展起来的、一个具有特殊含义的表述方式（竺乾威，2019）。在我国，“服务型政府”这一概念更多是从政府职能的角度进行阐述和使用的，表明随着经济社会的发展，政府职能重心随之发生改变与转移，从以往注重经济建设到逐渐开始注重公共服务与民生建设，这也深刻体现了政府部门为人民服务、对人民负责和维护人民根本利益的本质。事实上，任何一国的政府部门都具有政治统治、行政管理与社会服务的基本职能，而“服务型政府”相对而言则更加强调在“以人民为中心”的理念指导下，政府在法治、民主、透明、高效的制度框架内，把服务作为政府职能结构重心和公共治理价值体系核心的一种政府形态或模式（施雪华，2010）。

首先，“服务型政府”理论绝不是对传统政府管理理念和管理模式的小修小补，而是对传统政府管理理念以及管理模式的一种彻底超越，标志着政府治理进入了一个新的阶段。与传统的政府管理理念与管理模式相比，“服务型政府”将对政府部门的核心理念、价值导向进行根本性调整，对政府部门的职能体系、组织结构、行政方式与操作流程进行全局性变革，是现代国家在基本完成现代化任务之后出现的一种后现代政府形态。

其次，“服务型政府”强调构建政府与公众之间平等、合作的新型互动关系。作为一项基本政治关系，政府与公众之间的关系状况和性质一直是影响政府公信力的一个重要变量。在传统的政府管理模式中，政府在经济发展、社会治理以及公共服务过程中一直都处于一种主导地位，行政管理过程中的平等、合作关系无从谈起。而“服务型政府”则尝试打破这种政府与公众之间的强依附关系，反对政府本位与官员本位而提倡社会本位与公众本位，从而实现政府与公众之间在法律上、形式上和实质上的平等关系。在构建了平等关系的基础之上，政府与公众、社会组织等其他行动主体共同参与社会治理，共同致力于公共治理水平和治理绩效的提升，彻底打破以往官民对立的局面。

最后，“服务型政府”致力于多元行动主体参与机制或渠道的建立与健全。作为一种全新的行政理念和政府模式，“服务型政府”以寻求公共利益与共同体普遍共识为目标，促使政府、市场与社会形成一个开放式的系统，并通过多元主体之间非线性的互动方式组成社会网络管理系统，明确各主体之间的角色定位与职能方式，完善公共治理结构，创造现代性行政管理所追寻的服务中心主义和责任至上主义，从而实现政府治理的整体性跃进（郑巧，肖文涛，2008）。因此，“服务型政府”强调必须合理界定社会主体参与的范围和程度以及参与的途径，科学地选择参与的模式，构建公正透明、运转流畅、绩效显著的参与机制，大力促进利益相关主体的诉求表达与政府回应之间的互动频次、效率和质量，进一步完善现代政府民主与科学的行政决策体系（姜晓萍，2007）。

自党的十八大以来，以习近平同志为核心的党中央高瞻远瞩、审时度势，提出从政府职能转变的角度深化我国经济体制与行政体制改革的战略目标，并在党的十九大报告中明确提出要“转变政府职能，深化简政放权，创新监管方式，增强政府公信力和执行力，建设人民满意的服务型政府”。而优化营商环境作为“放管服”改革与落实的具体领域，本质上还是要进一步厘清政企、政社关系，在此基础上不断创新政府管理理念，变革政府管理方式，优化政府管理结构，提高政府管理效率（中国行政管理学会课题组，2019）。

因此，项目组在调研与研究过程中始终坚持甘肃省中小企业发展环境建设与优化必须要以“服务型政府”理论为基本指引的原则，将“服务型政府”的内在建设逻辑与外在建设要求有机融合于甘肃省中小企业发展环境优化过程的始末，才能够更加有效地激发市场主体活力与经济发展动力，促进全省经济社会持续健康发展。

（三）协同治理理论

在过去的20年间，世界各国逐步开始探索政府与企业、社会组织、公众之间跨部门协同的机制与模式，以解决政府、市场及第三部门在公共事务处理过程中的“失灵”难题。由此，“协同治理”这一新兴的治理思想与行动策略得到了发展。作为当前公共管理领域的热点话题，不少学者将“协同治理”称作是公共管理理论发展的新阶段，是对传统管理模式的扬弃和超越（徐嫣，宋世明，2016）。

一般而言，协同治理理论是由自然科学中的协同论和社会科学中的治理理论交叉形成的新兴理论。该理论的核心内容是指在公共生活过程中，政府、非政府组织、企业、公众个人等构成一个开放的整体系统，法律、知识、伦理、货币等作为控制参量借助系统中诸要素或者子系统间复杂的相互协调、共同作用，通过调整系统有序、可持续运作适应所处的运作环境，使整个系统在维持高效、有序的基础上共同治理社会公共事务。同时该系统追求效率和价值统一，最终能达到最大化维护和增进公共利益的目的。作为实现公共目的的一种集体行动模式，协同治理泛指“公共政策决策和管理的过程和结构，它使人们能够跨越公共机构、政府等级和（或）公共、私人与民间领域的界限，建设性地参与其中以实现其他方式无法达成的公共目标”（Emerson，Nabatchi，2015）；或更狭义地指各行动主体和利益相关方参与“正式的、以共识为导向的和协商式的集体决策过程，旨在制定或者执行公共政策，或者管理公共事务与公共项目等”（Ansell，Gash，2008），在此过程中多元行动主体可以共同制定目标和战略，并共享责任和资源。

协同治理的最主要特征之一便是治理主体多样化，包括政府组织、非政府组织、企业、公众个人在内的社会组织等。在决策和治理的背景下，协同指为一个共同的目的或政策目标而共同努力的行为，是一种“高强度”的互动模式，这种模式不仅培养了相互依存和联合行动，同时保留了协同各方的自主权。在现代社会系统中，由于知识和资源被不同的组织所掌握，所以公共事务治理需要打破以政府为核心的权威，让其他行动主体都能在一定范围的公共治理过程之中发挥作用，力求让不同的政策行为者参与制定和实施以共识为导向的政策和管理行动（Koebele，2020）。

协同治理是建立在信任和合作的基础上的一种集体行为，各组织在遵守共同规则、自愿平等的前提下，同时强调协作应该多于竞争，以实现整体大于部分之和的效果，并且协同治理进程试图促进具有不同信念的不同政策行为者和治理行动者之间的协同，特别是在处理复杂的多管辖区问题的情况下，传统的、自上而下的决策与管理方法无法奏效时。为了实现这一点，协同治理过程要求行动者长期互动，以公开透明的方式审议并协商有争议的问题，共享资源，并最终能够协商出所有行动者与参与者都同意的解决方案（Emerson，Nabatchi，Balogh，2012）。协同治理的实质是公共权力的回归，现代社会的各级政府应完善公共治理结构，转变治理理念，匡正管理职能和管理方式，更多地通过协商对话和相互协作的方式来共同管理社会公共事务。

在本项目研究中，项目组将中小企业发展环境视为一种多元的、复杂的公共治理的结果呈现，其有效建设与优化责任绝非单一治理主体——即便是功能强大的政府能够承担，尤其是随着经济社会发展的高度分化，除了地方政府这一单一行动主体之外，企业组织也将成为影响区域发展环境优劣的一个主体与重要参数。中小企业发展环境建设与优化责任是一种主体多元、要素异质、功能复杂交叉的特殊公共产品供给。它是一项系统化的复杂工程，需要多元主体的协同治理。因此，本项目将协同治理这一经典理论作为研究的主要理论基础之一，结合《中小企业促进法》《优化营商环境条例》等政策要求，立足于甘肃省建设现状及特殊的时代背景，对地方政府与企业组织协同互动过程中的中小企业发展环境建设与优化进行系统性、专门性研究。

三、简要小结

发挥市场在资源配置中的决定性作用，更好发挥政府职能，是当前处理好政府与市场关系的基本指引。企业作为市场的主要组成部分，其生存与发展取决于内外部各种因素的相互作用，生态系统理论对此做出了充分的阐释。中小企业既是环境的塑造者，又深受环境的影响。相较于大企业，中小企业有更强的环境依赖性。因此，要促进中小企业发展就必须积极为其创设良好的发展环境，这也是服务型政府建设的应有之义。而时代发展到今天，多元主体的协同治理已成为主流，政府作为主导来优化中小企业发展环境的同时，也离不开其他主体的积极参与。因此，生态系统理论、服务型政府理论及协同治理理论为中小企业发展环境的优化提供了重要的理论基础，在评估中小企业发展环境时必须充分考虑评估指标在理论上的合理性。

国内外关于营商环境的研究成果已日趋丰富，形成了相对成熟完善的理论成果和相对聚焦的学术观点。但世界各国政治体制和经济体制存在差异，国外研究并提出的营商环境优化策略与路径对中国的适用性有待进一步验证。国内学者在营商环境优化方面虽进行了一定的有益探索与科学研究，并对中小企业给予了特别关注，但从目前已取得的研究成果来看，学者们更多关注于东部沿海经济发达城市和东北地区的营商环境评价与提升，主要以东部沿海城市和东北地区为研究对象构建营商环境评价指标体系，较少有学者关注西部地区的建设与发展，有关甘肃省营商环境的研究更是极为罕见。有学者指出未来应突破世界银行营商环境样本覆盖局限，着力解决我国营商环境的发展不平衡问题，加大力度改善中西部地区营商环境。只有中西部地区的营商环境与东部沿海地区实现了同步优化，才是真正的优化（冉昊，2019）。然而，中小企业发展环境评估以工业和信息化部中小企业发展中心为主要推手，相关的研究还处于起步阶段。

因此，本项目组接受甘肃省促进中小企业和民营经济发展工作领导小组办公室委托，以需求驱动、应用导向为基点，以甘肃省中小企业发展环境为研究对象，通过采取科学方法开发中小企业发展环境评估指标体系，并对甘肃省各市（州）、兰州新区和各县（市、区）进行大规模数据调查，系统评估甘肃省中小企业发展环境的现状，以期总结经验、发现问题、提出建议，从而为促进甘肃省中小企业发展做出应有的学术贡献。

第三章　评估方案

一、评估原则与基本思路

（一）评估原则

本项目评估遵循以下5个方面的基本原则：

1.客观公正

以独立第三方的角度，根据收集的一手数据资料客观公正地反映甘肃省各市（州）、兰州新区及各县（市、区）中小企业发展环境实际现状，避免非客观因素的干扰与不利影响，确保评估过程及结果的客观公正，评估中搜集的数据与最终结果保持一致。

2.系统全面

全面评价甘肃省各市（州）、兰州新区及各县（市、区）中小企业发展环境的总体情况，详细分析省内中小企业发展环境的突出问题及成因，总结各地取得的成效和经验，也直面不足和“短板”，在科学分析基础上提出下一步改进对策。

3.突出重点

围绕甘肃省各地近三年促进中小企业发展的重点工作开展情况、目标任务实现情况等内容，聚焦政务服务环境、政策环境、财税支持、融资环境、创新创业环境、公共服务环境、新型政商关系、工作机制、社会满意度维度进行科学评价。

4.科学严谨

准确把握时代性和规律性，更新评估理念，创新评估方法，完善评估工具，提升评估的专业性、科学性、系统性与准确性。

5.经济简便

在保证充分准确反映实际情况的前提下，评估方案设计、实地调研安排等都应尽可能地以经济简便和控制成本为原则，评估指标选取应通俗易懂、便于操作，数据获取需确保针对性和准确性。

（二）评估思路

本评估项目实施遵循以下思路：

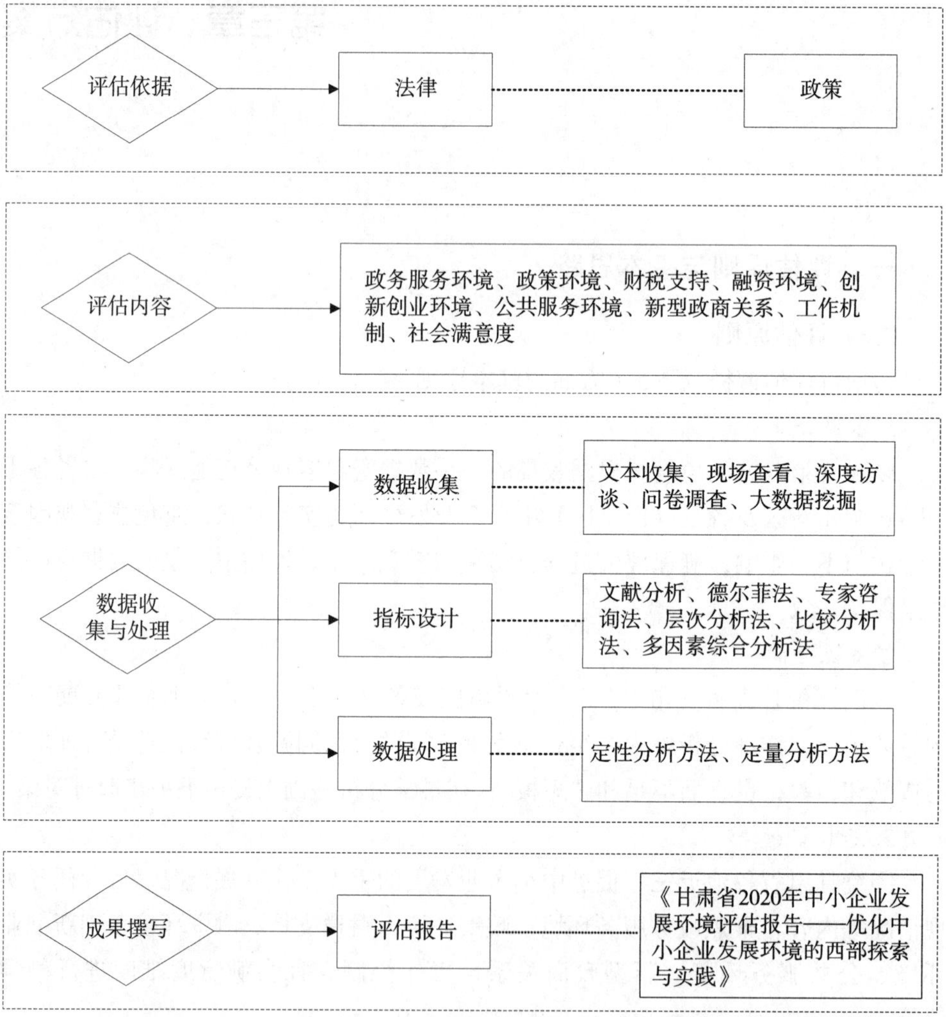

图3-1 甘肃省中小企业发展环境评估项目实施思路

（三）实施进度

本研究分6个阶段展开，研究开始于2019年12月，受疫情影响，研究进度相对原计划有所滞后，于2021年4月基本完成研究任务。相关的研究阶段、研究主题、时间进度、时间安排等信息如表3-1所示。

表3-1 甘肃省中小企业发展环境评估进度安排

时间	工作阶段	具体工作内容
2019年12月—2020年1月	理论梳理	梳理相关概念及要素变迁,总结理论发展,凝练研究问题
2020年2月—3月	前期筹备	制定具体、详细、可行的研究方案,包括设计调查问卷、拟定访谈提纲、构建指标体系等
2020年4月—5月	预调查	开展预调研,再次完善研究方案
2020年6月—9月	正式调查	分组前往各市(州)、兰州新区和各县(市、区)开展实地调研,召开座谈会、审查核实资料、开展问卷调查、进行访谈
2020年10月—11月	数据处理	对调查获取数据进行整理和分析,依据实地调研所收集到的数据进行总结
2020年12月—2021年4月	研究总结	撰写研究报告,提交审议、修改完善,完成研究结论并召开专家评审会,项目结项

二、评估依据与评估内容

(一)评估依据

本项目评估遵循以下法律与政策依据:

1.基本法律与政策

(1)《中华人民共和国宪法》

(2)《中华人民共和国中小企业促进法》

(3)《优化营商环境条例》

(4)《关于促进中小企业健康发展的指导意见》

(5)《国务院办公厅关于聚焦企业关切进一步推动优化营商环境政策落实的通知》

(6)《甘肃省促进中小企业发展条例》

(7)《甘肃省促进中小微企业高质量发展若干措施》

(8)《2019年甘肃省促进中小微企业高质量发展工作要点》

(9)《甘肃省“专精特新”中小企业认定综合管理办法》

(10)《甘肃省政法机关服务经济发展优化营商环境的实施意见》

2.其他政策与文件

(1)《工业和信息化部办公厅关于开展中小企业发展环境第三方试评估工作的通知》

（2）甘肃省工业与信息化厅关于优化中小企业发展环境的相关文件

（3）甘肃省各市（州）近年来优化中小企业发展环境工作要点

（4）甘肃省各市（州）近年来优化中小企业发展环境工作总结

（5）甘肃省各市（州）近年来优化中小企业发展环境工作自评报告

（6）甘肃省各市（州）近年来优化中小企业发展环境工作汇报

（7）甘肃省各市（州）近年来优化中小企业发展环境工作通报

（8）其他相关资料

（二）评估对象

项目评估对象为甘肃省14个市（州）、兰州新区和86个县（市、区），主要评估内容为各地中小企业发展环境建设情况及成效。

（三）评估内容

1.政务服务环境

政务服务环境是地区经济软实力和发展质量的重要体现，优化政务服务环境是全面深化改革、推动社会主义市场经济和谐有序发展的重要基础，政务服务环境评估的核心是考察全省“放管服”改革的实际成效。

2.政策环境

促进中小企业发展的政策涵盖产业、金融、财税、服务等多个政策维度，政策环境评估主要依据科学评估标准系统地评价甘肃省各类涉及中小企业发展的指导性和支持性政策的制定情况、执行效果等。

3.财税支持

政府的财税支持是中小企业快速、健康和可持续发展的重要保障，包括财政政策和税收政策两个方面，评估重点关注专项资金设立使用、重点产业项目支持、中小企业发展基金、税收政策及纳税办理等内容。

4.融资环境

融资难、融资贵是中小企业面临的突出问题，融资渠道、效率及相关服务是融资环境的重要指标。融资环境优化主要包括融资渠道、融资支持、融资效率、融资服务4个重要内容。

5.创新创业环境

“大众创业、万众创新”是推动国家与地区实施创新驱动发展战略的关键举措，营造良好的创新创业环境，是人才发展、技术创新和经济社会发展的现实要求。创新创业环境的优化主要通过平台建设、品牌建设等方面来体现。

6.公共服务环境

提供优质高效的公共服务是建设服务型政府的应有之义，中小企业能否公平、全面享受公共服务对其发展至关重要。因此，以优质的公共服务支持民营经济发展，为中小企业发展创造良好环境，是各级政府的重要职责和使命担当。

7.新型政商关系

新型政商关系，概括起来就是“亲”“清”两个字。构建新型政商关系是构建公平竞争市场、优化地区营商环境、提升中小企业家的社会获得感与荣誉感的重要前提，新型政商关系评估重点在于考察政商良性互动关系。

8.工作机制

政策的生命在于落实，有效的工作机制是政府目标实现的基础和前提。因此，建立完善的中小企业发展支持工作机制是提升甘肃省中小企业发展环境总体治理的重要机制保障，主要体现在条件保障、监督检查等方面。

9.社会满意度

社会满意度体现的是综合性评价，主要考察全省各地区涉企服务的政府工作人员和企业管理人员对于地方政府在推进本地中小企业发展环境建设方面的投入、努力和绩效的总体判断。

三、评估技术与分析方法

（一）评估技术

1.360度评价法

这是一种向不同层面的组织或人员收集评价信息，从多个视角对被评估对象进行综合反馈评估的方法。项目组运用360度评价法确定甘肃省中小企业发展环境评估的主体，具体包括各市（州）、兰州新区和各县（市、区）促进中小企业和民营经济发展工作领导小组成员、中小企业管理人员、涉企政府部门工作人员以及中小企业一线员工等。

2.比较分析法

这种方法主要用于预期目标与实施效果、历史与当期的纵向比较，不同类别中小企业间的横向比较等，以期能够综合分析甘肃省中小企业发展环境情况。

3.关键绩效指标法（KPI）

KPI方法是通过对组织内部流程输入端、输出端的关键参数进行设置、取样、计算、分析，衡量流程绩效的一种目标式量化管理指标。项目组采用KPI方法，厘清甘肃省中小企业发展环境的评估内容，建立甘肃省中小企业发展环境评价指标体系，并确定指标权重。

4. 多因素综合分析法

综合考虑甘肃省政务服务环境、政策环境、财税支持、融资环境、创新创业环境、公共服务环境、新型政商关系、工作机制和社会满意度等多方面因素，从每个维度逐级遴选指标，每一级遴选多个指标，最终构建一个多维度、多层次的评估指标体系。

5. 德尔菲法

德尔菲法是采用匿名征询专家小组成员预测意见的方法。项目组将最初设计的评价指标，通过问卷形式向专家发放，征求专家对于评价指标有效性、理论性的主观判断，经过两轮意见征求，形成较为一致的评价指标体系。在上一步所构建的评估维度基础上，构建5级量表的专家调查问卷，并分发给政务服务、财税、融资、政府绩效评价等多个领域的专家学者进行填写。根据专家评分，初步构建中小企业发展环境评价指标体系。

6. 层次分析法

这是一种将定性和定量相结合的处理方法，它依次通过构造递阶层次结构、比较判断矩阵、层次单排序、一致性检验以及层次总排序等步骤，最终形成评价指标权重。结合专家咨询过程中对各指标重要程度的打分情况，通过建立递阶层次结构、构造两两比较判断矩阵、权重计算及一致性检验等多个环节，科学地构建各一级指标、二级指标、三级指标的权重，完成指标体系的初步赋值。

（二）数据收集方法

1. 文本收集

通过对甘肃省各市（州）、兰州新区和各县（市、区）制定出台的文件、制度、规划、方案以及操作办法与规程等进行调阅分析，以获取中小企业发展环境情况的综合信息。

2. 实地调研

通过对各市（州）、兰州新区和各县（市、区）促进中小企业和民营经济发展工作领导小组（原促进中小企业发展工作领导小组）相关成员单位进行现场访谈，对各地政务大厅进行实地调研，对随机抽取的部分中小企业进行实地走访，获取关于各地中小企业发展环境的一手数据。

3. 问卷调查

本项目中，问卷调研对象为政府部门工作人员、企业人员两类人群。政府部门工作人员问卷调查与座谈会同步展开，调查问卷在座谈会前发放、会上指导填写、会后现场回收。企业人员问卷调查按比例开展，填报企业数量应达到本地区中小企业总数的千分之二，且原则上不低于企业最低设限数量（企业类型应包括中型、小型和微型，并涵盖一、二、三产业；一、二产业企业数量不低于企业总数的30%；填报企业应覆盖本地区所属的所有区、县）。政府和企业调查问卷在结构上按照调研信息、填写说明、基本信息、问题提问四部分进行设计。政府部门工作人员调查问卷与企业员工调查问卷详见附件1、附件2。

4.深度访谈

为进一步掌握全省中小企业发展环境的具体情况，并深入了解各地政府为促进中小企业发展所采取的措施及实际工作情况，项目组对政府工作人员、企业人员两类群体分别开展访谈。项目组主要以座谈会或者半结构化访谈等方式与各市（州）、兰州新区和各县（市、区）工业和信息化局及其他涉企单位的主要领导和工作人员就本辖区内中小企业发展环境情况进行交流，具体部门见表3-2。政府部门工作人员访谈主要围绕涉企基本工作职责、工作成效和经验、面临的主要难题以及未来工作打算等内容展开。项目组以非结构化（半结构化或无结构化）访谈等方式与企业管理人员和企业基层员工等进行交流。政府部门工作人员访谈提纲与企业员工访谈提纲详见附件3、附件4。

表3-2 座谈会参考单位

服务类别	访谈部门
政务服务	工业和信息化局、市场监督管理局、银保监局、公安局、人民检察院、人民法院、司法局等
财税融资服务	财政局、税务局、发改委、金融监管局（金融办）、人民银行中心支行、国开行支行、农行支行等
降低成本	自然资源局、省电力公司各地供电分公司、交通运输局、统计局、审计局、住房和城乡建设局等
人才服务	市（州）委组织部、人力资源和社会保障局、工会、工商业联合会等
加大培育力度	商务局、科学技术局、文化和旅游局、生态环境局、农业农村局等

（三）数据处理方法

主要采用定性分析与定量分析相结合的方法对收集的数据进行处理。

1.定性分析

数据处理的定性分析方法主要包括文献资料方法、内容分析方法、比较分析等研究方法。通过实地调研，开展结构化/半结构化访谈等形式，收集大量访谈数据与政策文本材料。针对数据资料，进一步运用内容分析等方法，构建核心分析框架，深入分析甘肃省中小企业发展面临的实际问题与挑战。根据访谈资料提炼甘肃省中小企业发展环境的共性特征、现状与成效。

2.定量分析

定量分析方法是对社会现象的数量特征、数量关系与数量变化进行分析的方法。本项目通过定量研究方法，对甘肃省中小企业发展过程中面临的推动因素和阻碍因素进行判别与检验。

四、评估指标开发

（一）指标开发方法

1.关键绩效指标法（KPI）

关键绩效指标法是通过对组织内部流程输入端、输出端的关键参数进行设置、取样、计算、分析，衡量流程绩效的一种目标式量化管理指标。项目组采用KPI方法，厘清甘肃省优化中小企业发展环境的调研内容，建立甘肃省中小企业发展环境评价指标体系，确定指标权重。

2.多因素综合分析法

综合考虑甘肃省政务服务环境、政策环境、财税支持、融资环境、创新创业环境、公共服务环境、新型政商关系、工作机制和社会满意度等多方面因素，从每个维度逐级遴选指标，每一级遴选多个指标，最终构建一个多维度、多层次的评估指标体系。

3.德尔菲法

德尔菲法是采用匿名征询专家小组成员预测意见的方法。项目组将最初设计的评价指标，通过问卷形式向专家发放，征求专家对于评价指标有效性、理论性的主观判断，经过两轮意见征求，形成较为一致的评价指标体系。在上一步所构建的调研维度基础上，构建5级量表的专家调查问卷，并分发给政务服务、财税、融资、政府绩效评价等多个领域的专家学者进行填写。根据专家评分，初步构建中小企业发展环境评价指标体系。

4.层次分析法

层次分析法是一种将定性和定量相结合的处理方法，它依次通过构造递阶层次结构、比较判断矩阵、层次单排序、一致性检验以及层次总排序等步骤最终形成评价指标权重。结合专家咨询过程中对各指标重要程度的打分情况，通过建立递阶层次结构、构造两两比较判断矩阵、权重计算及一致性检验等多个环节，科学构建各一级指标、二级指标、三级指标的权重，完成指标体系的初步赋值。

（二）评估维度设计

在文献回归、理论梳理及相关法律法规等政策文本整理的基础上，项目组以《中华人民共和国中小企业促进法》《优化中小企业发展环境条例》《甘肃省促进中小微企业高质量发展若干措施》等法律文件作为主要参考依据明确评估内容，采取德尔菲法完成评价指标的主观筛选，再用主成分分析法完成评价指标的客观筛选，从而发展出甘肃省中小企业发展环境评估的指标体系，最终确定从政务服务环境、政策环境、财税支持、融资环境、创新创业环境、公共服务环境、新型政商关系、工作机制、社会满意度9个评估维度建立最终的指标体系。

1.政务服务环境

政务服务环境是地区经济软实力和发展质量的重要体现，政务服务环境评估的核心是考察全省“放管服”改革的实际成效，主要涵盖市场准入、公平竞争、便企服务、中小企业权益保护4个方面的内容。

2.政策环境

政策环境评估主要依据科学评估标准对甘肃省优化中小企业发展环境的指导性和支持性政策的制定、执行效果进行系统评价，重点考察政策制定、政策宣传2个方面的内容。

3.财税支持

政府财税支持是持续优化中小企业发展环境的重要保障。财税支持主要包括专项资金设立使用、重点产业项目支持、中小企业发展基金、税收政策、纳税办理5个方面的内容。

4.融资环境

融资环境优化主要包括优化企业融资环境、破解企业融资困境、创新融资担保机制3个重要内容。因此，对融资环境的评估主要涵盖融资渠道、融资支持、融资效率、融资服务4个方面的内容。

5.创新创业环境

大众创业、万众创新是推动国家与地区实施创新驱动发展战略的关键举措，创新创业环境评估主要涵盖平台建设、科技创新、政府支持、品牌培育4个方面的内容。

6.公共服务环境

以优质的公共服务支持民营经济发展，为企业创立和发展创造良好环境，是各级政府的重要职责和使命担当。公共服务环境评估主要涵盖公共服务体系、信息化建设、信用培育、人才队伍和对外合作交流5个方面的内容。

7.新型政商关系

构建新型政商关系是构建公平竞争市场、优化地区中小企业发展环境、提升企业家社会获得感与荣誉感的重要前提。新型政商关系调研重点在于考察政商良性互动关系，主要包括政商沟通、宣传教育2个方面的内容。

8.工作机制

建立、优化和不断完善的工作机制是提升甘肃省中小企业发展环境总体质量的重要机制保障，工作机制评估主要包括工作保障、监督检查、奖惩制度、信息宣传4个方面的内容。

9.社会满意度

社会满意度主要考察全省各地区涉企服务的政府工作人员和企业管理人员对于地方政府在推进本地优化中小企业发展环境建设方面的总体判断，满意度数据通过对政府工作人员与企业管理人员的问卷调查获得。

（三）评估指标体系

在确定评价指标的基础上，项目组采用多因素综合分析方法，从政务服务环境、政策环境、财税支持、融资环境、创新创业环境、公共服务环境、新型政商关系、工作机制、社会满意度9个方面构建甘肃省中小企业发展环境调研指标体系，包括9个一级指标、31个二级指标、88个三级指标。在此指标体系基础上，采用专家咨询法和层次分析法确定各指标的权重和分值（满分100）。调研指标及其权重赋值详见表3-3。

表3-3 甘肃省中小企业发展环境评估指标体系

一级指标	分值	二级指标	分值	三级指标	分值
政务服务环境	15	市场准入	3	市场准入机制	3
		公平竞争	3	公平竞争审查	1.2
				双随机监管	1.8
		便企服务	5	一站式服务平台	1
				涉企收费清单	2

续表3-3

一级指标	分值	二级指标	分值	三级指标	分值
				企业开办时间	1
				企业开办成本	1
		中小企业权益保护	4	权益保护制度	1.5
				企业投诉维护	0.5
				清欠完成情况	2
政策环境	12	政策制定	8	产业政策	1
				财税政策	1
				金融政策	1
				创新创业支持政策	1
				服务政策	1.5
				防疫指引	1
				复工政策	1.5
		政策宣传	4	宣传频次	1
				宣传广度	1
				宣传效果	2
财税支持	10	专项资金设立使用	3	资金配套	1
				资金使用	2
		重点产业项目支持	3	“专精特新”培育企业	1
				特色产业扶持	1
				项目参与支持	1
		中小企业发展基金	1	基金设立	0.5
				基金使用	0.5
		税收政策	2	税收政策执行	2
		纳税办理	1	税务服务	0.8
				网报开通率	0.2

续表3-3

一级指标	分值	二级指标	分值	三级指标	分值
融资环境	10	融资渠道	3	融资方式	2
				融资机制	1
		融资支持	3	贷款贴息优惠	1
				信贷计划	1
				"政保贷"联动	1
		融资效率	2	贷款同比增速	2
		融资服务	2	融资产品支持	1
				融资咨询服务	0.5
				担保机构保障	0.5
创新创业环境	12	平台建设	2	园区建设	1
				培训交流	1
		科技创新	4	创新支持	0.5
				科研经费	0.5
				人才投入	1
				科研机构	0.5
				科技成果	0.5
				专利申请	1
		政府支持	5	企业培育	2
				企业改制	0.5
				协同发展	2.5
		品牌培育	1	品牌塑造	0.5
				品牌宣传	0.5
公共服务环境	12	公共服务体系	3	公共基础设施	1.5
				公共服务体系	1
				公共服务示范平台	0.5

续表3-3

一级指标	分值	二级指标	分值	三级指标	分值
		信息化建设	3	云制造与云服务平台	1
				智能制造能力	1
				信息化培训和推广	1
		信用培育	3	信用共享平台	1
				信用评级	2
		人才队伍	1	教育培训	1
		对外合作交流	2	对外合作交流	1
				展览展销	1
新型政商关系	6	政商沟通	4	走访座谈	2
				沟通渠道	1
				服务保障	1
		宣传教育	2	宣传先进	1
				思想政治教育	1
工作机制	11	工作保障	4	组织领导	2
				合作机制	2
		监督检查	2	定期督查	1
				督查机制	0.5
				调研总结	0.5
		奖罚制度	2	评优表彰	1
				通报问责	1
		信息宣传	3	信息制度	1
				信息管理	1
				信息公开	1
社会满意度				项目审批	1.5
				工作效率	1.5

续表3-3

一级指标	分值	二级指标	分值	三级指标	分值
社会满意度	12	社会满意度	12	办事便利	1
				流程规范	1
				政务公开	1
				政策透明	1
				政策稳定	1
				政策公平	1
				政策落实	1.5
				政商关系	1.5

注：指标详细说明见附件5。

第2篇
评/估/过/程

第四章　评估维度分析

一、政务服务环境维度

“政务服务环境”维度共包含“市场准入”“公平竞争”“便企服务”和“权益保护”4个二级指标与“市场准入机制”“公平竞争审查”“双随机监管”“企业开办时间”“企业开办成本”“权益保护制度”“清欠完成情况”等10个三级指标。项目组在调研基础上，细化各项指标的评估依据，并根据评估依据进行打分。各市（州）、兰州新区“政务服务环境”维度以及各二级指标具体得分详见表4-1。

表4-1　甘肃省各地“政务服务环境”维度指标评估情况

市(州)、区	合计		市场准入	公平竞争	便企服务	权益保护
	排名	得分	得分	得分	得分	得分
张掖市	1	14.41	2.57	3	5	3.84
兰州市	2	14.4	2.5	3	5	3.9
嘉峪关市	2	14.4	2.53	3	5	3.87
陇南市	4	14.32	2.46	3	5	3.86
白银市	5	14.27	2.48	3	5	3.79
金昌市	6	14.23	2.5	3	5	3.73
临夏州	7	14.19	2.4	3	5	3.79
平凉市	8	14.09	2.43	3	5	3.66
兰州新区	9	14	2.2	3	5	3.8

注：本书表题、图题中出现的“甘肃省各地”均指甘肃省14个市(州)和兰州新区。

续表4-1

市(州)、区	合计		市场准入	公平竞争	便企服务	权益保护
	排名	得分	得分	得分	得分	得分
天水市	10	13.98	2.48	3	5	3.5
酒泉市	11	13.9	2.51	3	4.5	3.89
武威市	12	13.89	2.53	3	5	3.36
庆阳市	13	13.88	2.29	3	5	3.59
定西市	14	13.78	2.55	3	4.5	3.73
甘南州	15	13.71	2.24	3	5	3.47
平均	14.10		2.44	3	4.93	3.72

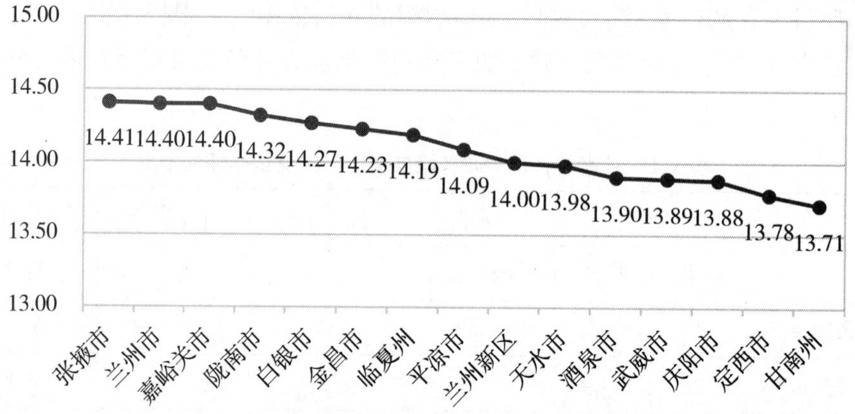

图4-1 甘肃省各地"政务服务环境"维度得分排名

(一) 市场准入工作评估

"市场准入"二级指标满分为3分，包括"市场准入机制"（3分）1个三级指标，主要考察全省各地区是否存在对中小企业的歧视性附加条件和隐性条款，是否存在对中小企业取消最低注册资本、股比结构等限制。根据评估指标要素说明及收集的数据分析，甘肃省各市（州）、兰州新区"市场准入"二级指标平均得分为2.44分。

甘肃省认真落实党中央、国务院关于促进民营经济和中小企业发展的决策部署。2018年3月26日，省委、省政府联合印发《关于进一步支持非公有制经济发展的若干意见》（甘发〔2018〕12号）。2018年12月27日，省委办公厅、省政府办公厅印发了《甘肃省促进中小微企业高质量发展若干措施》（甘办发〔2018〕85号），发布支持中小微企业发展的58条措施，进一步放宽和规范市场准入，明确按照"非禁即入"要求开展市场准入限制专项清理，一律取消歧视性附加条件和隐性条款；以文化、医疗、教育等领域为重点，进一步放宽服务业市场主体投资经营活动的资质、股比、注册资金、从业人员、营业场所、经营范围等要求，深入清理在生态环境、卫生、安保、质检、消防等领域设置的不合理经营条件，取消证照办理、设备购置、人才聘用、人才发展等方面的不合理限制，实现按市场化配置资源原则自负盈亏经营。2018年12月，省市场监督管理局出台了全国市场监管系统针对民营经济发展出台的第一个文件——《关于全力支持民营经济发展的28条措施》，时任省委副书记、省长唐仁健对此专门做出重要批示，给予充分肯定，要求全省系统开展市场准入限制专项清理，坚决取消针对民营资本设置的歧视性附加条件和隐性条款。

项目组对甘肃省各市（州）、兰州新区的企业经营者进行了关于当地是否存在对中小企业的歧视性附加条件和隐性条款，是否已经取消中小企业最低注册资本、股比结构等限制条件的问卷调查。调查结果显示（如图4-2、4-3所示），在各市（州）、兰州新区抽取的调查样本中，有89.76%的企业经营者认为当地不存在对中小企业的歧视性附加条件和隐性条款，有66.46%的企业经营者认为当地已经取消了中小企业最低注册资本、股比结构等限制条件，进一步放宽了各类企业的市场准入条件。

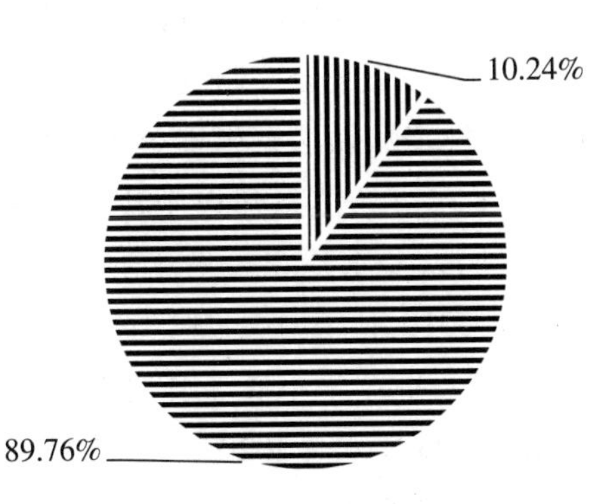

图4-2　甘肃省各地是否存在对中小企业的歧视性附加条件和隐性条款占比统计图

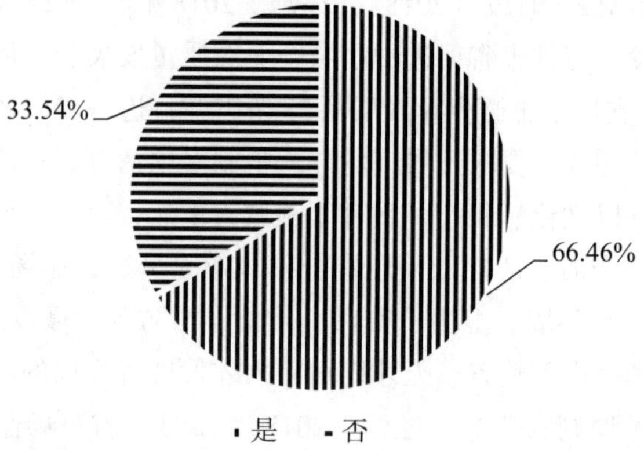

图4-3 甘肃省各地政府是否取消最低注册资本、股比结构等限制条件占比统计图

（二）公平竞争工作评估

“公平竞争”二级指标满分为3分，包括“公平竞争审查”（1.2分）和“双随机监管”（1.8分）2个三级指标。根据评估指标要素说明及收集的数据分析，甘肃省各市（州）、兰州新区“公平竞争”二级指标平均得分为3分。其中，“公平竞争审查”得分为1.2分，“双随机监管”得分为1.8分。

1.公平竞争审查

“公平竞争审查”指标主要考察两个方面：一是当地政府是否建立了严格的内部审查制度并规定审查流程；二是当地政府是否有社会、媒体等公开监督渠道。经综合测算，各市（州）、兰州新区“公平竞争审查”指标平均得分为1.2分。

甘肃省推动公平竞争审查制度建设，重视建立公平竞争审查工作机制，同时出台公平竞争审查工作部门联席会议制度，规范政府相关行为，清理妨碍统一市场和公平竞争的各种规定和做法，营造公平竞争的市场环境。2017年1月16日，省政府出台《关于在市场体系建设中建立公平竞争审查制度的实施意见》（甘政发〔2017〕3号），要求建立公平竞争审查制度，建立了科学的市场公平竞争审查工作机制。2019年10月25日，省内召开首次公平竞争审查工作部门联席会，公布了全省公平竞争审查工作部门联席会议制度及成员单位名单。为切实贯彻落实相关制度要求，2020年2月20日，省市场监管局、省发改委、省财政厅、省商务厅联合制定了《甘肃省开展妨碍统一市场和公平竞争的政策措施清理工作方案》（甘市监发〔2020〕55号）。各市（州）、兰州新区根据省级政策要求和精神指示，也出台了符合各地实际的公平竞争审查制度。例如，2020年4月2日，张掖市召开了公平竞争审查工作部门联席会议制度成员单位联络员会议，印发了《公平竞争审查制度实施细则》，要求开展公平竞争审查，建立了严格的内部审查制度。武威市市场监管局印发《武威市市场监督管理局公平竞争审查工作规定的通知》，研究制定具有可操作性的公平竞争审查方案。嘉峪关市政府印发《嘉峪关市行政规范性文件管理办法》，要求在制定市场准入、产业发展等涉及市场经济主体活动的规范性文件时，应当由起草部门进行公平竞争审查。

甘肃省政府注重构建社会大众、媒体等公开监督渠道。2019年12月2日，省政府办公厅印发了《甘肃省公共资源交易工作有关意见和办法》（甘政办发〔2019〕107号）的通知，明确实施社会公众、新闻媒体等对公共资源交易活动的监督，并在甘肃省公共资源交易局网站设置政府信息公开、公共资源配置信息、监督窗口等模块，在信息公开指南中明确主管部门电话号码、传真号码、通信地址等信息。张掖市工信局专门印发“小微权力”清单化管理明白卡，明确各个政府部门、科室电话与地址，方便中小企业办事主体的事务办理与监督。甘南州加强网络法制建设，加快形成行政监督、行业自律、技术保障、群众监督相结合的互联网管理体系，积极利用网络报刊、网络广播电视等渠道实现公开监督。庆阳市对企业反映问题实行台账式管理，同时建立部门信息共享、协同监管和联合奖惩机制，形成全过程综合监管体系。其他各市（州）、兰州新区均按照文件要求严格执行公平竞争审查的社会公众与媒体监督。

2.双随机监管

“双随机监管”主要考察各市（州）、兰州新区相关部门在中小企业发展环境建设过程中是否出台了双随机监管的具体操作办法、是否制定了随机抽查清单、抽查情况和结果是否及时向社会公开等内容。经综合测算，各市（州）、兰州新区“双随机监管”指标平均得分为1.8分。

甘肃省政府专门制定印发《关于在市场监管领域全面推行部门联合“双随机、一公开”监管的实施意见》（甘政发〔2019〕21号）和《甘肃省市场监督管理随机抽查办法》（甘肃省人民政府令第129号）。各市（州）、兰州新区对标省政府文件，出台了相关落实政策。例如，兰州市政府办公室专门制定印发《兰州市“双随机、一公开”监管工作实施方案》，全面推进“双随机、一公开”监管，出台了双随机监管的具体操作办法。酒泉市在《酒泉市促进中小微企业高质量发展实施意见》第18条要求行政执法部门认真开展“双随机、一公开”监管工作。其他市（州）、兰州新区均出台专门落实“双随机、一公开”监管工作实施方案的政策文件，确定符合要求的双随机监管具体操作办法。

为推动“双随机、一公开”监管工作的顺利开展，甘肃省制定《甘肃省市场监管局随机抽查事项清单（第一版）》，涉及市场监管部门23类67个抽查事项，包含一般检查事项50个、重点检查事项25个。各市（州）、兰州新区也积极出台相应随机抽查事项清单。武威市市场监管局印发《武威市市场监管局随机抽查事项清单（第一版）》。天水市市场监管局结合工作职能及实际情况编制了《天水市市场监管局随机抽查事项清单》。其他各市（州）、兰州新区各职能部门，尤其是市场监管部门均按照“谁实施、谁编制、谁调整”原则分类建立部门随机抽查事项清单。

甘肃省依法推动“双随机”抽查情况和结果公开。经统计，截至2018年11月底，全省“双随机、一公开”监管工作牵头部门的监管系统开展了市场主体经营行为和企业年报公示信息的不定向抽查，共计抽查市场主体81833户，占全省市场主体总量的6%，抽查计划完成率和抽查结果公示率均为100%，抽查结果均在国家企业信用信息公示系统（甘肃）、政府门户网站或系统内网进行公示。按照省级要求，各市（州）、兰州新区也积极开展随机抽查事项结果的公示公开。兰州市明确要求“除不适合公开的情形外，各县（市、区）在抽查任务完成后20个工作日内，将抽查检查结果通过公示系统、专业抽查系统和部门网站等渠道进行公示，接受社会监督”。临夏州利用国家企业信用信息公示系统（甘肃）、甘肃政务服务网、甘肃省部门协同监管平台等网站，实现抽查和检查结果互认，并形成了统一的数据共享机制。其他各市（州）、兰州新区，均按照“双随机、一公开”政策要求，及时将抽查检查结果通过公示系统及部门网站等渠道进行公示，接受社会监督。

（三）便企服务工作评估

“便企服务”二级指标满分为5分，包括“一站式服务平台”（1分）、“涉企收费清单”（2分）、“企业开办时间”（1分）、“企业开办成本”（1分）4个三级指标。

根据评估指标要素说明及收集的数据分析，甘肃省各市（州）“便企服务”二级指标平均得分为4.93分。其中，“一站式服务平台”得分为1分，“涉企收费清单”得分为1.93分，“企业开办时间”得分为1分，“企业开办成本”得分为1分。

1.一站式服务平台

“一站式服务平台”指标重点考察当地涉企一站式服务或政务服务大厅的建

设及运行情况。

甘肃省积极推动省级、市（州）级、县（区）级涉企一站式服务大厅建设。2006年，甘肃省政府政务大厅完成了服务中心的组建、政务大厅装修、网络系统等设施的安装调试并正式开始运行。甘肃省作为全国“互联网+政务服务”技术体系建设试点省，积极推动一站式服务大厅信息化、智能化。在国家行政学院电子政务研究中心发布的《省级政府网上政务服务能力调查评估报告（2017）》中，甘肃省网上政府服务能力位列全国省级政府第八名，在线服务成熟度指数位列全国省级政府第四名。2018年9月，省政府办公厅专门制定印发《甘肃省加快建设一体化在线政务服务平台进一步推进政务服务“一网、一门、一次”改革重点任务落实方案》（甘政办发〔2018〕184号），全面提升了政务服务规范化、便利化水平。

各市（州）、兰州新区和各县（市、区）积极开展一站式服务大厅的建立与完善工作，项目组实地调研走访发现，除金昌市和金川区共用一个一站式服务大厅外，其他各市（州）、兰州新区及各县（市、区）都已建成了1个一站式服务大厅。例如，玉门市在市民中心建设服务大厅，设立124个办事服务窗口，进驻全部行政审批和公共服务事项389项，实行“一楼式办公、一窗式收费、一站式服务”，真正实现让群众和企业办事“一处跑、跑一次”。天水市政务服务中心共开设8个综合窗口，实现了27个部门全部入驻，现有工作人员146人，承担403项政务服务事项的办理工作，其中，261项市级行政许可事项已实现“应尽全进”，做到前台统一受理、后台分类审批，统一窗口出件，实现群众办事一站式服务。陇南市政务服务中心共进驻市级政府部门27个，政务服务事项699项，截至目前累计受理各种行政审批和服务事项11243件，办结率100%，群众满意率100%。平凉市市区政务服务中心共进驻政务服务事项1887项（行政权力1455项、公共服务432项）。其中，市级政务服务事项972项（行政权力835项、公共服务137项），区级政务服务事项915项（行政权力620项、公共服务295项）。市区共进驻部门（单位）和社会公共服务机构90个，其中，市级进驻部门（单位）39个，区级进驻部门（单位）31个，社会公共服务机构20个。服务中心进驻工作人员516人，其中，市级人员269人，区级人员247人。数据显示，自市区政务服务中心建成运行以来，共受理办理各类审批服务事项190万件，日均办结6000件，事项按期办结率99%以上。

2.涉企收费清单

“涉企收费清单”主要考察各地区是否制定并出台了涉企行政事业性收费、

政府性基金和实施政府定价或指导价的经营服务性收费清单并及时更新清单内容等方面。经综合测算，各市（州）、兰州新区“涉企收费清单”指标平均得分为1.93分。

甘肃省对标国家要求，积极推动涉企行政事业性收费、政府性基金和实施政府定价或指导价的经营服务性收费清单的制定与出台。2014年，省政府办公厅出台《关于印发甘肃省加强涉企收费管理减轻企业负担实施方案的通知》（甘政办发〔2014〕161号），按照法律法规、行政法规和国家有关政策规定设立行政事业性收费和政府性基金，实行目录清单管理。2019年，省财政厅、省发改委发布《关于公布行政事业性收费目录清单和涉企行政事业性收费目录清单的通知》（甘财税法〔2019〕6号），要求各部门不得以任何理由拖延或者拒绝执行通知内容，坚决制止各类乱收费、乱罚款等行为。

按照国家和省级政策要求，多数市（州）、兰州新区按规定出台本地涉企收费清单，并根据政策要求及时更新。例如，兰州市财政局、市发改委2018年、2019年、2020年连续出台《兰州市施行的政府性基金目录清单、行政事业性收费目录清单和涉企行政性收费目录清单》相关文件，并根据文件要求每年定时更新清单内容。嘉峪关市出台《嘉峪关市2018年行政事业性收费目录清单》《嘉峪关市2018年政府性基金目录清单》和《嘉峪关市2018年涉企行政事业性收费目录清单》，并按照文件要求及时更新目录清单。项目组对各市（州）、兰州新区企业经营者的问卷调查显示（如图4-4所示），在抽取的调查样本中，有88.94%的企业经营者认为当地政府严格按照国家和省级政策要求，及时制定并出台了涉企行政事业性收费、政府性基金和实施政府定价或指导价的经营服务性收费清单，并根据政策要求及时更新清单目录和内容。

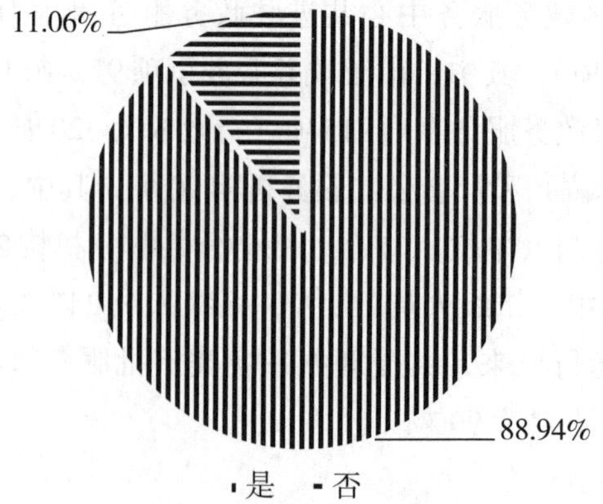

图4-4 甘肃省各地政府是否制定涉企收费清单占比统计图

3.企业开办时间

"企业开办时间"指标主要考察甘肃省中小企业开办所需时长这一内容。经综合测算，各市（州）、兰州新区"企业开办时间"指标平均得分为1分。

为进一步优化营商环境，大力推动民营经济大力发展，甘肃省委、省政府严格遵照党中央、国务院深化"放管服"改革、优化营商环境的工作要求，及时制定并出台《关于压缩企业开办时间实现"一日办结"的通知》，进一步合并环节、压缩时限，完善企业开办"一窗通"平台服务功能，进一步压缩企业开办时间。2018年，甘肃省上线运行"甘肃省企业名称自主申报系统"，全省全面实现企业名称自主申报，工商登记注册时间压缩至3天。同时，省级公安、税务和工商三个部门建立了分工明确、高效快捷的工作机制，积极开展涉及改革工作重点的各项基础性工作。三个厅局在信息共享方面实现了开放数据接口、数据平台接入和数据的共享。工商登记信息及时推送至税务部门，全省公章刻制网点已嵌入工商登记业务系统，申请人可在企业登记环节自主选择公章制作单位，实行"一次提交、同步办理、信息共享、限时办结"的"一窗受理、集成服务"模式。2018年底，甘肃省企业开办时间已经压缩至5天，其中，工商注册登记3天，公章刻制1天，申领发票1天。2019年12月，甘肃省企业开办"一网通办"服务平台启动仪式，通过服务平台将企业开办时间压缩至3天。

各市（州）、兰州新区也根据国家和省级文件的要求积极依法推进压缩企业开办时间工作，强化责任落实，力求将企业开办时间压缩至1天。兰州市、庆阳市、酒泉市、嘉峪关市等均按照政策文件要求将企业开办时间压缩至5天以内。武威市、张掖市、天水市、陇南市、定西市、临夏州等将企业开办时间压缩至3天。平凉市实现了企业开办时间平均只需1.5天（包括企业注册登记、公章刻制、新办企业首次办理申领发票等）。金昌市依托企业开办"一网通办"服务平台，建成两个平台（一体化网上政务服务平台、数据共享交换平台）、五个门户（市、县、区政务服务门户，数据共享门户，数据开放门户）和五个基础数据库（电子证照库、电子文件库、人口库、法人库、政务服务事项库）为核心的"互联网+政务服务"体系，将企业开办时间（包括企业登记注册、社保登记、印章刻制、初次申领发票）压缩至1个工作日以内。

4.企业开办成本

"企业开办成本"指标主要考察甘肃省中小企业开办所需的各类成本这一内容。经综合测算，各市（州）、兰州新区"企业开办成本"指标平均得分为1分。

甘肃省通过深化"放管服"改革，围绕打造一流营商环境的目标，聚焦企业开办薄弱环节，通过“帮助办、简化办、马上办”等措施，全省已实现除必要的刻章成本外，企业注册登记、税务登记、社保登记等无须任何费用。各市（州）、兰州新区和各县（市、区）按照国家和省级文件要求，积极推动出台降低企业制度性交易成本，实现企业开办零成本等相关政策办法，各市（州）、兰州新区已全面实现企业开办除刻章必要成本外，企业开办再无另外成本。例如，兰州市印发《持续优化营商环境着力构建“亲”“清”政商关系，让企业和百姓收获满满幸福感》等文件，大力推行“政银便民通”业务，注册申请人可就近选择银行营业网点，有效节约企业开办时间和创业成本，实现了全程“零收费”“零距离”“零障碍”“优服务”，企业开办基本全程电子化，除了刻章外没有其他费用。甘南州甚至实现企业开办真正“零成本”，即新开办企业公章、财务专用章、法定代表人名章刻制均以“政府买单”形式处理，办理业务时不收取任何打印费、复印费等费用，实现零费用。

（四）中小企业权益保护工作评估

“中小企业权益保护”二级指标满分为4分，包括“权益保护制度”（1.5分）、“企业投诉维护”（0.5分）、“清欠完成情况”（2分）3个三级指标。

根据评估指标要素说明及收集的数据分析，甘肃省各市（州）、兰州新区“中小企业权益保护”二级指标平均得分为3.72分。其中，“权益保护制度”得分为1.36分、“企业投诉维护”得分为0.43分、“清欠完成情况”得分为1.93分。

1.权益保护制度

“权益保护制度”指标主要考察三个方面的内容：一是当地政府是否专门制定并出台中小微企业权益保护制度；二是是否建立了企业参与涉企类政策制定的机制与通道；三是是否定期开展保护企业合法权益的满意度测评。经综合测算，各市（州）、兰州新区“权益保护制度”指标平均得分为1.36分。

甘肃省积极推动建立中小企业权益保护制度，重视建立企业合法权益补偿救济机制，建立信息对接和控申信访“绿色通道”等相关工作机制。省委、省政府联合印发《关于营造企业家健康成长环境弘扬优秀企业家精神更好发挥企业家作用的实施意见》，文件从保护企业家合法权益、建立公平竞争和诚信经营的市场环境等方面出发，提出17条具体实施意见，切实为企业家在甘肃的健康成长营造良好环境。为推动中小企业权益保护的落实和落细，2019年省检察院与省工商联在全省联合部署开展“维护民企权益，优化营商环境”专项行动，依法维护民营企业合法权益，营造良好法治环境。同时印发专项行动“提升年”实施方案，提出服务保障民营经济的17条具体举措，立足检察职能，充分发挥“四大检察”工作职能，不断延伸工作触角，拓展渠道收集问题线索，深入开展“千人进万企”大调研、大走访、大排查活动，全力帮助企业解忧纾困。2019年专项行动，组织甘肃省9151名检察干警走进30671家商会和民营企业，尤其是针对有涉法涉诉问题、科技创新、绿色产能的企业开展走访调研，面对面倾听企业诉求，收集问题线索3044件，通过协调沟通、对口分流、挂牌督办等方式解决1678件，反馈企业1632件；通过充分发挥“服务保障民营企业权益信息平台”的作用，收集民营企业反映的问题线索94件，并进行快速分流、依法受理、优先办理，已办结并反馈企业78件，努力为企业提供高效、便捷的法律服务。

各市（州）、兰州新区和各县（市、区）也根据省级文件要求，积极制定符合本地实际的中小企业权益保护制度。兰州市委办公厅、市政府办公厅联合印发《兰州市政法机关服务经济发展优化营商环境的实施意见》，推动构建以司法保护为主导，行政执法和司法保护相衔接，仲裁调解等多元纠纷解决机制有效补充的知识产权保护体系。陇南市检察机关、工商业联合会联合召开“维护民营企业权益，优化营商环境”专项行动动员部署视频会，强调做好加强民企法治宣传、强化机制渠道建设等工作。嘉峪关市检察院出台服务保障民营经济发展“二十条措施”。平凉市检察院派出检察服务室入驻市工商联、政务服务中心，为民营企业提供便捷服务。项目组对各地企业经营者的问卷调查结果显示（如图4-5所示），调查样本中83.76%的企业经营者一致认为当地政府已经建立了企业权益保护制度，并且在实际工作中发挥着相应的作用。

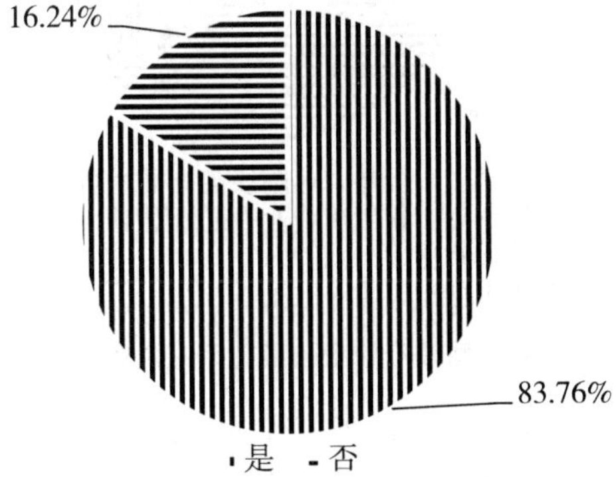

图4-5 甘肃省各地政府企业权益保护制度建立健全与否情况占比图

甘肃省建立完善企业家参与涉企政策制定的机制与通道，通过召开听证会、论证会、座谈会等形式，充分听取企业家意见（如图4-6所示）；重视建立涉企政策集中公开制度和推送制度，强化涉企政策落实责任考核，充分吸收行业协会、商会等第三方机构参与政策评估，扩大政策企业普惠度。为推动企业家参与涉企政策制定机制有效落地，省委办公厅、省政府办公厅联合印发《关于构建亲清新型政商关系的意见》，创新政企互动机制，建立健全省市县三级领导干部联系企业家制度，要求各级党政领导班子主要领导和分管领导每人联系1至3名企业家，每半年召开企业家座谈会听取意见建议不少于1次，至少到所联系的企业调研走访1次。兰州市发改委转发《关于建立健全企业家参与涉企政策制定机制的实施意见》，强调各部门要结合实际制定具体实施办法，确保充分听取企业家对涉企政策的意见建议，畅通企业家提出意见诉求渠道。兰州新区通过主动向有代表性的企业和行业协会、商会以及律师协会问计求策，使各项政策更接地气、更合民意。天水市以市委组织部、统战部、工商联、经济技术开发区管委会等为责任单位，着力畅通企业家参政议政、民主监督和建言献策的渠道，扩大企业家进入“两代表一委员”的比例，邀请企业家参加或列席政府专题性、行业性会议，聘请优秀企业家担任政府经济顾问，参与经济社会发展重大政策的研究。

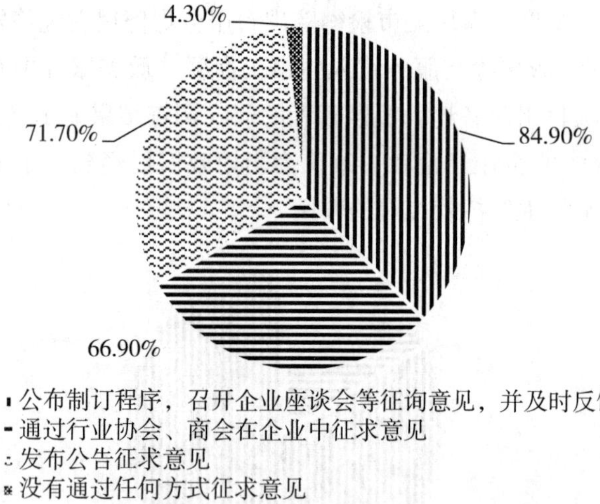

图4-6　甘肃省各地政府涉企政策制定中企业意见吸纳渠道统计图

为全面准确了解企业对政务服务工作的满意度和诉求，并有针对性地改进政务服务工作，甘肃省定期开展企业满意度测评。省政府办公厅制定印发《甘肃省建立政务服务“好差评”制度提高政务服务水平实施方案》（甘政办发〔2020〕7号），通过构建满意度评价体系，利用“1+2+X”的评价渠道，积极开展评价并及时处理反馈。项目组对当地企业的问卷调查结果显示（如图4-7所示），在抽样企业中有82.4%的企业经营者表示当地政府已经建立并定期开展了企业权益保护的满意度测评，这一做法也切实改善了政府在企业中的形象，提升了政府服务工作效能。

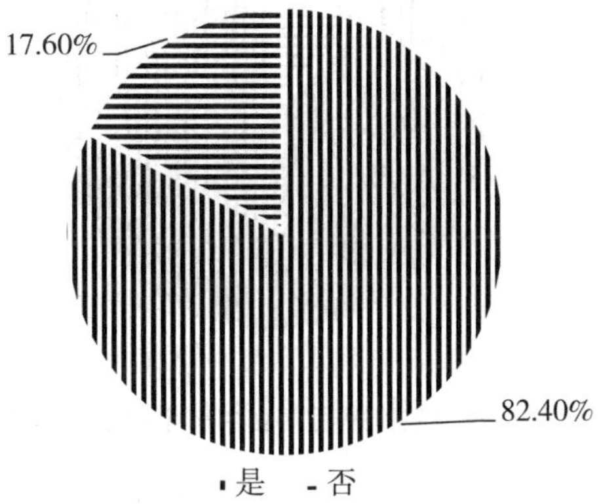

图4-7 甘肃省各地政府是否开展企业权益保护满意度测评占比统计图

2. 企业投诉维护

甘肃省工信厅根据专项工作需要，畅通工作举报渠道，及时公布了清理拖欠民营企业中小企业账款工作的举报方式与途径，包括举报电话、举报传真、举报电子邮箱等。同时，采取“互联网+督察”线上线下协同并举的举措，通过甘肃省政务服务网、线下督察等渠道保障中小企业权益。各市（州）、兰州新区和各县（区）积极推动中小企业投诉专门渠道的设置，并对外公开公示联系方式。例如，平凉市构建了“12345”一号受理、限时办结、跟踪督办、回访调查、统一考核的综合便民服务热线运行模式，同时设立平凉市非公经济市场主体投诉举报受理平台，公布投诉电话、邮箱和网址。甘南州搭建起了中小企业投诉平台，建立了招商引资等方面的投诉督办机制，设立了投诉督办台账；通过服务维权投诉电话、投诉箱、投诉网络邮箱，依托州政府门户网站畅通网上投诉渠道等方式，全方位多渠道解决中小企业诉求。项目组对当地企业经营者的问卷调查结果也显示（如图4-8所示），在抽样企业中，有87.07%的企业经营者表示当地政府已经建立了中小企业的投诉渠道，并且甘肃省各级地方政府的企业权益保护投诉平均回应率高达84.68%（如图4-9所示）。

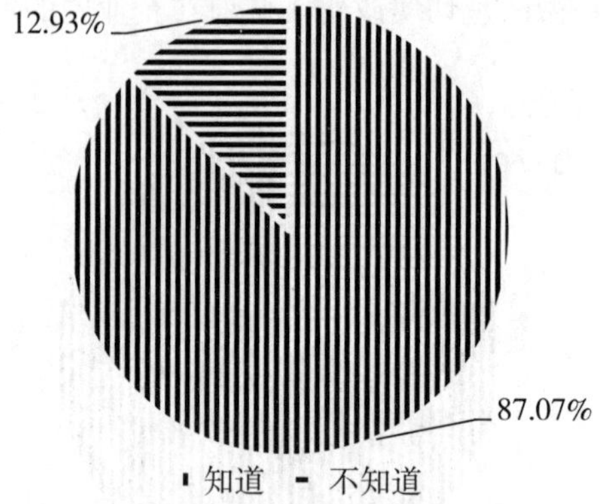

图4-8　甘肃省各地政府是否建立中小企业投诉渠道占比统计图

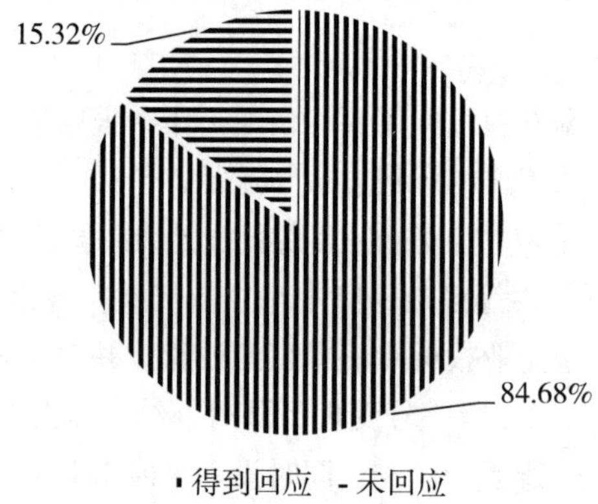

图4-9　甘肃省各地政府是否对企业投诉事项进行回应占比统计图

3.清欠完成情况

“清欠完成情况”指标主要对截至2020年6月30日本区域清理政府部门和国有企业拖欠民营企业中小企业账款工作进度进行打分。经综合测算，各市（州）、兰州新区“清欠完成情况”指标平均得分为1.93分。

甘肃省政府对清欠工作高度重视，多次做出重要批示、指示和研究部署。时任省委书记、省人大常委会主任林铎在调研非公经济发展和非公经济组织党建工作时提出要把清理拖欠民营企业和中小企业账款作为政治任务，确保如期完成清欠任务。副省长李沛兴在甘肃省清欠工作推进会上强调，各级、各部门、各单位要切实增强清欠工作的责任感和紧迫感，督促拖欠主体制定详细的清偿计划，确保按期完成目标任务。2020年4月，省清欠办印发《甘肃省2020年清理拖欠民营企业中小企业账款工作整体解决方案》文件，要求确保2020年底前全省各级政府部门和大型国有企业无分歧欠款应清尽清，对存在分歧的欠款应通过调解、协商、司法等途径加快解决，决不允许增加新的拖欠。

各市（州）、兰州新区对清理拖欠民营企业中小企业账款工作也高度重视，坚持问题导向，强化督促落实，确保高质量完成清欠工作目标任务。根据各市（州）、兰州新区提交的清欠材料可知，截至2020年6月30日，兰州市、白银市、酒泉市、陇南市、嘉峪关市、甘南州已完成无分歧欠款全部“清零”的目标任务，清偿进度为100%。天水市、临夏州、兰州新区清偿进度分别为67.3%、66.47%、64.71%，达到阶段完成60%清欠任务的省级目标要求。张掖市清偿进度63.3%，基本达到阶段完成65.87%的省级目标要求。定西市清偿进度为51.76%，未达到阶段完成60%的省级目标要求。武威市清偿进度为60%，未完成省级目标要求。金昌市清偿进度为90.91%，平凉市清偿进度为95%，未达到省级100%的目标要求。庆阳市清偿进度为87.61%，距省级目标100%还有较大差距。

二、政策环境维度

“政策环境”维度共包含“政策制定”和“政策宣传”2个二级指标，“产业政策”“财税政策”“金融政策”“创新创业支持政策”“服务政策”“防疫指引”“复工政策”“宣传频次”“宣传广度”和“宣传效果”10个三级指标，项目组在调研基础上，细化各项指标的评估依据，并根据评估依据进行打分，“政策环境”维度具体得分详见表4-2。

表4-2 甘肃省各地“政策环境”维度指标评估情况

市(州)、区	合计		政策制定	政策宣传
	排名	得分	得分	得分
兰州市	1	11.52	7.9	3.62
兰州新区	2	11.5	7.9	3.6
定西市	3	11.3	7.66	3.64
金昌市	4	11.15	7.95	3.2
临夏州	5	10.97	7.93	3.04
陇南市	6	10.90	7.84	3.06
平凉市	7	10.73	7.03	3.7

续表4-2

市(州)、区	合计		政策制定	政策宣传
	排名	得分	得分	得分
嘉峪关市	8	10.65	7.5	3.15
酒泉市	9	10.62	7.5	3.12
天水市	10	10.08	7.44	2.64
庆阳市	11	10.02	6.4	3.62
张掖市	12	9.81	6.59	3.22
武威市	13	9.61	6.43	3.18
甘南州	14	9.56	7.5	2.06
白银市	15	9.49	6.93	2.56
平均	10.53		7.37	3.16

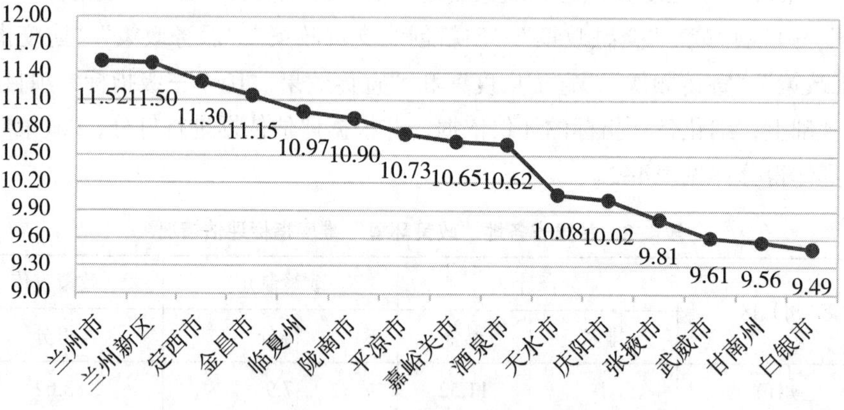

图4-10 甘肃省各地“政策环境”维度得分排名图

（一）政策制定工作评估

“政策制定”二级指标满分为8分，包括“产业政策”（1分）、“财税政策”（1分）、“金融政策”（1分）、“创新创业支持政策”（1分）、“服务政策”（1.5分）、“防疫指引”（1分）、“复工政策”（1.5分）7个三级指标。

根据评估指标要素说明及收集的数据分析，甘肃省各市（州）、兰州新区“政策制定”二级指标平均得分为7.37分。其中，“产业政策”得分为0.89分，

“财税政策”得分为0.93分，“金融政策”得分为0.9分，“创新创业支持政策”得分为0.88分，“服务政策”得分为1.36分，“防疫指引”得分为0.93分，“复工政策”得分为1.48分。

1.产业政策

“产业政策”指标主要考察两个方面：一是当地政府是否出台旨在确定产业发展优先顺序，促进中小企业集群化和产业结构优化的政策；二是当地政府是否制定了协调发展的区域规划，致力于扶持落后区域中小企业成长，推动区域间企业合作的产业布局政策。经综合测算，各市（州）、兰州新区“产业政策”指标平均得分为0.89分。

甘肃省积极推动确定产业发展优先顺序的工作，促进中小企业集群化和产业结构优化政策的制定与出台。省委、省政府制定印发《关于构建生态产业体系推动绿色发展崛起的决定》（甘发〔2018〕6号），提出要培育发展节能环保、清洁生产、清洁能源等十大生态产业，并通过建设中部绿色生态产业示范区、河西走廊等产业经济带，实现产业集群化、结构化。为推动乡村产业、文化旅游产业、陇药产业发展，省政府办公厅先后出台《关于促进乡村产业振兴的实施意见》《关于印发甘肃省文化旅游产业发展专项行动计划的通知》《关于支持陇药产业发展政策措施的通知》等文件。经统计，2018年，甘肃省十大生态产业完成增加值1511.3亿元，占全省生产总值的18.3%，同比增长6.7%。

各市（州）、兰州新区根据省级文件政策要求并结合本地实际情况，积极制定印发确定产业发展顺序、促进中小企业集群化和产业结构化的产业结构政策。例如，张掖市印发《关于加快产业转型升级构建生态产业体系推动绿色发展崛起的意见》，确定发展重点任务是加快发展现代农业、壮大特色优势产业、全面推进循环农业等产业，推进产业转型升级，构建绿色发展产业链。临夏州出台《临夏州传统制造业发展专项行动计划》，围绕食品、少数民族特需用品、皮革毛纺等七大支柱产业，调整优化制造业结构，优化制造业发展布局。白银市印发《2020年十大生态产业推进工作实施方案》的通知，认真谋划黄河上游现代丝路寒旱农业综合示范区、白银国家黄河上游生态环境综合治理创新试验区等“两区四基地”。金昌市按照“强龙头补链条聚集群”的思路，通过挖潜力、强创新、扩投资、增动能、优环境等举措完善升级有色金属深加工及新材料、氯碱化工、资源综合利用、清洁能源、大数据“五大产业链”，推动工业经济持续稳定高质量发展。项目组对各地企业的问卷调查结果显示（如图4-11所示），在全省的抽样企业中，有78.96%的企业经营者认为当地政府制定并出台了旨在确定当地产业发展优先顺序，促进中小企业集群化和产业结构优化的相关政策。

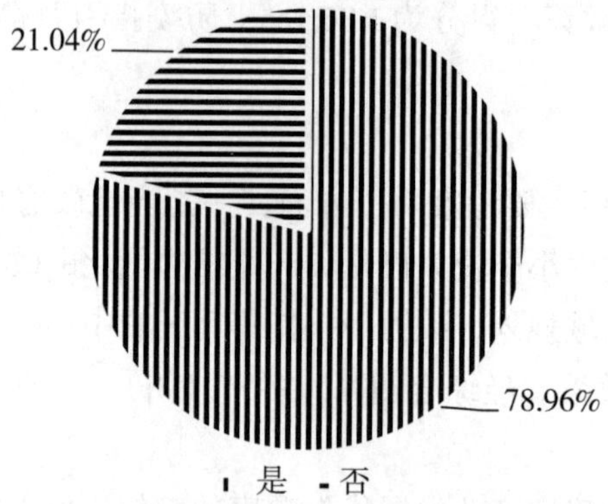

图4-11　甘肃省各地政府是否有促进中小企业集群化和产业结构优化政策出台占比统计图

与此同时，甘肃省立足自身产业基础和资源禀赋，积极推动扶持落后区域企业，促进区域企业合作、协调区域发展的产业布局政策的出台。为构建突出区域特色、扶持贫困地区企业、优化产业空间布局，推动生产空间集约高效的产业发展体系，省政府办公厅制定印发《关于扶持全省贫困地区龙头企业发展的意见》《关于构建生态产业体系推动绿色发展崛起的决定》等文件，推动全省产业体系高质量发展。兰州市委、市政府联合印发《关于加快推进兰州国家自主创新示范区建设的实施意见》，将兰白科技创新改革试验区作为自创区的政策辐射区，协调推进互补发展。张掖市出台《关于印发张掖市绿色生态产业发展规划（2018—2025）的通知》，以“2+4”工业园区为载体，以优势企业为核心，着力培育壮大农畜产品精深加工、节能环保、先进制造等重点产业，建设祁连山浅山区特色农业产业带。临夏州印发《关于扶持全州龙头企业发展的实施意见》，支持龙头企业将贫困村、贫困户纳入生产体系，支持龙头企业与合作社或者贫困户签订订单，实现协调发展。武威市推进沿山、沿川、沿沙三大特色产业带建设，发展“牛羊鸡菜果菌薯药”八大产业，推动区域协调发展。

项目组进一步对各地企业进行问卷调查，结果显示（如图4-12所示），在全省的抽样企业中，有78.96%的企业经营者认为当地政府制定并出台了致力于扶持落后区域中小企业成长，推动区域间企业合作的产业布局相关政策。

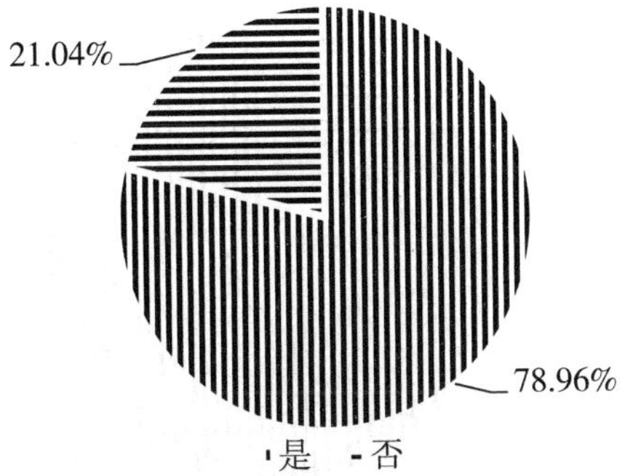

图4-12 甘肃省各地政府是否有推动区域间企业合作的产业布局政策出台占比统计图

2. 财税政策

“财政政策”指标主要考察两个方面：一是当地政府是否出台对中小企业开展税收优惠或行政收费减免的政策；二是当地政府是否出台有关企业亏损补贴、科技创新补贴、出口补贴及其他补贴的政策。经综合测算，各市（州）、兰州新区“财税政策”指标平均得分为0.93分。

甘肃省积极推动中小企业直接税收优惠、间接税收优惠或行政收费减免等相关政策的出台。省委办公厅、省政府办公厅联合印发《甘肃省促进中小微企业高质量发展若干措施》（甘办发〔2018〕85号），文件强调加大对中小微企业的财税支持，落实小微企业免征增值税、小型微利企业减征企业所得税等支持中小微企业发展的税收优惠政策，确保中小微企业“应享尽享”，对符合税收优惠政策的中小微企业实行“不来即享”。经统计，全省2019上半年累计新增减税降费81.22亿元，其中，减税68亿元，降费13.22亿元。各市（州）、兰州新区积极贯彻落实国家和省级政策文件要求，推动中小企业税收减免政策落到实处。例如，兰州新区印发《兰州新区产业发展扶持及奖励政策实施细则》《兰州新区产业发展扶持及奖励政策（修订）》，给予兰州北科维拓科技股份有限公司智能制造产业园项目“三免两减半”的税收政策奖励。甘南州对现代农牧业、中藏医药、生物科技和互联网经济类项目、投资在5000万元以上的生产型企业以及世界500强、中国500强、民营500强在其州域内投资且对县域经济发展具有重大带动作用的招商引资项目，从投产之日起，实施企业所得税地方留成部分的税收前两年免征、后三年减半。项目组对各市（州）、兰州新区中小微企业的问卷调查结果也显示（如图4-13所示），在全省的抽样企业中，87.59%的企业经营者认为当地政府已经制定并出台了对中小企业进行直接税收优惠、间接税收优惠或行政收费减免的相关政策。

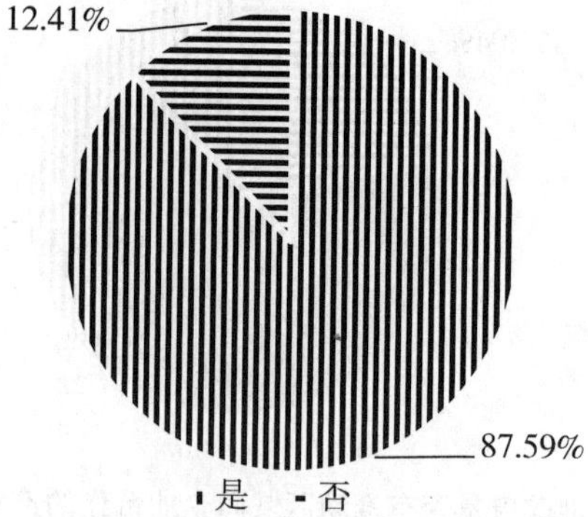

图4-13 甘肃省各地政府是否有税收优惠或行政收费减免政策的出台占比统计图

甘肃省已制定出台企业亏损补贴、科技创新补贴、出口补贴及其他补贴等财税政策。省财政厅、省人社厅联合印发《甘肃省省级创业带动就业扶持资金管理办法》，文件强调扶持资金主要用于对创业典型补助、入孵初创企业补助、返乡人员创业补助、创业项目补助等进行补贴。省科技厅同财政、税务部门依据《关于补贴中小企业研发成本工作的通知》，开展中小企业研发成本补贴工作，此项政策共惠及全省862家企业，补贴经费7740万元，补贴资金以预拨付方式直接拨付相关企业，调动了企业加大科研投入的积极性。为扩大短期出口信用保险规模和覆盖面，加大对企业投保出口信用保险资金支持力度，甘肃省对出口额500万美元以下的小微企业出口保费予以全额补贴。除以上三类补贴外，甘肃省为支持困难企业稳定岗位用工，实施“五缓四降四补贴”配套扶持困难企业政策。各市（州）、兰州新区也出台相应补贴政策。例如，张掖市印发《“金张掖夏菜”出口贸易扶持办法》，对“金张掖夏菜”出口基地给予市、县（区）财政各50%的贴息补助，同时出台《张掖市贯彻落实甘肃省促进科技成果转移转化行动方案实施方案》，通过产品补贴的方式促进具有突出创新点的产品进行转化。天水市出台《天水市支持科技创新若干政策措施》《关于印发〈天水市工业强市表彰奖励办法〉的通知》《关于进一步实施工业强市战略的意见》等相关文件，拨发科技创新补贴经费。临夏州印发《临夏州关于促进进出口稳定增长的实施意见》，对在“一带一路”节点国家和地区建设物流园区的州内企业给予50万元以上的奖励扶持。项目组对甘肃省各市（州）、兰州新区中小微企业的问卷调查结果也显示（如图4-14所示），在全省的抽样企业中，71.54%的企业经营者认为当地政府已经制定并出台了有关中小企业亏损补贴、科技创新补贴、出口补贴及其他补贴的优惠政策。

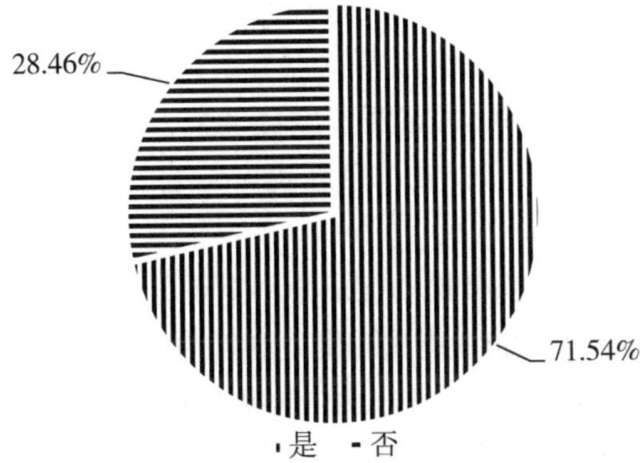

图4-14 甘肃省各地政府是否有中小企业补贴政策出台占比统计图

3.金融政策

“金融政策”指标主要考察两个方面：一是当地政府是否出台简化贷款审批手续、减免贷款手续费、降低贷款前置条件等为中小企业的融资提供便利的金融保障政策；二是当地政府是否出台促进中小企业上市融资与债券融资，提升中小企业的融资能力的金融市场政策。经综合测算，各市（州）、兰州新区“金融政策”指标平均得分为0.90分。

甘肃省积极推动简化贷款审批手续、减免贷款手续费、降低贷款前置条件等金融保障政策的制定与出台，进一步提升了中小微企业金融服务水平，为中小企业融资提供了更为稳定的金融环境。省政府办公厅印发《关于聚焦企业关切进一步推动优化营商环境政策落实的通知》（甘政办发〔2018〕222号），明确解决中小微企业融资难、融资贵问题的具体负责单位，要求省人社厅、省财政厅通过加强与中国人民银行兰州中心支行和各银行业金融机构的协调力度，进一步加大拓宽贷款扶持范围、放宽贷款条件和反担保方式，提高贷款工作效率。据统计，截至2019年末，甘肃省小微企业贷款余额达4744亿元，较2019年初增加205亿元，惠及3万户中小微企业；2019年小微企业贷款加权平均利率6.37%，较上年下降29个基点，呈现出“量增、面扩、价降”的趋势。兰州新区成立兰州新区金融服务实体经济发展工作领导小组，出台《兰州新区融资奖励政策》《关于进一步加强金融服务支持实体经济发展的实施意见（试行）》《兰州新区支持中小企业融资办法（暂行）》等文件，结合“承诺制”试点改革，改进授信审批流程，提高信贷审批效率。张掖银保监分局在转发《2020年推动小微企业金融服务“增量扩面、提质降本”有关工作的通知》中明确提出，要进一步推动降低普惠型小微企业贷款的综合融资成本，针对受疫情冲击生产经营困难的小微企业客户主动减免服务收费。临夏州制定印发《临夏州深化民营和小微企业金融服务综合改革试点方案》，要求设立普惠性支行，下放审批权限，简化贷款审批手续。定西市出台《关于推进金融服务小微企业促进融资畅通的若干措施的通知》，提出创新提升综合金融服务能力，多措并举畅通金融服务实体经济渠道。

各市（州）、兰州新区积极推动促成中小企业上市融资与债券融资等金融市场政策的制定印发，为中小企业提供融资便利。中国人民银行天水市中心支行印发《中国人民银行天水市中心支行2019年民营和小微企业融资服务年实施方案》，强调开展债券融资业务培训，培育企业发债主体，通过对接会、座谈会和培训会，多形式开展债券融资培育活动。临夏州印发《临夏州深化民营和小微企业金融服务综合改革试点方案》，强调对首发上市、“新三板”和“科创版”挂牌企业县（市）人民政府给予一次性奖励。定西市采取专题培训、个案辅导等形式，不定期组织开展企业挂牌上市融资培训，提高企业资本运营意识和能力。项目组对甘肃省各市（州）、兰州新区中小微企业的问卷调查结果也显示（如图4-15所示），在全省的抽样企业中，75.02%的企业经营者认为当地政府已经制定并出台了促进中小企业发展的金融优惠政策。

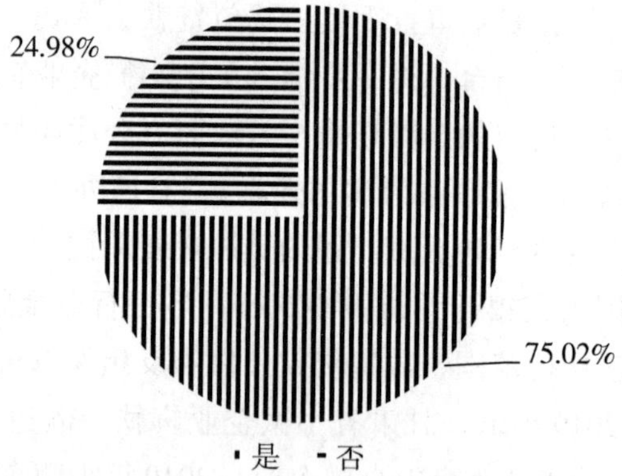

图4-15 甘肃省各地政府是否有促进中小企业发展的金融优惠政策出台占比统计图

4.创新创业支持政策

“创新创业支持政策”指标主要考察当地政府是否出台提供技术开发、试验、推广及产品设计、加工、检测等公共技术支持的政策。经综合测算，各市（州）、兰州新区“创新创业支持政策”指标平均得分为0.88分。

甘肃省积极推动创新创业支持政策的制定与出台，先后出台一系列政策支持中小企业科技研发、试验、推广及产品设计。例如，2017年1月省政府办公厅制定印发《甘肃省深入推行科技特派员制度实施方案的通知》。2020年3月省市场监管局印发《关于落实进一步推进检验检测机构资质认定改革工作意见的通知》等文件，加快推动全省科技成果研发、转化与效益产出，建设大众创业、万众创新支撑平台，营造良好的创业创新生态环境，支撑经济转型升级。

各市（州）、兰州新区积极推动科技研发、试验、推广及产品设计、检测等公共技术政策的出台。例如，兰州市科技局制定印发《兰州市“三区”科技人才（科技特派员）工作实施方案》，为企业发展科技和产学研合作提供科技需求与专业技术服务，推进企业科技创新。甘南州出台《甘南州关于建设质量强州的实施方案》《甘南藏族自治州深化科技体制改革实施方案》《甘南州质量发展纲要》等文件，强调建立管理有序、服务有为、能力有位的检验检测中心，为全州优势特色生态产业高质量发展提供技术支撑。定西市委办公室、市政府办公室联合印发《关于进一步加快全市工业企业技术改造工作的实施意见》，通过科学规划增强产品上下游配套衔接，引领传统产业的改造提升。根据《临夏州推进大众创业万众创新工作领导小组办公室关于推动创新创业高质量发展打造“双创”升级版的贯彻意见》，临夏州积极引导中小企业建立完善企业技术中心，开展产学研合作，引进新产品、新技术，推动科技创新和成果转化。项目组对甘肃省各市（州）、兰州新区中小微企业的问卷调查结果也显示（如图4-16所示），在全省的抽样企业中，71.1%的企业经营者认为当地政府已经制定并出台了促进中小企业进行技术开发、试验推广及产品设计、加工、检测的支持政策。

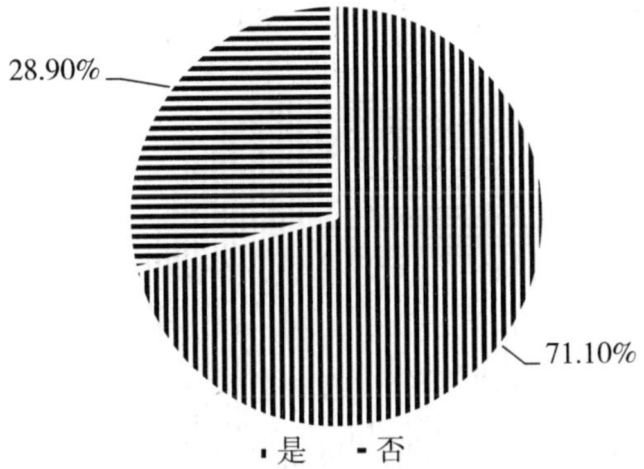

图4-16 甘肃省各地政府是否有促进中小企业进行技术开发、推广等支持政策占比统计图

5.服务政策

“服务政策”指标主要考察三个方面：一是当地政府是否提供针对中小企业信息交流、产品展示、网上咨询等服务政策；二是当地政府是否出台保护中小企业取得自主知识产权的知识产权保护政策；三是当地政府是否出台人才引进政策，鼓励先进人才引入与交流。经综合测算，各市（州）、兰州新区“服务政策”指标平均得分为1.36分。

甘肃省积极推动中小企业服务政策的制定出台，重视开展省级、市（州）级、县（市、区）级中小企业公共服务平台建设。甘肃省根据《甘肃省中小企业公共服务平台认定和管理暂行办法》（甘工信发〔2013〕415号）文件要求，积极搭建本省中小企业公共服务体系，为本地区中小企业提供信息查询、质量检测、管理咨询、创业辅导、人员培训、设备共享等服务。各中小企业公共服务平台积极拓展线上服务功能，加强“非接触式”服务，加大融资服务、市场开拓、检验检测、管理咨询等线上服务的力度，为中小企业提供法律援助和法律咨询公益服务。甘肃省也积极采取多样化的企业服务举措。例如，甘肃省工信厅依托西北人才网举办了“2020年甘肃省助力中小企业复工复产网络专场招聘会”，招聘会免费向全省中小企业开放，新用户注册后即可登录发布人才需求信息。兰州市通过加强三维服务网的运行管理和维护，规范信息采集、审核、发布等工作，利用计算机技术和服务软件系统，为企业提供信息交流、产品展示及网上咨询等服务。项目组对甘肃省各市（州）、兰州新区中小微企业的问卷调查结果也显示（如图4-17所示），全省的抽样企业中78.99%的企业经营者认为当地政府已经制定并出台了针对中小企业开展信息交流、产品展示及网上咨询等活动的服务政策。

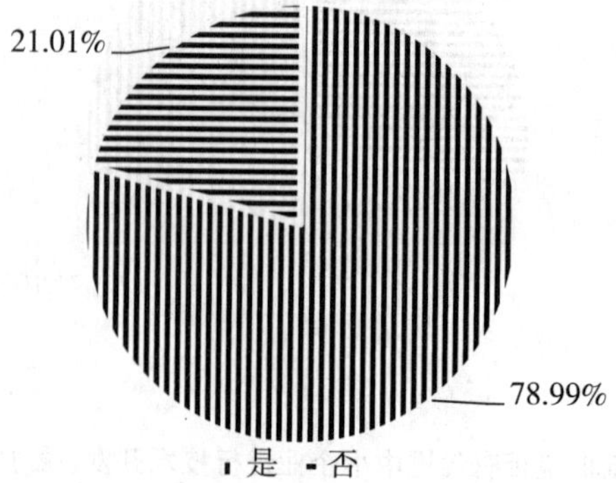

图4-17 甘肃省各地政府是否出台了针对企业开展产品展示等服务政策占比统计图

甘肃省建立甘肃省知识产权交易中心，为企业专利转移转化、交易流转等提供服务；建立大中小企业共创、共有、共享知识产权激励机制，加快知识成果转化。各市（州）、兰州新区积极出台知识产权保护政策文件。例如，兰州市知识产权局制定印发《兰州市知识产权局关于严格专利保护的实施方案》《2018年兰州市知识产权执法维权护航专项行动方案》等文件，加快构建完善的知识产权建设体系，全面提升专利保护的效率与水平。陇南市政府印发《陇南市新形势下加快知识产权强市建设实施方案》，制定了推进知识产权管理体制机制改革、促进知识产权创造和运用等五项知识产权保护实施方案。临夏州印发《临夏州关于建立健全知识产权保护长期有效机制的实施意见》，强调探索建立对专利权等知识产权侵权惩罚性赔偿制度，提高知识产权侵权成本。项目组对甘肃省各市（州）、兰州新区中小微企业的问卷调查结果也显示（如图4-18所示），在全省的抽样企业中，81.37%的企业经营者认为当地政府已经制定并出台了支持、鼓励、保护中小企业取得自主知识产权的政策。

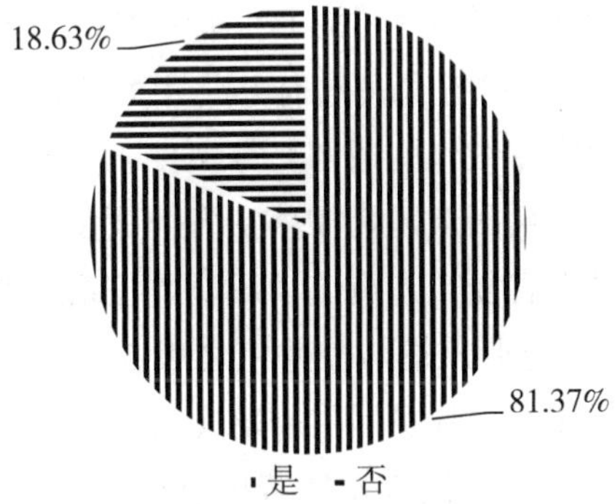

图4-18　甘肃省各地政府是否出台了支持中小企业取得自主知识产权政策占比统计图

甘肃省积极推动人才引进与培养政策的制定与出台，重点推动人才管理、人才评价、收入分配、激励保障制度创新；加快人才培养引进、评价发现、选拔任用、流动配置等机制创新；推动政府宏观管理、市场有效配置、单位自主用人、人才自主择业的人才管理体制的健全完善。2018年，省委、省政府联合印发《关于加强新时代人才培养引进工作的实施意见》等办法，加快了全省育才、引才、用才政策体系的建立健全，进一步深入推进甘肃省“人才强省”战略的实施。兰州市专门制定印发《兰州市“金城萃英”人才计划》《兰州市急需紧缺人才引进实施办法》等相关文件，聚焦国家和省市重大战略，选拔培养一大批引领带动作用强的本土人才，并且积极引进急需紧缺人才，有力支撑和引领了经济社会快速发展。张掖市印发出台《张掖市引进高层次专业人才办法》《张掖引进高层次人才创业园管理暂行办法（试行）》等办法，强调了国内外优秀杰出人才引进的重要性，并详细规定了人才引进办法、政策待遇等具体内容，为中小企业提供了强有力的人才保证和智力支撑。据统计，张掖市2017—2019年共引进人才663人，其中进入中小企业的有354人。

6.防疫指引

“防疫指引”指标主要考察两个方面：一是疫情期间，当地政府是否针对中小企业发布疫情防控指引政策；二是当地政府是否指派专人指导中小企业在疫情防控达标前提下复工复产。经综合测算，各市（州）、兰州新区“防疫指引”指标平均得分为0.93分。

新冠肺炎疫情发生以来，甘肃省主动作为、履职尽责，结合本地实际，积极推动新冠肺炎疫情防控系列政策的制定与出台，坚决支持打赢疫情防控的人民战争、总体战、阻击战。全省先后推出多条措施以支持中小企业渡难关，着力解决企业用工、用能、资金等问题，例如，《关于坚决打赢新冠肺炎疫情防控阻击战促进经济持续健康发展的若干意见》《关于积极做好新型冠状病毒感染的肺炎疫情医疗保障的紧急通知》《甘肃省人民政府办公厅关于在新型冠状病毒感染的肺炎疫情防控期间企业统筹安排工作的通知》等文件，并召开新闻发布会，宣传政策，增加相关政策知晓度。兰州新区贯彻落实省上《关于印发推进甘肃省企业疫情防控动态监测平台和甘肃省复工人员流动风险监控系统融合运行管理机制的通知》，利用信息化手段助力企业疫情防控并使之服务于复工复产、企业转型升级和“三化”改造。临夏州印发《临夏州贯彻落实省委省政府关于坚决打赢新冠肺炎疫情防控阻击战促进经济持续健康发展若干意见的具体措施》，充分发挥各级政府、各有关部门及驻外办事机构的作用，保一线、保重点、保急需，拓宽采购渠道，及时协调调运，全面做好中小企业疫情防控工作。其他市（州）也积极制定发布疫情预防控制指引政策，建立行业复工复产备案制度，指导相关企业健全疫情防控工作体系，落实好复工复产前防疫各项工作要求。项目组对甘肃省各市（州）、兰州新区中小微企业的问卷调查结果也显示（如图4-19所示），在全省的抽样企业中，92.29%的企业经营者认为当地政府在新冠肺炎疫情期间及时制定并出台了有关防疫指导的相关政策。

除此之外，为切实做好企业复工复产后的疫情防控，甘肃省积极建立重点企业派驻联络员制度，健全疫情信息报告制度。根据国家卫健委《企业疫情防控措施及要求》和《甘肃省工信厅关于疫情防控期间实行企业复工复产报备制度的通知》（甘工信发电〔2020〕16号）文件要求，甘肃省督促各市（州）、兰州新区制定“一市一策”“一业一策”“一企一策”疫情防控和复产复工方案，建立企业疫情信息报告制度，建立重点企业派驻联络员制度，明确流程和责任人。各市（州）积极贯彻落实重点企业派驻联络员制度，向辖区内重点企业派驻联络员，积极帮助企业协调落实防控物资，指导企业制定“一企一策”疫情防控方案，督促企业落实疫情防控各项工作要求，确保企业复工复产疫情防控万无一失。

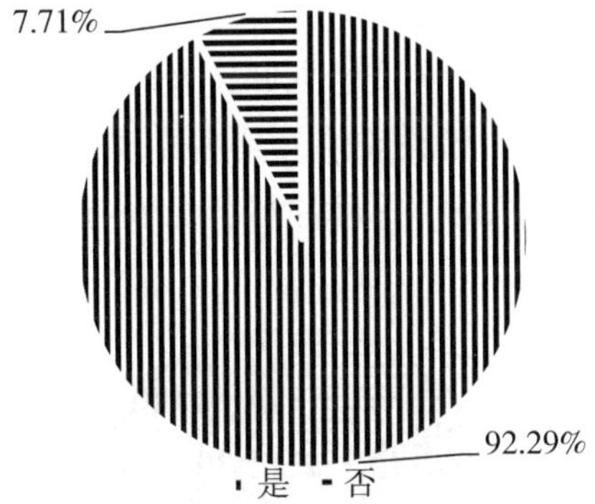

图4-19　甘肃省各地政府在新冠疫情期间是否有防疫指引政策出台占比统计图

7.复工政策

“复工政策”指标主要考察当地政府是否出台支持中小企业复工复产的政策。经综合测算，各市（州）、兰州新区“复工政策”指标平均得分为1.48分。

甘肃省高度重视中小企业的复工复产工作，积极推动应对疫情防控与支持中小企业复工复产政策的制定与出台。省工信厅制定颁发了《关于做好煤电油气运保障组织疫情防控重点物资和食品生产企业尽快复工复产调度安排等有关工作的紧急通知》《关于进一步加强政策落实促进中小企业复工复产的通知》《关于做好中小企业复工复产和疫情防控工作的通知》《关于疫情防控期间实行企业复工复产报备制度的通知》《关于切实加强疫情科学防控有序做好企业复工复产工作的通知》《企业复工复产新冠肺炎疫情防控指导方案》等文件，支持中小企业复工复产。省发改委与中国农业发展银行甘肃省分行联合印发《关于政策性金融统筹支持疫情防控和企业复工复产工作的通知》、与国家开发银行甘肃省分行联合印发《关于进一步推进开发性金融服务项目建设和实体经济的通知》，为中小企业提供资金支持、降低融资成本。甘肃省科技厅制定颁发了《关于做好创业孵化机构科学防疫推进创业企业有序复工复产保持创新创业活力的通知》，全力支持中小企业渡过难关，尽快恢复元气。平凉市印发《推动工业企业复工复产“四包”实施方案》，建立“四级”网格化管控责任体系，开发“平凉市疫情防控网格化管理服务平台”，及时摸排企业复工复产、生产经营中的困难和问题67个，建立问题台账，分级分层协调解决问题51个，办结率76.1%。其他市（州）、兰州新区也结合当地实际情况，出台一系列加大金融支持强度、加强财税纾困力度、降低企业生产经营成本等政策措施，支持本地中小微企业复工复产。项目组对甘肃省各市（州）、兰州新区中小微企业的问卷调查结果也显示（如图4-20所示），在全省的抽样企业中，90.5%的企业经营者认为当地政府在新冠肺炎疫情期间，及时制定并出台了进一步支持中小企业复工复产和生产经营的相关政策，其主要政策措施包括税收减免与优惠、社保费用减免、企业房租减免、保障原材料运输与供给、电水气优惠政策等多项内容（如图4-21所示）。

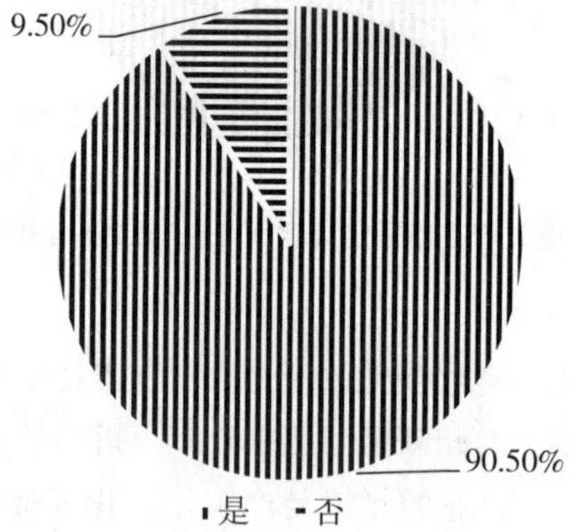

图4-20 甘肃省各地政府是否在新冠疫情期间出台支持企业复工复产政策占比统计图

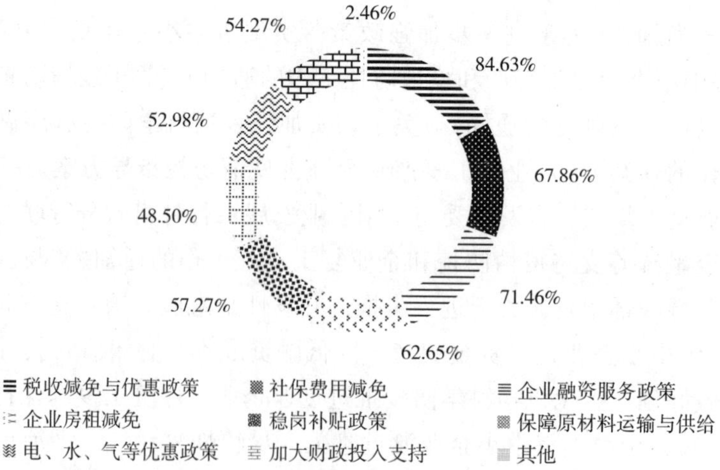

图4-21 甘肃省各地政府在新冠疫情期间支持企业复工复产政策的主要内容占比统计图

（二）政策宣传工作评估

“政策宣传”二级指标满分为4分，包括“宣传频次”（1分）、“宣传广度”（1分）、“宣传效果”（2分）3个三级指标。

根据评估指标要素说明及收集的数据分析，甘肃省各市（州）、兰州新区“政策宣传”二级指标平均得分为3.16分。其中，“宣传频次”得分为0.82分，“宣传广度”得分为0.73分，“宣传效果”得分为1.61分。

1. 宣传频次

“宣传频次”指标主要考察当地政府是否定期完成政策宣传报道任务。经综合测算，各市（州）、兰州新区“宣传频次”指标平均得分为0.82分。

甘肃省积极开展中小企业政策宣传，不断加大中小企业政策宣传力度。自2017年联合国确定6月27日为“中小微企业日”起，甘肃省每年在“中小微企业日”组织开展一次中小微企业主题政策宣传活动，采取突出重点、分类宣传的原则，利用大众媒体、网络、设立专栏等渠道，集中宣传各类中小企业扶持政策文件，把做好重点企业政策宣传工作当作一项长期性工作。甘肃省工信厅要求2020年度省内中小企业公共服务示范平台在线开展中小企业政策法规宣传活动不得少于5场次，在线“一对一”精准宣传疫情期间支持中小企业发展的政策法规不少于200家次，帮助解决中小企业“痛点”“难点”“堵点”问题不少于5家次。与此同时，甘肃省要求中小企业政策宣传工作要建立市（州）周报告、省直部门日报告、领导小组办公室周通报、半月调查问卷等制度，形成了动态闭环督促机制，确保优惠政策应知尽知。

各市（州）、兰州新区充分利用各类媒体、微信公众号、门户网站等不断加大对政策的宣传力度。例如，兰州新区搭建了微平台与门户网站信息发布联动机制，积极发挥微博、微信、今日头条等政务新媒体平台作用，自2019年4月至12月，政策的宣传与报道的频次为30次。武威市编印政策解读手册，开展“政策进百企”活动，深入企业、项目建设工地500多户次，组织300多户次中小企业对惠企政策落实进行调查评估。临夏州制定了《全州工信系统开展中小企业政策宣传月活动实施方案》，在线上充分利用甘肃省中小企业公共服务平台网“中小企业政策宣传专栏”、州电视台、民族日报、临夏州工信微报等多种媒体进行宣传；线下在临夏州红园广场开展了中小企业扶持政策宣传活动，制作宣传展板，印制相关宣传材料14种，向群众发放宣传资料3000份（册）。

2. 宣传广度

“宣传广度”指标主要考察当地政府政策宣传是否实现中小企业、企业中高层以上管理人员和基层政府部门工作人员“三个全覆盖”。经综合测算，各市（州）、兰州新区“宣传广度”指标平均得分为0.73分。

甘肃省积极组织开展多种形式的中小企业扶持政策宣传活动，重点利用政府网站、各类媒体、中小企业专项培训、调研等方式，以专家解读、领导访谈、专栏报道、实地走访、企业座谈等形式开展政策宣传活动。省工信厅通过汇编形成了“八个方面87条”《支持中小企业政策摘编》，在省、市、县三级政府门户网站和工信部门网站链接全国一体化在线政务服务平台，在甘肃政务服务网开辟“小微企业和个体工商户服务专栏”和“政策专栏”，提高政策的知晓度和惠及面。组织开展中小企业“企业微课”线上培训，向全省19931家企业提供免费上云，累计向省内手机用户发送国家和省级政策信息2340万条（次）。省工信厅还与甘肃移动、甘肃电信共同举办了“全省中小企业政策大讲堂及中小企业上云推进会”等专题培训班，扩大中小企业政策宣传覆盖面。

各市（州）、兰州新区也积极开展多样化宣传辅导，扩大政策宣传的覆盖面。例如，张掖市工信局通过编印中小企业政策集、开设政策宣传服务点、政府工作人员上门送政策等宣传方式扩大政策宣传的覆盖面。临夏州通过组织中小企业参加企业政策大讲堂、组织中小企业经营管理人员培训、与高校联合办学等多种方式，对州内500多户重点企业管理人员进行了专题培训与政策讲解。兰州新区通过增加图片、图解等解读形式，采取新媒体和网站联动解读，强调看得见、确保看得懂，全方位、多角度提高解读即时传播率，扩大解读覆盖面。

3. 宣传效果

“宣传效果”指标主要考察当地政府政策宣传的效果。

项目组通过《甘肃省中小企业发展环境调查问卷（企业版）》中Q48-27考察宣传效果，调查结果如表4-3所示，甘肃省各市（州）、兰州新区“宣传效果”指标平均得分为1.61分。

表4-3 甘肃省各地中小企业“政策宣传”效果得分

市(州)、区	宣传效果得分
张掖市	1.72
平凉市	1.70
武威市	1.68
嘉峪关市	1.65
定西市	1.64
天水市	1.64
酒泉市	1.62
庆阳市	1.62
兰州市	1.62
兰州新区	1.60
白银市	1.56
陇南市	1.56
金昌市	1.56
临夏州	1.54
甘南州	1.46

三、财税支持维度

“财税支持”维度共包含“专项资金设立使用”“重点产业项目支持”“中小企业发展基金”“税收政策”“纳税办理”5个二级指标与“资金配套”“资金使用”“‘专精特新’培育企业”“特色产业扶持”“项目参与支持”“基金设立”“基金使用”“税务服务”等10个三级指标。项目组在调研基础上，细化各项指标的评估依据，并根据评估依据进行打分，“财税支持”维度具体得分详见表4-4。

表4-4 甘肃省各地“财税支持”维度指标评估情况

市(州)、区	合计		专项资金设立使用	重点产业项目支持	中小企业发展基金	税收政策	纳税办理
	排名	得分	得分	得分	得分	得分	得分
天水市	1	8	2	2	1	2	1
酒泉市	1	8	2	3	0	2	1
嘉峪关市	1	8	2	3	0	2	1
金昌市	4	7.8	2.8	2	0	2	1
定西市	5	6.99	0.5	2.5	1	2	0.99
张掖市	6	6.6	0.5	2.5	0.8	2	0.8
兰州新区	7	6.5	0.5	3	0	2	1
陇南市	7	6.5	0	2.5	1	2	1
武威市	9	6.49	1	2.5	0	2	0.99
平凉市	10	6	0	3	0	2	1
兰州市	11	5.99	0	3	0	2	0.99
庆阳市	12	5.5	0	2.5	0	2	1
白银市	13	5.3	0	2.3	0	2	1
临夏州	14	5	0	2	0	2	1
甘南州	15	4.48	0	1.5	0	2	0.98
平均	6.48		0.75	2.49	0.25	2	0.98

（一）专项资金设立使用工作评估

“专项资金设立使用”二级指标总分值为3分，共包含“资金配套”（1分）、“资金使用”（2分）2个三级指标。

根据评估指标要素说明及收集的数据分析，甘肃省各市（州）、兰州新区“专项资金设立使用”二级指标平均得分为0.75分。其中，“资金配套”得分为0.33分，“资金使用”得分为0.42分。

1. 资金配套

“资金配套”指标主要考察当地政府是否在本级预算中按《中小企业促进法》

《甘肃省促进中小微企业高质量发展若干措施》中资金配套要求（额度）设立中小企业发展专项资金。经综合测算，各市（州）、兰州新区“资金配套”指标平均得分为0.33分。

截至2020年底，甘肃省省级层面尚未按照《中小企业促进法》要求在省级财政设立一级“中小企业发展专项资金”账户。

各市（州）、兰州新区，仅有少数地区在本级财政中配套了中小企业发展专项资金。例如，天水市财政局设立天水市中小企业和民营经济发展专项资金，2020年市级财政预算每年整合安排工业强市奖励、中小企业和民营经济发展专项资金3000万元，采取贷款贴息、奖励、补助、购买服务等多种形式支持中小企业、民营企业发展以及中小企业公共服务体系和融资服务体系建设。金昌市财政局印发《关于下达2018年市级工业强市和中小企业发展专项资金》（金财企〔2018〕43号）的通知，向市工信委下达市级工业强市和中小企业发展专项资金100万元。根据2018年度武威市一般公共预算支出表，武威市明确安排“中小企业发展专项”资金3000万元。但是总体而言，各市（州）、兰州新区中小企业发展专项资金配套规范性不强，政策落实力度有待提升。

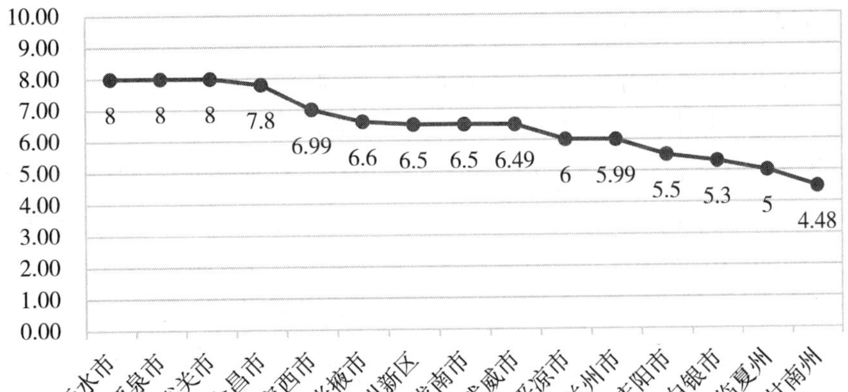

图4-22　甘肃省各地“财税支持”维度得分排名图

2. 资金使用

“资金使用”指标主要从三个方面进行考察：一是从当地政府是否制定专项资金管理制度和使用办法；二是当地政府是否严格依据资金使用办法拨付、使用中小企业发展专项资金；三是当地政府是否合理统筹已设立的专项资金和政府投资基金。经综合测算，各市（州）、兰州新区“资金使用”指标平均得分为

0.42分。

甘肃省积极推动中小企业发展专项资金管理制度和使用办法的出台，先后制定出台了《甘肃省中小企业发展专项资金管理的通知》《甘肃省中小企业发展专项资金管理暂行办法》，对全省中小企业发展专项资金的使用进行规范。各市（州）、兰州新区积极出台本地区的中小企业发展专项资金管理制度。例如，张掖市财政局、市发改委印发《张掖市中小企业发展专项资金管理暂行办法》（张财建〔2020〕19号）。天水市促进中小企业发展工作领导小组办公室和市财政局联合印发《天水市中小企业和民营经济发展专项资金管理暂行办法》。

（二）重点产业项目支持工作评估

“重点产业项目支持”二级指标满分为3分，共包含“专精特新”培育企业（1分）、“特色产业扶持”（1分）、“项目参与支持”（1分）3个三级指标。

根据评估指标要素说明及收集的数据分析，甘肃省各市（州）、兰州新区“重点产业项目支持”二级指标平均得分为2.49分。其中，“专精特新”培育企业得分为1分，“特色产业扶持”得分为0.82分，“项目参与支持”得分为0.67分。

1.“专精特新”培育企业

“‘专精特新’培育企业”指标主要考察当地政府是否按要求对国家级、省级认定的“专精特新”培育企业开展上报、实施、监管工作。经综合测算，各市（州）、兰州新区“专精特新”培育企业指标平均得分为1分。

为深入贯彻党中央、国务院和甘肃省委、省政府促进中小企业发展的新部署、新要求，鼓励和引导全省中小企业走专业化、精细化、特色化和新颖化的“专精特新”发展道路，实现高质量发展，结合实施《促进中小企业发展规划（2016—2020年）》，2018年甘肃省促进中小企业发展工作领导小组办公室印发《甘肃省推动中小企业“专精特新”高质量发展实施方案（2018—2020年）》（甘工信发〔2018〕551号），2019年，省工信厅制定了《甘肃省“专精特新”中小企业认定综合管理办法》（甘工信发〔2019〕201号），在全省营造中小企业发展的良好环境，推动全省中小企业特别是工业中小企业“专精特新”发展，培育“行业小巨人”，促进中小企业转型升级，使中小企业成为推动全省经济高质量发展的重要支撑。各市（州）、兰州新区严格贯彻省级要求，积极组织符合条件的中小企业参与申报，经过市（州）申报、专家评审等环节，2019年新认定“专精特新”中小企业25户，全省“专精特新”中小企业达到187户。

2.特色产业扶持

“特色产业扶持”指标主要从两方面进行考察：一是当地政府是否对辖区内

获得国家创新创业特色载体以及取得良好效果的经济开发区、工业园区支付相应奖励；二是当地政府是否对地方重点支持的扶贫产业相关企业支付相应奖励。经综合测算，各市（州）、兰州新区“特色产业扶持”指标平均得分为0.82分。

甘肃省以酒泉市和天水市为重点，围绕支持中小企业创新发展，积极引导打造小型微型企业创业创新基地、中小企业公共服务示范平台、众创空间、孵化器等创新创业特色载体，促进提升资源配置质量与效率。酒泉市经济开发区管理委员会制定印发《酒泉经济技术开发区打造特色载体推动中小企业创新创业升级专项资金使用管理办法（试行）》，每年统筹安排500万元作为打造特色载体推动中小企业创新创业发展配套支持资金，采取直接补助、绩效奖励、购买服务等方式，支持酒泉经开区发展有限公司中小企业创新创业示范基地、大型龙头企业专业化特色“双创”基地、甘肃新能源暨装备制造产业“窗口”服务平台及新能源科技服务平台、酒泉新能源学院众创空间、酒泉绿能（大数据）中心等特色载体，提升可持续发展能力，拓展孵化服务功能和辐射范围，为中小企业提供市场化、专业化、精准化的资源和服务。

甘肃省深入实施产业扶贫行动，采取省负总责、市（州）主导、县（区）抓落实的管理体制，通过三年努力，以带动脱贫攻坚作用大的牛、羊、菜、果、薯、药六大特色农业产业为重点，把提高脱贫攻坚质量放在首位，助推全省打赢脱贫攻坚战。2018年2月5日，省政府办公厅印发《甘肃省培育壮大特色农业产业助推脱贫攻坚实施意见》（甘政办发〔2018〕20号），鼓励贫困户以合作社、协会等组织形式参与规模化生产基地建设，农民以土地经营权、财政量化到户资金、技术等要素入股合作社，积极引进各类龙头企业、有实力的企业到贫困地区发展，贫困地区有条件的农业龙头企业通过绿色通道上市。按照“利益共享、风险共担”原则，在坚持订单收购、保护价收购、最低利润返还等传统模式的基础上，引导和鼓励经营主体通过股份、服务、保底分红等开展合作经营，对有效带动贫困户达到一定数量的经营主体给予适当奖励。各市（州）、兰州新区结合当地特色，对地方重点支持的扶贫产业开展奖励。例如，张掖市为将牛产业打造成助力乡村振兴和农民脱贫增收的“首位产业”，将“甘牛”打造成中国肉用西门塔尔自主品牌优质地方品种，2019—2021年市级和相关县（区）财政每年统筹安排资金1000万元，专项用于“甘牛”选育，择优确定养殖“甘牛”良种基础母牛10头以上的大户共1000户给予重点扶持，每年每头良种基础母牛补贴500元，保障“甘牛”育种工作顺利开展，同时采取以“以奖代补”的形式，对牛屠宰加工企业银行贷款利息予以贴息，鼓励屠宰加工企业扩大生产。

3.项目参与支持

“项目参与支持”指标主要考察本地区的中小企业参与政府和社会资本合作项目（以下简称PPP项目）和公共服务领域、传统基础设施领域项目建设与运营管理，政府是否给予相应奖励、补助、贷款贴息等形式支持。经综合测算，各市（州）、兰州新区“项目参与支持”指标平均得分为0.67分。

甘肃省高度重视PPP项目工作，为发挥政府资金的引导和放大作用，提高社会资本特别是民间资本投资、运营管理公共服务领域和传统基础设施领域项目的积极性，制定并出台了一系列政策文件。省政府办公厅先后印发《甘肃省政府和社会资本合作（PPP）项目工作导则》（甘政办发〔2017〕37号）、《甘肃省省级PPP项目引导资金管理办法》（甘政办发〔2017〕133号）、《关于进一步激发民间有效投资活力促进经济持续健康发展的实施方案》（甘政办发〔2017〕197号），要求合理确定引入社会资本的时机，重点向民营企业推介前期工作成熟、基本具备开工条件的PPP项目，进一步规范全省PPP项目操作流程，禁止排斥、限制或歧视民间资本的行为，原则上采取公开招标方式选择社会资本方，为民营企业创造平等竞争机会，打造更加公平有利的发展环境。

为扩大中小企业参与PPP项目，各市（州）、兰州新区积极推进项目建设。例如，张掖市通过该方式建成了一批基础设施民生保障项目，省政府明确在资金方面对参与政府与社会资本合作项目的中小企业予以奖励和支持，先后争取中央预算内和省级预算内资金1.1亿元支持项目开展，2018年张掖市被列入“推广政府和社会资本合作（PPP）模式工作有力、社会资本参与度较高的市”，受到国务院通报表扬，PPP项目工作得到上级的充分认可。

（三）中小企业发展基金工作评估

“中小企业发展基金”二级指标满分为1分，共包含“基金设立”（0.5分）、“基金使用”（0.5分）2个三级指标。

根据评估指标要素说明及收集的数据分析，甘肃省各市（州）、兰州新区“中小企业发展基金”二级指标平均得分为0.25分。其中，“基金设立”得分为0.13分，“基金使用”得分为0.12分。

1.基金设立

“基金设立”指标主要考察当地政府是否设立中小企业发展基金。经综合测算，各市（州）、兰州新区“基金设立”指标平均得分为0.13分。

甘肃省积极推动中小企业发展基金设立。为发挥财政资金引导作用，拓宽企业融资渠道，促进中小企业健康发展，形成大众创业、万众创新的良好局面，甘肃省根据《中华人民共和国中小企业促进法》《政府投资基金暂行管理办法》等文件精神，制定了《甘肃省中小企业发展基金管理办法》，内容涵盖了基金的来源和投向、基金管理、投资运作、投资退出及收入分配等方面。甘肃省中小企业发展基金（有限合伙）成立于2016年，存续期10年，由省政府发起设立，基金投资主要投向为经过省级主管部门认定的“专精特新”中小企业、“科技小巨人”企业；结构调整、产业升级、专业化发展、与大企业协作配套等中小企业；具有良好发展前景的种子期、初创期、早中期创业投资企业和中小企业创业创新示范基地；符合《中国制造2025甘肃行动纲要》确定的发展重点及突破方向的中小企业；利用互联网为企业提供创新与成果推广应用、完善拓展产业链科技支持、众创金融平台、创新资源共享与合作等服务的中小企业等。

各市（州）、兰州新区层面中小企业发展基金设立工作开展有待提升，仅有少数地区按要求设立中小企业发展基金。例如，2017年天水市人民政府办公室印发《天水市中小企业创业创新投资基金设立方案》（天政办发〔2017〕133号），指出基金由天水市财政和社会资本共同出资设立，按市场化方式运作。2018年天水市中小企业创业创新投资基金（有限合伙）成立，由甘肃天成基金管理有限公司负责管理，支持天水市工业、农业、科技、教育、文化等各行业领域的种子期、初创期、成长型中小企业发展。

2.基金使用

“基金使用”指标主要考察当地中小企业发展基金投资使用率情况。经综合测算，各市（州）、兰州新区“基金使用”指标平均得分为0.12分。

截至2019年底，甘肃省中小企业发展基金到位资金5.05亿元，已完成投资项目11个，投资总额2.83亿元，覆盖了9个市（州）的特色农业、生物医药、新材料、装备制造等行业，拉动社会投资12亿元。其中，出资5000万元参股支持天水市中小企业创业创新投资子基金。

天水市严格贯彻省级政策，根据相关基金使用办法合理使用中小企业基金。截至2020年5月31日，天水市中小企业创业创新投资基金实际到位资金31500万元，投资使用22280万元，使用率为70%。

（四）税收政策工作评估

“税收政策”二级指标满分为2分，共包含“税收政策执行”（2分）1个三级指标。

根据评估指标要素说明及收集的数据分析，甘肃省各市（州）、兰州新区“税收政策”二级指标平均得分为2分，说明全省税务服务工作成效突出。

税收政策执行指标主要从四个方面进行考察：一是当地政府是否严格执行中小企业免征增值税税收优惠政策；二是是否严格执行小型微利企业减半征收企业所得税税收优惠政策；三是是否严格执行研发费用加计扣除税收优惠政策；四是是否严格执行金融机构向小微企业提供贷款的利息收入及融资担保收入免征增值税的税收优惠政策。经综合测算，各市（州）、兰州新区“税收政策执行”指标平均得分为2分。

甘肃省严格执行各项税收优惠政策。2019年3月18日，甘肃省促进中小企业发展工作领导小组办公室印发《2019年甘肃省促进中小微企业高质量发展工作要点》（甘工信发〔2019〕114号），提出省税务局要加大税收优惠力度，认真落实国务院关于大幅放宽享受企业所得税优惠的小型微利企业标准，同时加大所得税优惠力度，对小型微利企业年应纳所得税额不超过100万元、100万元到300万元的部分，分别减按25%、50%计入应纳所得额，按照20%税率缴纳企业所得税，使税负降至5%和10%。调整后优惠政策将覆盖95%以上的纳税企业，其中98%为民营企业；对主要包括小微企业、个体工商户和其他个人的小规模纳税人，增值税起征点由月销售额3万元提高到10万元。

各市（州）、兰州新区严格执行甘肃省相关税收政策。例如，张掖市严格推进税收政策执行，不折不扣落实小规模纳税人月销售额10万元（季30万元）以下免征增值税政策，对39589户小规模纳税人免征增值税2024.93万元。全面落实中小微企业减免企业所得税政策。2020上半年，应享受企业所得税优惠政策的小微企业3891户，实际享受3891户，政策受惠面达100%，共减免企业所得税5358.47万元，户均减免税1.377万元；2016年全市企业研发费用加计扣除减免额仅206万元，2017年达到994.7万元，是2016年的4.8倍，2018年达到9489万元，是2017年的9.5倍。严格执行金融机构向小微企业提供贷款的利息收入及融资担保收入免征增值税政策，截至目前免征增值税882.6万元。

（五）纳税办理工作评估

“纳税办理”二级指标满分为1分，共包含“税务服务”（0.8分）、“网报开通率”（0.2分）2个三级指标。

根据评估指标要素说明及收集的数据分析，甘肃省各市（州）、兰州新区“纳税办理”二级指标平均得分为0.98分。其中，“税务服务”得分为0.78分、“网报开通率”得分为0.20分。

1. 税务服务

该指标主要从四个方面考察：一是本地区是否推动建设电子税务局，实现涉税事项进行网上办理；二是办税服务厅是否进驻政务服务中心；三是是否设立并及时更新涉税事项“最多跑一次清单”；四是办税服务厅是否实现“一窗一人”模式。经综合测算，各市（州）、兰州新区“税务服务”指标平均得分为0.78分。

甘肃省税务局认真落实党中央、国务院、税务总局、省委、省政府关于加快推进“互联网+政务服务”的工作部署，按照有利于方便纳税、降低征收成本的原则，不断拓展服务渠道、完善服务方式、创新服务手段，汇聚联动内外力量、集成整合服务资源，积极促进实体办税服务厅与网上办税系统的对接融合，推进办税便利化改革，推动“互联网+政务服务”加速升级。省税务局制定《电子税务局2017年—2019年三年实施规划》，编制涵盖5大类24小类161个功能项，涉及WEB、APP、微信、自助终端4个渠道的电子税务局业务需求，统筹推进电子税务局建设；主动与省政府办公厅协调，按照统一的建设规范，实施网上办税服务平台与甘肃政务服务网对接工程，通过“一体化”的网上政务服务平台实现涉税业务办理。

各市（州）、兰州新区严格贯彻省级政策推进税务服务，并取得积极成效。例如，酒泉市行政服务中心加强统筹谋划改革创新，设置办税服务大厅和窗口，扫描电子税务局二维码直接对接省级政务平台，创新“不来即享”工作机制，梳理了17个税种，343项税收优惠政策，实行税收优惠事项“自行判别、申报享受、相关资料留存备查”的办理方式，并实现了“一人一窗”“一网办理”，把政务服务大厅建设成为新时代营商环境的新高地。兰州新区在政务服务中心设置了电子税务局体验区，实现“互联网+税收”的新型管理和服务模式，电子税务局业务已覆盖实体办税服务厅90%以上的业务，成为优化营商环境的有力抓手。同时，兰州新区加快编制2020年“最多跑一次”事项目录清单，持续推进新区政务服务事项“一事一次办”，即以企业和群众“办成一件事”为导向，推行“一表申请”服务机制，为企业和群众办事提供套餐式集成服务。此外，兰州新区在政务大厅开设企业“一窗办”专区，实现申领营业执照、刻制印章、申领发票和税控设备、职工参保登记、住房公积金企业缴存登记等事项线上一表填报、一次验证，线下一窗领取材料，做到“一步到位、一次办理”。甘肃省各市（州）、兰州新区在税务服务方面取得的成效可以从调查问卷的结果中反映出来（如图4-23所示），在抽样企业中，企业经营者对目前甘肃省税务服务的总体满意度占比为79.47%，其中，“非常满意”的占比为48.91%，即在所抽样的企业中，有将近一半的企业对目前的税务服务工作是非常满意的，而且“比较满意”的占比为30.56%。这也从侧面充分说明近年来甘肃省在税务服务工作开展方面取得了较为显著的成效。

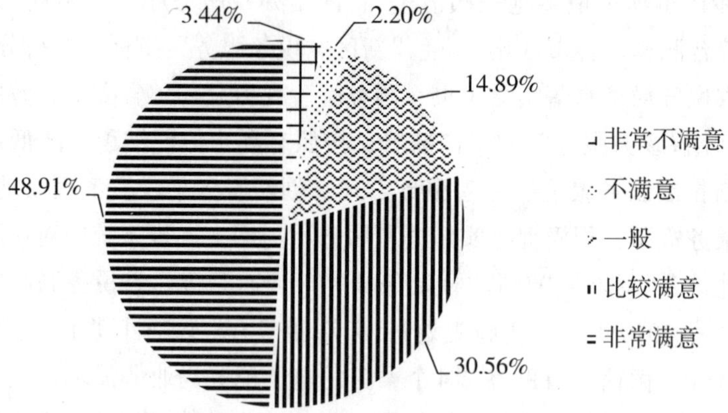

图4-23 甘肃省各地中小企业对税务服务工作满意度占比统计图

2. 网报开通率

该指标主要考察企业类纳税人的电子税务局网报开通率情况，其网报开通率计算方式为：开通网报户数/总户数×100%。经综合测算，各市（州）、兰州新区“网报开通率”指标平均得分为0.20分。

甘肃省积极推动电子税务局建设。2015年国家开始推行“三证合一”，逐步过渡到“五证合一”“多证合一”，税务机关不再发放税务登记证，由市场监管部门通过网络将办理了工商注册登记的企业、个体户信息上传至税收管理系统。甘肃省严格贯彻执行国家税务总局《电子税务局建设规范》的要求，注册了工商登记的企业、个体户需要办理涉税事项时到税务部门进行税务登记信息补录，同时对办税人员进行实名认证，办税人员便可随时注册电子税务局，关联相关企业，在电子税务局进行纳税申报和其他涉税事项办理。各市（州）、兰州新区积极推进电子税务局建设，争取让全部企业纳税人开展网上申报税务工作。

四、融资环境维度

“融资环境”维度包含“融资渠道”“融资支持”“融资效率”和“融资服务”4个二级指标，“融资方式”“融资机制”“贷款贴息优惠”“信贷计划”“融资产品支持”“融资咨询服务”等9个三级指标。项目组在调研基础上，细化各项指标的评估依据，并根据评估依据进行打分，“融资环境”维度具体得分详见表4-5。

表4-5　甘肃省各地“融资环境”维度指标评估情况

市(州)、区	合计		融资渠道	融资支持	融资效率	融资服务
	排名	得分	得分	得分	得分	得分
兰州新区	1	8.6	3	2	2	1.6
定西市	2	8.08	2	2.67	2	1.41
庆阳市	3	8.07	2	2.67	2	1.4
兰州市	4	7.9	2.5	1.8	2	1.6
酒泉市	5	7.6	2	3	1	1.6
张掖市	6	7.57	2	2.38	2	1.19
临夏州	7	7.43	1.5	2.85	2	1.08
白银市	8	7.38	2.5	1.7	2	1.18
天水市	9	7.27	2	2	2	1.27
武威市	10	7.14	2	2	2	1.14
嘉峪关市	11	6.6	2	2	1	1.6
平凉市	12	6.5	0.7	2.98	2	0.82
陇南市	13	5.64	1.5	1	2	1.14
金昌市	14	4.79	2	1.86	0	0.93
甘南州	15	4.57	1.5	2.5	0	0.57
平均	7.01		1.95	2.23	1.60	1.24

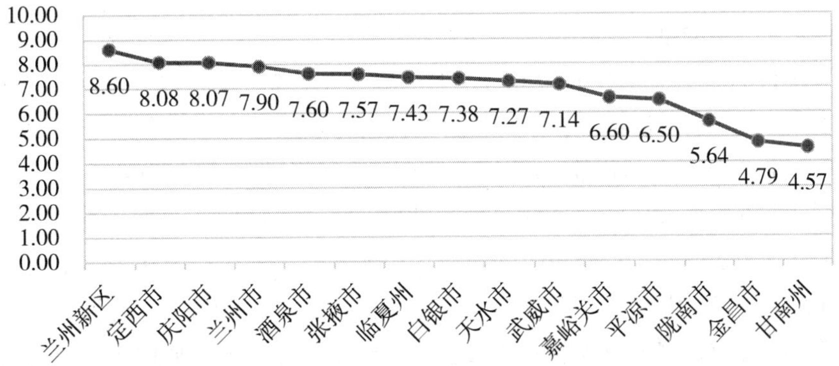

图4-24　甘肃省各地“融资环境”维度得分排名图

（一）融资渠道工作评估

“融资渠道”二级指标总分值为3分，共包含“融资方式”（2分）、“融资机制”（1分）2个三级指标。根据评估指标要素说明及收集的数据分析，甘肃省各市（州）、兰州新区“融资渠道”二级指标平均得分为1.95分。其中，“融资方式”得分为1.00分，“融资机制”得分为0.95分。

1.融资方式

“融资方式”指标主要考察三个方面：一是金融机构提供以应收账款为担保品的担保融资落实情况；二是金融机构为中小企业提供债务融资方式的落实情况；三是金融机构提供以专利权质押的融资方式，并对中小企业通过专利权质押方式获得银行贷款的按贷款年利息的50%给予贴息补助的落实情况。经综合测算，各市（州）、兰州新区“融资方式”指标平均得分为1分。

甘肃省委办公厅、省政府办公厅印发的《关于甘肃省促进中小微企业高质量发展若干措施》（甘办发〔2018〕85号）在“强化融资服务”方面明确指出支持发行民营企业债务融资支持工具，加大民营和中小微企业资金支持力度；鼓励和引导省内大中型企业主动与人民银行应收账款系统对接，支持银行对供应链上下游中小企业开展线上融资业务；支持中小微企业开展专利权质押融资。各市（州）、兰州新区均出台相关政策丰富中小企业融资方式，但就政策落实情况而言，应收账款融资方式基本全部落实，但债务融资及专利权质押的融资方式并未得到有效落实。

在鼓励中小企业开展应收账款融资方面，天水市政府利用政银企对接会、企业走访、征信知识宣传等平台，面向企业普及应收账款融资知识，鼓励各银行金融机构创新应收账款融资产品，推动线上应收账款融资业务取得积极进展，在全省率先实现了政府采购业务与应收账款融资服务平台的对接，全面推广“政采贷”业务，平台的推广应用取得了实质性进展。截至2020年5月末，天水市平台注册用户1169户，开通用户596户，上传应收账款274笔，成交236笔，促成融资59.82亿元。酒泉市金融办协调中国人民银行酒泉市中心支行制定印发了《酒泉市推进小微企业应收账款融资专项行动实施细则》，鼓励银行业金融机构和其他融资服务机构扩大应收账款融资业务规模，推动供应链核心企业支持民营和小微企业应收账款融资。截至2020年4月末，酒泉市共注册应收账款融资服务平台用户206户，累计成交38笔，成交金额21.44亿元。交通银行武威分行针对武威市中医医院及凉州区第三人民医院存在应付账款金额较大、周期较长等现象迅速为其制定了供应链融资方案，向武威市中医医院上游5户医药企业发放1000万元快捷保理贷款，向凉州区第三人民医院上游4户医药企业发放1100万元快捷保理贷款，有效地缓解了上游医药企业资金压力，同时降低了医院融资成本。但是总体而言，甘肃省为中小企业提供以应收账款为担保品的担保融资服务仍需要进一步加强，这一点也可以从企业经营者的调查问卷结果中反映出来（如图4-25所示），在抽样的企业中，只有54%的企业经营者认为当地以应收账款为担保品为中小企业提供担保融资服务，而有46%的企业经营者认为当地并未以应收账款为担保品为企业提供融资服务。

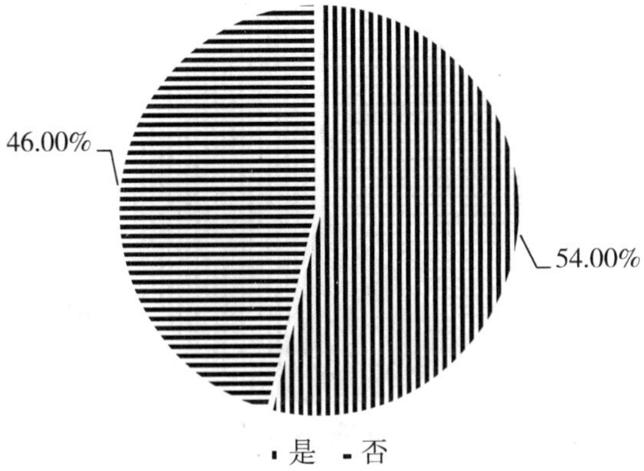

图4-25　甘肃省各地是否提供以应收账款为担保品的担保融资服务占比统计图

在支持中小企业开展债务融资方面，兰州市落实省级政策，支持符合条件的企业和项目进行债务直接融资。兰州建设投资（控股）集团有限公司于2020年2月10日成功注册15亿元定向债务融资工具——疫情防控债，其中0.75亿元募集资金用于下属子公司兰州国际高原夏菜副食品采购中心补充流动资金，针对在疫情期间加大对商户的租金、佣金减免，保证兰州市疫情期间的菜篮子工程，该笔债券为甘肃省首单疫情防控债券。2019年11月天水市城市建设投资（集团）有限公司成功发行债券11亿元，债券一期5亿元，由长城国瑞证券公司等8家认购，票面利率6.4%（资金于11月18日到账）；二期6亿元AAA债券12月4日发行。平凉市印发《平凉市金融支持企业去杠杆工作实施意见的通知》（平政办发〔2016〕137号），鼓励引导中小企业通过发行企业债券、公司债券、非金融企业债务融资工具等进行融资。2018年以来，平凉市先后发行企业债、私募债、公司债共26.5亿元，完成融资租赁12.6亿元；在省股权交易中心挂牌企业92家，累计实现融资20.8亿元。张掖市金融机构向中小企业提供的债务融资方式主要以银行信贷为主，辅以票据融资（主要是贴现），截至2020年5月末，各银行业金融机构为全市提供本外币债务融资总额为671.15亿元，其中，票据融资10.72亿元，占债务融资总额的1.6%。

项目组对甘肃省各地区为中小企业提供债务融资方式的现状进行了问卷调查，调查结果显示（如图4-26所示），在抽样企业中，有63.62%的企业经营者同意当地为中小企业提供了债务融资的方式进行融资，而有36.38%的企业经营者则认为当地并未提供债务融资的方式。这也说明甘肃省在为中小企业提供债务融资等服务方面仍需加强。

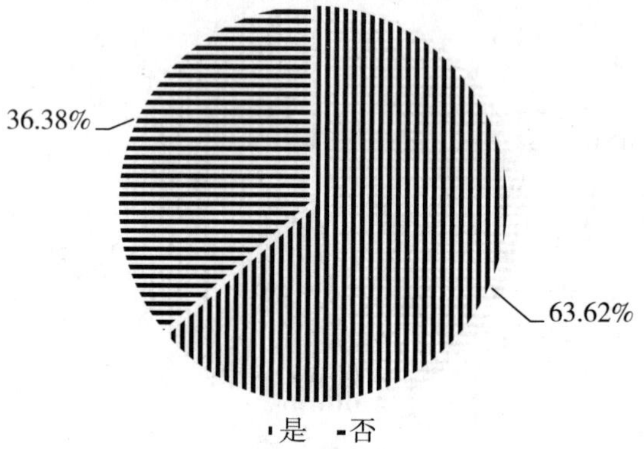

图4-26　甘肃省各地是否为中小企业提供债务融资方式占比统计图

在支持中小企业开展专利权质押融资方面，兰州银行张掖分行向张掖市麒祥轮胎技术开发有限公司发放专利质押贷款1笔20万元，该公司获得国家发明专利一项，实用性国家专利5项。

项目组对甘肃省各地区支持中小企业开展专利权质押融资的现状进行了问卷调查，调查结果显示（如图4-27所示），在所抽样的企业中，有55.72%的企业经营者认为当地为中小企业提供了专利权质押的融资服务，而有44.28%的企业经营者则认为当地尚未开展专利权质押融资。

2.融资机制

“融资机制”指标主要考察两个方面：一是当地政府是否建立中小企业“税务+担保+银行”联动机制，建立健全市（州）、县（区）两级银税合作工作机制；二是“税务+担保+银行”联动机制是否发挥实际效果。经综合测算，各市（州）、兰州新区“融资机制”指标平均得分为0.95分。

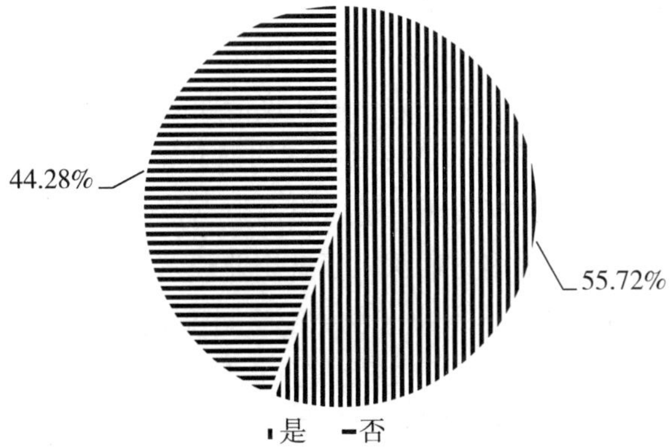

图4-27　甘肃省各地是否支持中小企业开展专利权质押融资占比统计图

甘肃省政府办公厅在《关于完善政府性融资担保体系切实支持小微企业和“三农”发展的实施意见》（甘政办发〔2019〕77号）中规定了推进政府性担保机构建设，发挥再担保职能、降低融资成本以及加强银担合作的若干要求，明确要求构建政府性融资担保机构和银行业金融机构共同参与、共管分险的银担合作机制。甘肃省税务局与甘肃金控集团、邮储银行甘肃省分行等19家金融机构签署了“银税互动”战略合作协议，并提出了7项“银税互动”具体服务举措，2019年向各银行业金融机构推送纳税信用评价结果A-D的企业29.5万多户，全年累计发放贷款1438亿元。

各市（州）、兰州新区积极建立中小企业“税务+担保+银行”联动机制，有效地缓解了中小企业融资难、融资贵的问题。临夏州作为全省最早开展银税互动的地区，在调研摸底的基础上，主动与各商业银行对接协商，建立银税合作机制，分别与8家银行签订合作协议，在法律法规允许的范围内，建立信息交换渠道，共享纳税信用评价结果和信贷融资信息，银行通过企业纳税信用信息累计为1185户纳税信用高的企业提供贷款101.2亿元，特别是新冠疫情暴发以来，针对疫情期间中小企业更加迫切的资金需求，向8家金融机构继续推送7812户纳税信用A、B、M级企业名单信息，8家银行共为175家高纳税信用企业发放贷款8.86亿元。酒泉市组织召开全市金融工作暨政银企对接工作会议，协调督促各金融机构借助银政合作平台，积极推进“银税互动”，创新推出“税e融”“税易贷”“银税贷”“退税贷”等产品，努力破解中小企业融资难、融资贵问题，12家银行与33家企业沟通对接，达成合作意向51.77亿元。平凉市税务部门分别与10家银行签订了银税合作协议，拓宽了银税合作服务领域，为中小企业量身定制了

“邮税贷”“税易贷”“税务贷”等金融产品以及其他增值金融服务。截至2020年6月，平凉市已累计为991户企业发放纳税信用及非信用贷款6.14亿元，有力地支持了中小企业的创新发展。为助力企业在疫情期间顺利复工复产，金昌市税务局主动加强与同级金融监管部门、签约银行沟通联系，进一步优化“银税互动”工作机制，并通过后台大数据分析，迅速摸排中小企业复工复产情况，从资金运行、原料采购、产品销售等多方面深入了解企业经营困境，携手全市8家商业银行，在原线下产品的基础上，推出“税e融”“小微易贷”“税e通”“纳税e贷”等线上产品，实现了“银税互动”线上信息推送、申请受理、审核发放等流程“一站式”办理。截至2020年5月底，金昌市通过“银税互动”累计为216户企业发放贷款25.38亿元，为企业解决了资金困难的燃眉之急。

（二）融资支持工作评估

“融资支持”二级指标总分值为3分，共包含“贷款贴息优惠”（1分）、“信贷计划”（1分）、“‘政保贷’联动”（1分）3个三级指标。根据评估指标要素说明及收集的数据分析，甘肃省各市（州）、兰州新区“融资支持”二级指标平均得分为2.23分。其中，“贷款贴息优惠”得分为0.58分，“信贷计划”得分为0.90分，“‘政保贷’联动”得分为0.75分。

1.贷款贴息优惠

“贷款贴息优惠”指标主要考察当地政府是否落实为有关部门认定的中小企业技术创新项目和为大企业产品配套的技术改造项目贷款贴息优惠政策。经综合测算，各市（州）、兰州新区“贷款贴息优惠”指标平均得分为0.58分。

《甘肃省促进中小企业发展条例》中明确县级以上人民政府中小企业行政管理部门和其他有关部门认定的中小企业技术创新项目和为大企业产品配套的技术改造项目，可以享受贷款贴息优惠政策。

根据《张掖市财政局关于下达2017年小微企业创业创新奖补资金（第八批）的通知》（张财建〔2017〕35号），张掖市下达民乐县2017年小微企业创业创新基地城市示范专项资金（第八批）100.91万元，用于支持全县食用菌产业发展贷款贴息。自2015年以来，中国邮储银行平凉市分行大力开展农业产业化项目支持，累计投放各类贷款11.77亿元，新增7.48亿元，贷款余额达到13.26亿元，其中，涉农贷款占比超过75%；为当地草食畜牧中小企业及设施改造和技术创新企业项目发放落实贴息贷款总额接近4亿元，占全市该项目贷款总额的90%以上。此外，根据实地调研情况和问卷调查结果（如图4-28所示），在抽样企业中有81.57%的企业经营者认为当地政府严格落实了为中小企业技术创新项目和为大企业产品配套的技术改造项目贷款贴息优惠政策，为中小企业的进一步发展提供了帮助。

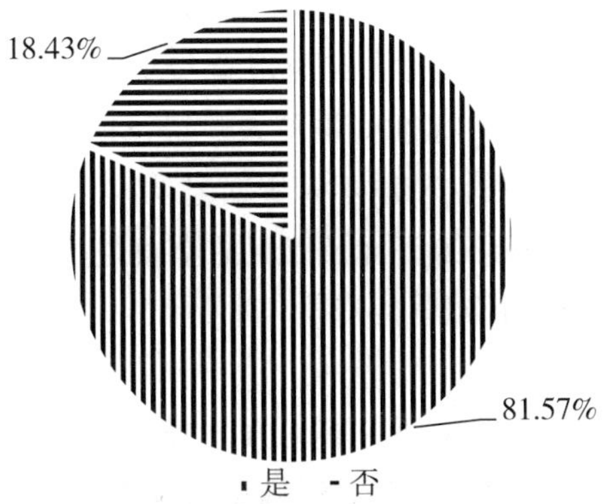

图4-28　甘肃省各地是否落实贷款贴息优惠政策落实占比统计图

2. 信贷计划

“信贷计划”指标主要考察各地政府是否出台将单户授信1000万元及以下的小微企业贷款纳入中期借贷便利的合格担保品范围的政策。经综合测算，各市(州)、兰州新区“信贷计划”指标平均得分为0.90分。

根据中共中央办公厅、国务院办公厅印发的《关于促进中小企业健康发展的指导意见》（中办发〔2019〕24号），地方政府要完善中小企业融资政策，进一步落实普惠金融定向降准政策，将单户授信1000万元及以下的小微企业贷款纳入中期借贷便利的合格担保品范围。甘肃省通过推出单列普惠型小微贷款信贷计划，坚持支小再贷款资金专款专用、足额投放，放大小微贷款相关业务权限，优化小微企业贷款期限管理，创新多种贷款产品等措施，不断健全服务小微企业制度，构建形成了多层次、广覆盖的小微企业金融服务体系。

根据《庆阳市促进中小微企业高质量发展实施办法》（庆办发〔2019〕38号）、《降低企业获得信贷难度和成本实施方案》（庆政办发〔2018〕124号）和《中国银监会庆阳监管分局关于银行业支持实体经济发展质效的意见》（庆银监发〔2018〕11号），庆阳市全面落实国家“两增两控”政策要求，各金融机构严格执行单列的普惠型（1000万元以下小微企业贷款）中小企业信贷计划，中小企业贷款较年初增速不低于同期各项贷款增速。平凉市金融办配合中国人民银行平凉支行加强国家定向降准、支农支小等货币政策传导实施，下调非县域法人机构平凉农商行存款准备金率0.5个百分点，将普惠金融定向降准中小企业的贷款考核标准由“单笔授信小于500万元”调整成“单户授信小于1000万元”，引导金融机构进一步扩大中小企业贷款支持。定西市政府办公室印发《关于推进金融服务小微企业促进融资畅通的若干措施的通知》(定政办发〔2020〕71号),引导各银行业金融机构通过单列信贷计划等形式,加大首贷、续贷支持力度,进一步增强小微企业贷款可得性;印发《定西市首贷业务推进实施方案》(定银发〔2020〕50号),明确“首贷”标准为中国人民银行征信报告中无贷款记录(小微企业主和个体工商户的消费性贷款不算贷款记录)的企业首次获得的贷款,包括民营企业贷款、单户授信1000万元及以下的小微企业贷款,以及小微企业主、个体工商户和农民专业合作社经营性贷款。

3.“政保贷”联动

“‘政保贷’联动”指标主要考察地方政府是否落实提供不收或少收保证金、提高放大倍数、控制贷款利率上浮幅度等优惠政策。经综合测算,各市(州)、兰州新区“‘政保贷’联动”指标平均得分为0.75分。

根据甘肃省委办公厅、省政府办公厅《关于甘肃省促进中小微企业高质量发展若干措施》文件要求,各地各部门应当建立“政保贷”联动机制,按照权责均衡、互利共赢的原则,构建合理的风险共担与利益分配机制,遵循市场化原则,提供不收或少收保证金、提高放大倍数、控制贷款利率上浮幅度等优惠条件,稳步推动中小企业信用保证保险业务发展,疫情期间政策效果更为显著。

根据中国人民银行天水市中心支行《关于印发〈中国人民银行天水市中心支行2019年民营和小微企业融资服务年实施方案〉的通知》(天银发〔2019〕66号)等相关文件,天水市提出要进一步健全产融合作机制,分行业、分县(区)、分领域、多形式开展“政银企”与租赁、担保、基金、创投等专业性融资对接服务,重点支持民营企业创业与创新,进一步推动企业信用保证保险业务发展。疫情发生以来,天水市范围内的创业担保贷款全部免收保证金。疫情防控期间,政府性担保机构对疫情防控期间提供生活服务保障的相关企业,担保费率降至1.5%以下;对疫情防控相关企业,担保费率降至1%以下。截至2020年7月10日,天水市政府性融资担保机构累计为应对疫情支持企业复工复产担保贷款20.88亿元;为102家企业提供担保费率为1.5%以下的担保贷款6.13亿元;对74家疫情防控相关企业提供担保费率为1%以下的担保贷款3.52亿元。截至2020年6月底,张掖市政府性融资担保公司资本金9.43亿元,贷款在保余额26.09亿元,放大倍数为2.8倍。疫情防控期间,张掖市金融机构对贷款抵押资产免收评估费用,各级政府性融资担保公司对受疫情影响较大的批发零售、住宿餐饮、物流运输、文化旅游等行业企业,一律减按1%收取担保费。平凉市积极发挥政府性融资担保增信放大作用，组建了资本金4亿元的甘肃金控平凉融资担保公司，督促县、区设立风险补偿基金1.3亿元，对接落实特色产业发展工程贷款政策，已为142户苹果、肉牛、蔬菜、中药材等特色种植、养殖企业担保贷款14.4亿元；1000万元及以下的特色产业及复工复产贷款，担保费率下降至1%以下。

（三）融资效率工作评估

“融资效率”二级指标总分值为2分，包含“贷款同比增速”（2分）1个三级指标。根据评估指标要素说明及收集的数据分析，甘肃省各市（州）、兰州新区“融资效率”二级指标平均得分为1.60分。

“贷款同比增速”指标主要考察银行业金融机构对小微企业贷款的同比增速是否高于其他各项贷款同比增速。经综合测算，各市（州）、兰州新区“贷款同比增速”指标平均得分为1.60分。

截至2019年末，甘肃省金融机构本外币各项贷款余额20678亿元，同比增长6.74%。全省小微企业贷款余额达4744亿元，较2019年初增加205亿元，惠及3万户小微企业，全年小微企业贷款加权平均利率6.37%。

武威市2017—2019年度银行业金融机构小微企业贷款同比增速均高于各项贷款同比增速。其中，2017年度小微企业贷款占全辖贷款余额的42.94%，2018年度小微企业贷款占全辖贷款余额的46.25%。2019年度小微企业贷款增长4.40%，高于各项贷款增速2.14个百分点。截至2019年6月末，平凉市中小企业贷款余额137.95亿元，同比增长14.74%，高出全市各项贷款平均增速8.54个百分点。截至2019年8月末，全兰州市各项贷款余额9633.57亿元，同比增长20.87%，兰州市小微贷款余额1969.03亿元，同比增长24.24%，高于各项贷款同比增速。截至2019年12月末，张掖市辖区银行业金融机构普惠型小微企业贷款整体完成“两增”考核目标，贷款余额84亿元，比年初增加4.78亿元，增长6.03%，高于各项贷款增速3.98%。截至2020年5月末，天水市金融机构各项贷款余额1166.41亿元，同比增长15.77%，其中，小微企业贷款余额445.59亿元，同比增长17.75%，高于各项贷款同比增速。

（四）融资服务工作评估

“融资服务”二级指标总分值为2分，共包含“融资产品支持”（1分）、“融资咨询服务”（0.5分）、“担保机构保障”（0.5分）3个三级指标。根据评估指标要素说明及收集的数据分析，甘肃省各市（州）、兰州新区“融资服务”二级指标平均得分为1.24分。其中，“融资产品支持”得分为0.49分，“融资咨询服务”得分为0.35分，“担保机构保障”得分为0.40分。

1.融资产品支持

“融资产品支持”指标主要考察四个方面：一是当地政府是否积极开发特色产业担保贷等融资产品；二是当地政府是否设立中小微企业续贷转贷基金；三是当地政府是否设立地方产业并购基金，鼓励中小企业参与国有企业兼并重组；四是地方法人银行业金融机构是否发行小微企业金融债券。经综合测算，各市（州）、兰州新区“融资产品支持”指标平均得分为0.49分。

甘肃省政府办公厅印发《关于进一步做好特色产业发展工程贷款有关工作的通知》，明确由甘肃金控集团发起设立省级融资担保机构，省财政厅做好注入甘肃金控集团资本金的筹措工作，确保1000亿元特色产业发展工程贷款落地，鼓励甘肃省地方法人银行业金融机构发行小微企业金融债券；部分市（州）设立应急周转金作为中小微企业续贷转贷基金，为中小微企业提供过桥资金支持。各市（州）、兰州新区在设立地方产业并购基金以及地方法人银行业金融机构发行小微企业金融债券方面没有支撑性文件材料，政策执行力度有待加强。

在特色产业担保贷款方面，根据2019年《兰州市扶持小微企业创业信用融资贷款实施方案》，截至2019年9月末，兰州市特色产业工程贷款累计发放1695户，总金额264.3728亿元；甘肃省金控担保集团向各银行累计出具担保函801份，累计金额145.1684亿元；银行放款803户，累计金额103.3550亿元。天水市围绕全市“乡村振兴、文化旅游、大健康产业、现代农业”等十大生态产业，全市金融机构发放贷款1211笔共计73.9亿元。从2018年8月至2019年末，临夏州金控融资担保公司已正式出具保函金额29.55亿元，银行发放特色产业发展工程贷款22.66亿元。在特色产业发展工程贷款的支持下，临夏州内脱贫带动作用强的百益集团、和政八八集团等龙头企业和一批中小企业及农民专业合作社，生产经营规模进一步扩大，发展动力进一步增强，以产业促发展，带动县域经济发展的作用日益明显。2018年以来，甘南州积极协调金控担保公司，累计为燎原乳业等39家企业落实特色产业工程贷款3.438亿元。根据《金昌市进一步推进特色产业发展贷款工程实施方案》（金政办发〔2019〕55号），截至2020年5月末，金昌市10家银行业金融机构均已开展了特色产业贷款业务，已为66个农户提供担保贷款9975万元，127户企业提供11.76亿元特色产业贷款。

在设立中小微企业续贷转贷基金方面，定西市加强应急转贷基金的管理使用，通过财政注资、市内国有企业和社会资本注资等方式，将市级企业应急转贷基金规模由3000万元扩至1亿元。陇南市设立中小微企业转贷应急周转资金，由龙江金融服务公司经营管理，支持中小企业发展，为符合银行信贷条件、当前还贷出现暂时困难的注册地为陇南市辖区内的企业提供短期周转资金，有效预防中小企业资金链断裂风险，减轻企业负担。张掖市人民政府印发《张掖市县（区）企业应急周转金管理暂行办法》，运用应急周转金帮助企业转贷续贷，张掖市应急周转金为甘肃天润汇丰农业发展有限公司解决“过桥”资金465万元，偿还银行贷款，帮助企业渡过难关。

各市（州）、兰州新区在设立地方产业并购基金方面均未提供相关支撑文件材料。

在地方法人银行业金融机构发行小微企业金融债券方面，截至2019年，甘肃银行、兰州银行、华龙证券3家机构在银行间市场发债融资，累计募集资金260亿元，其中，兰州银行发行小微金融债50亿元、甘肃银行发行“三农”金融债40亿元。张掖市中国人民银行支行协助甘肃黑河实业投资有限责任公司发行资产支持票据专项债券。平凉市启动了金融债券发行工作，并制定出台《平凉市金融支持企业去杠杆工作的实施意见》（平政办发〔2016〕137号），积极推动辖区内地方法人银行业金融机构发行中小企业金融债券。2020年3月20日，平凉市城乡建设投资有限责任公司2020年非公开发行公司债券，发行规模6亿，期限3年，票面利率5.8%。本次债券的成功发行，进一步拓宽了平凉市中小企业融资渠道，为推动经济社会高质量发展提供良好的资金保障。

2.融资咨询服务

“融资咨询服务”指标主要考察当地行业协会、商会和各类社会中介机构是否为中小企业提供投资融资服务与法律咨询。经综合测算，各市（州）、兰州新区“融资咨询服务”指标平均得分为0.35分。

甘肃省各市（州）、兰州新区主要通过政银企对接会、企业家座谈会、律师服务团进企业法治体检、企业调研等形式为中小企业提供投资融资服务与法律咨询。例如，根据酒泉市工信局下发的《酒泉市工业和信息化局关于举办普惠金融服务中小微企业专题活动的通知》（酒工信函〔2019〕32号），酒泉市工信局组织当地行业协会、社会中介机构等，对有融资需求的中小企业，尤其是“专精特新”中小企业开展专题服务活动。天水市当地行业协会、商会和各类社会中介机构为中小企业提供投资融资服务与法律咨询，例如举办天水市商贸供应商商会融资对接专场活动。项目组通过对当地企业进行问卷调查发现（如图4-29所示），在所抽样的企业中有64.34%的企业经营者认为当地行业协会、商会和各类社会中介机构及时为中小企业提供投资融资与法律方面的咨询服务，助力中小企业发展壮大。

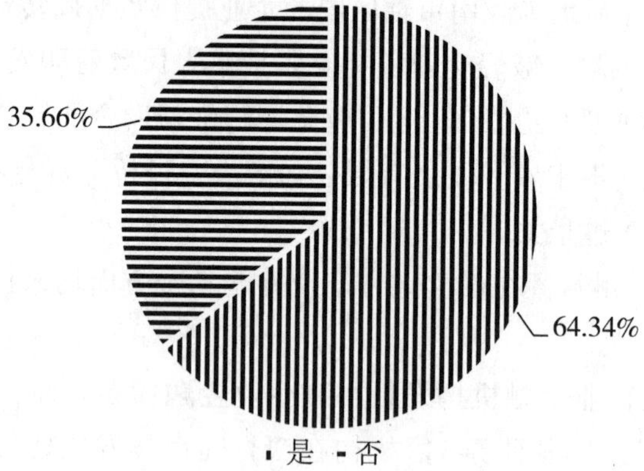

图4-29 甘肃省各地是否提供融资咨询服务占比统计图

3.担保机构保障

“担保机构保障”指标主要考察当地政府是否通过中央奖补资金，采取直接补助、绩效奖励等方式，对政策引导性强、效果较好的担保机构加大奖补力度。经综合测算，各市（州）、兰州新区“担保机构保障”指标平均得分为0.40分。

目前，天水市、武威市、张掖市、临夏州等市（州）对当地政策引导性强、效果较好的担保机构加大奖补力度；甘南州、金昌市、平凉市未提供相关支撑材料。天水市为天水市投资担保有限公司提供奖励金额534.873万元。武威市工信局2019年为武威市中小企业担保有限责任公司、武威市凉州区兴工担保有限责任公司、民勤县中小企业信用担保有限责任公司拨付中小企业发展中央专项（小微企业融资担保机构奖补）资金445万元。张掖市工信局根据《关于印发工信系统“十强双百”政策奖补意见》的通知，分别为张掖市农信融资担保有限责任公司、临泽县陇融资担保有限责任公司、高台县中小企业信用担保有限责任公司等6户担保机构下拨支持奖励资金768.34万元。临夏州根据《关于下达2019年中小企业发展中央专项（小微企业融资担保降费奖补资金）资金预算的通知》（临州财建〔2019〕56号），为甘肃金控临夏融资担保有限公司拨付奖补资金536万元。

五、创新创业环境维度

"创新创业环境"维度共包含"平台建设""科技创新""政府支持"和"品牌培育"4个二级指标，"园区建设""培训交流""创新支持""科研经费""人才投入""科研机构""科技成果""专利申请""品牌宣传"等13个三级指标。项目组在调研基础上细化各项指标的评估依据，并根据评估依据进行打分，"创新创业环境"维度具体得分详见表4-6。

表4-6　甘肃省各地"创新创业环境"维度指标评估情况

市(州)、区	合计		平台建设	科技创新	政府支持	品牌培育
	排名	得分	得分	得分	得分	得分
张掖市	1	9.82	1.95	3.20	3.80	0.87
兰州市	2	9.45	1.55	3.20	3.70	1.00
天水市	3	8.75	1.52	3.20	3.10	0.93
武威市	4	8.16	1.45	2.51	3.40	0.80
定西市	5	8.14	1.12	2.38	4.10	0.54
金昌市	6	8.10	1.28	2.78	3.20	0.84
酒泉市	6	8.10	1.70	2.70	2.80	0.90
嘉峪关市	8	7.95	1.35	3.20	2.40	1.00
兰州新区	9	7.85	1.85	2.50	2.70	0.80
白银市	10	7.58	1.32	2.26	3.30	0.70
庆阳市	11	6.94	1.73	1.42	3.00	0.79
临夏州	12	6.78	1.18	2.15	2.80	0.65
陇南市	13	6.72	1.43	1.68	2.70	0.91
平凉市	14	6.70	1.43	1.24	3.20	0.83
甘南州	15	6.52	1.69	1.73	2.10	1.00
平均	7.84		1.50	2.41	3.09	0.84

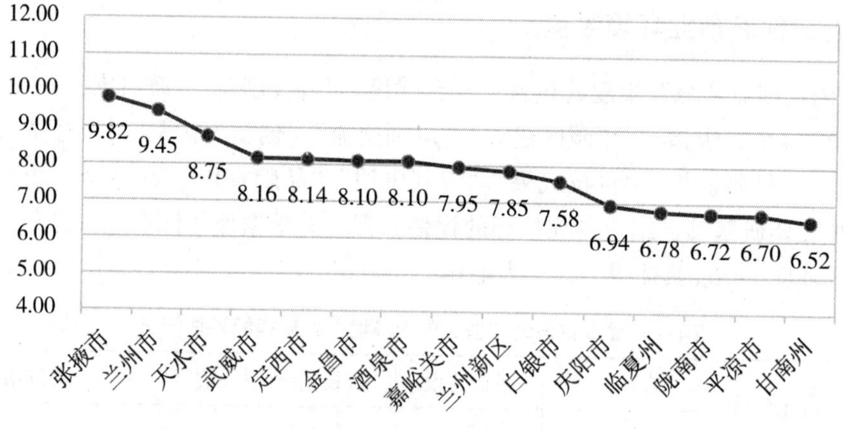

图4-30 甘肃省各地“创新创业环境”维度得分排名图

（一）平台建设工作评估

“平台建设”二级指标总分值为2分，共包含“园区建设”（1分）、“培训交流”（1分）2个三级指标。

根据评估指标要素说明及收集的数据分析，甘肃省各市（州）、兰州新区“平台建设”二级指标平均得分为1.50分。其中，“园区建设”得分为0.65分、“培训交流”得分为0.85分。

1. 园区建设

“园区建设”指标主要考察各地区众创空间数量、大学科技园、农民工返乡创业园等各类孵化机构建设情况。经综合测算，各市（州）、兰州新区“园区建设”指标平均得分为0.65分。

截至调研日，甘肃省共有众创空间、大学科技园、农民工返乡创业园等各类孵化机构706个。经测算，各市（州）、兰州新区三年园区总数量与各地2017—2019三年GDP均值（万元）的平均比率为9.08%。其中，张掖市比率最高，为19.94%；临夏州比率最低，仅为2.65%。

表4-7 甘肃省各地园区建设情况

市(州)、区	园区总数量/三年GDP均值	排名	得分
张掖市	19.94%	1	1
庆阳市	19.00%	2	0.95
甘南州	15.17%	3	0.9

续表4-7

市(州)、区	园区总数量/三年GDP均值	排名	得分
兰州新区	13.58%	4	0.85
陇南市	12.46%	5	0.8
平凉市	10.40%	6	0.75
酒泉市	8.50%	7	0.7
天水市	7.26%	8	0.65
武威市	6.90%	9	0.6
兰州市	6.04%	10	0.55
白银市	4.80%	11	0.5
金昌市	3.60%	12	0.45
定西市	3.22%	13	0.4
嘉峪关市	2.70%	14	0.35
临夏州	2.65%	15	0.3

2.培训交流

“培训交流”指标主要考察两个方面：一是当地政府是否主导开设创新创业培训讲堂；二是当地政府是否建立创新创业常态化交流平台或机制。经综合测算，各市（州）、兰州新区“培训交流”指标平均得分为0.85分。

经调研发现，兰州市、兰州新区、酒泉市、嘉峪关市设有政府主导建立的创新创业培训讲堂，并且建立了创新创业常态化交流平台或机制。

表4-8 甘肃省各地创新创业培训交流情况

市(州)、区	排名	得分
兰州市	1	1.00
兰州新区	1	1.00
酒泉市	1	1.00
嘉峪关市	1	1.00
张掖市	5	0.95

续表4-8

市(州)、区	排名	得分
临夏州	6	0.88
天水市	7	0.87
武威市	8	0.85
金昌市	9	0.83
白银市	10	0.82
甘南州	11	0.79
庆阳市	12	0.78
定西市	13	0.72
平凉市	14	0.68
陇南市	15	0.63

（二）科技创新工作评估

“科技创新”二级指标满分为4分，包括“创新支持”（0.5分）、“科研经费”（0.5分）、“人才投入”（1分）、“科研机构”（0.5分）、“科技成果”（0.5分）、“专利申请”（1分）6个三级指标。

根据评估指标要素说明及收集的数据分析，甘肃省各市（州）、兰州新区“科技创新”二级指标平均得分为2.41分。其中，“创新支持”得分为0.40分，“科研经费”得分为0.23分，“人才投入”得分为0.45分，“科研机构”得分为0.49分，“科技成果”得分为0.23分，“专利申请”得分为0.61分。

1.创新支持

“创新支持”指标主要考察当地政府是否严格执行并落实国家、省、市（州）对科技创新企业的优惠政策和奖励机制。经综合测算，各市（州）、兰州新区“创新支持”指标平均得分为0.40分。

经调研发现，张掖市、酒泉市、嘉峪关市严格执行并落实对科技创新企业的优惠政策和奖励机制。例如，张掖市政府出台了“对新认定的省级技术创新中心一次性补助20万元的政策”，2018年认定甘肃凯源生物技术开发中心为省级技术创新中心，由市财政拨付相应资金。根据酒泉市委、市政府制定发布的《酒泉市激励工业经济创新发展的若干政策》（酒政办发〔2018〕248号），为激励创新，加快发展，经市委、市政府研究决定，对2018年度达到《酒泉市激励工业经济创新发展的若干政策》奖励标准的企业兑现市级财政奖励资金717.6万元。

表4-9　甘肃省各地创新支持情况

市(州)、区	排名	得分
张掖市	1	0.5
酒泉市	1	0.5
嘉峪关市	1	0.5
甘南州	4	0.43
武威市	5	0.41
兰州市	6	0.4
兰州新区	6	0.4
天水市	6	0.4
定西市	9	0.38
陇南市	9	0.38
金昌市	9	0.38
白银市	12	0.36
临夏州	13	0.35
平凉市	14	0.34
庆阳市	15	0.32

2.科研经费

“科研经费”指标主要考察各地区对科技创新企业的经费投入情况。经综合测算，各市（州）、兰州新区“科研经费”指标平均得分为0.23分。

根据测算，甘肃省科研经费投入比率为0.067%（计算公式为2017—2019三年科研经费投入均值/三年GDP均值）。其中，兰州新区的科研经费投入率最高，达到0.7700%；临夏州的科研经费投入率最低，仅为0.0017%。

表4-10 甘肃省各地科研经费投入情况

市(州)、区	科研经费投入比率	排名	得分
兰州新区	0.7700%	1	0.5
兰州市	0.0700%	1	0.5
金昌市	0.0360%	3	0.3
嘉峪关市	0.0294%	3	0.3
张掖市	0.0260%	3	0.3
天水市	0.0200%	3	0.3
酒泉市	0.0120%	3	0.3
白银市	0.0090%	3	0.3
武威市	0.0088%	9	0.2
甘南州	0.0080%	9	0.2
平凉市	0.0044%	9	0.2
定西市	0.0034%	12	0
陇南市	0.0028%	12	0
庆阳市	0.0025%	12	0
临夏州	0.0017%	12	0

3.人才投入

“人才投入”指标主要考察两个方面：一是各地区高校、科研院所专业技术人员、公职人员离岗创业人数；二是每万人大学生进企业比例。经综合测算，各市（州）、兰州新区“人才投入”指标平均得分为0.45分。

甘肃省高校、科研院所专业技术人员、公职人员离岗创业人数共有1448人。其中，武威市离岗创业人数最多，达到413人。每万人新增大学生在中小企业就业数量计算公式为：2019年度中小企业新增大学生人数×10000/总人口数（2018年统计年鉴常住人口数）。

表4-11 甘肃省各地人才投入情况

市(州)、区	合计		离岗创业人数	每万人大学生进企业比例
	排名	得分	得分	得分
张掖市	1	0.8	0.5	0.3
兰州市	2	0.7	0.2	0.5
兰州新区	2	0.7	0.2	0.5
嘉峪关市	4	0.6	0.3	0.3
甘南州	4	0.6	0.3	0.3
定西市	6	0.5	0.2	0.3
金昌市	6	0.5	0.3	0.2
天水市	6	0.5	0.3	0.2
临夏州	6	0.5	0.3	0.2
武威市	6	0.5	0.5	0
酒泉市	11	0.3	0	0.3
陇南市	11	0.3	0	0.3
白银市	11	0.3	0.3	0
平凉市	14	0	0	0
庆阳市	14	0	0	0

4.科研机构

“科研机构”指标主要考察各地区是否有服务于中小企业的科研机构。经综合测算，各市（州）、兰州新区“科研机构”指标平均得分为0.49分。

经调研发现，除了金昌市以外，其余市（州）、兰州新区均设有服务于中小企业的科研机构。例如，陇南市设有农业科学研究院、张掖市设有甘肃省祁连山水源涵养林研究院、酒泉市设有酒泉市高效智能化供配电设备技术创新中心等。

表4-12 甘肃省各地科研机构情况

市(州)、区	排名	得分
兰州市	1	0.5
兰州新区	1	0.5
天水市	1	0.5
张掖市	1	0.5
临夏州	1	0.5
白银市	1	0.5
武威市	1	0.5
嘉峪关市	1	0.5
酒泉市	1	0.5
平凉市	1	0.5
庆阳市	1	0.5
定西市	1	0.5
陇南市	1	0.5
甘南州	1	0.5
金昌市	2	0.3

5.科技成果

“科技成果”指标主要考察各地区2017—2019年科技成果转化数量。经综合测算，各市（州）、兰州新区“科技成果”指标平均得分为0.23分。

甘肃省中小企业科技成果转化数量总共为1889项。其中，天水市科技成果转化数量最多，达到360项；平凉市、临夏州、甘南州、庆阳市科技成果转化数量相对较少。

表4-13 甘肃省各地科技成果情况

市(州)、区	科技成果数量(项)	排名	得分
天水市	360	1	0.5
金昌市	300	1	0.5

续表4-13

市(州)、区	科技成果数量(项)	排名	得分
酒泉市	205	3	0.3
武威市	179	3	0.3
嘉峪关市	150	3	0.3
兰州市	147	3	0.3
陇南市	145	3	0.3
张掖市	134	3	0.3
兰州新区	81	9	0.2
定西市	79	9	0.2
白银市	67	9	0.2
平凉市	18	12	0
临夏州	18	12	0
甘南州	6	12	0
庆阳市	0	12	0

6. 专利申请

“专利申请”指标主要考察各地区2017—2019三年专利申请复合增长率。经综合测算，各市（州）、兰州新区“专利申请”指标平均得分为0.61分。

在甘肃省14个市（州）、兰州新区中，天水市专利申请复合增长率最高，达到44.47%，甘南州未提供相关数据。专利申请复合增长率计算公式为：（2019年专利数/2017年专利数）^（1/2）-1。

表4-14 甘肃省各地专利申请情况

市(州)、区	专利申请复合增长率(百分比)	排名	得分
天水市	44.47%	1	1
嘉峪关市	23%	1	1
张掖市	20.38%	3	0.8
临夏州	13.34%	3	0.8

续表4-14

市(州)、区	专利申请复合增长率(百分比)	排名	得分
兰州市	12%	3	0.8
金昌市	7.94%	3	0.8
定西市	5.65%	3	0.8
酒泉市	0.06%	3	0.8
武威市	−3%	9	0.6
白银市	−3.11%	9	0.6
庆阳市	−11%	9	0.6
兰州新区	−12.59%	12	0.2
平凉市	−18.20%	12	0.2
陇南市	−20%	12	0.2
甘南州	无数据	15	0

（三）政府支持工作评估

“政府支持”二级指标总分值为5分，共包含“企业培育”（2分）、“企业改制”（0.5分）、“协同发展”（2.5分）3个三级指标。

根据评估指标要素说明及收集的数据分析，甘肃省各市（州）、兰州新区“政府支持”二级指标平均得分3.09分。其中，“企业培育”得分为1.25分，“企业改制”得分为0.23分，“协同发展”得分为1.61分。

1.企业培育

“企业培育”指标主要考察两个方面：一是各地区“专精特新”中小企业数量；二是高新技术企业数量。经综合测算，各市（州）、兰州新区“企业培育”指标平均得分为1.25分。

截至2019年底，甘肃省中小企业共有187家被认定为“专精特新”企业。其中，张掖市“专精特新”企业数量最多，达27家；甘南州、嘉峪关市、陇南市、兰州新区“专精特新”企业数量较少，排名靠后。

表4-15 甘肃省各地“专精特新”企业数量情况

市(州)、区	专精特新企业数量	排名	得分
张掖市	27	1	1
定西市	26	1	1
酒泉市	21	3	0.8
天水市	15	3	0.8
武威市	15	3	0.8
兰州市	14	3	0.8
临夏州	14	3	0.8
白银市	13	3	0.8
金昌市	12	9	0.6
平凉市	9	9	0.6
庆阳市	7	9	0.6
甘南州	5	12	0.2
嘉峪关市	4	12	0.2
陇南市	4	12	0.2
兰州新区	1	12	0.2

甘肃省高新技术中小微企业共有2123家。其中，兰州市高新技术中小微企业数量最多，达到1349家；甘南州高新技术中小微企业数量最少，仅有6家。

表4-16 甘肃省各地高新技术企业数量情况

市(州)、区	高新技术企业数量	排名	得分
兰州市	1349	1	1
白银市	183	1	1
天水市	105	3	0.8
张掖市	99	3	0.8
定西市	96	3	0.8
兰州新区	63	3	0.8

续表4-16

市(州)、区	高新技术企业数量	排名	得分
酒泉市	58	3	0.8
武威市	51	3	0.8
平凉市	29	9	0.6
金昌市	28	9	0.6
庆阳市	23	9	0.6
嘉峪关市	13	12	0.2
陇南市	10	12	0.2
临夏州	10	12	0.2
甘南州	6	12	0.2

2. 企业改制

“企业改制”指标主要考察地方“个转企”的数量。经综合测算，各市(州)、兰州新区“企业改制”指标平均得分为0.23分。

甘肃省“个转企”数量为19998家，其中，兰州市“个转企”数量最多，达到4042家；金昌市“个转企”数量最少，仅有219家。

表4-17 甘肃省各地“个转企”数量情况

市(州)、区	个转企数量	排名	得分
兰州市	4042	1	0.5
张掖市	2802	1	0.5
陇南市	2637	3	0.3
定西市	1925	3	0.3
武威市	1795	3	0.3
白银市	1631	3	0.3
临夏州	1290	3	0.3
庆阳市	791	3	0.3
甘南州	666	9	0.2

续表4-17

市(州)、区	个转企数量	排名	得分
酒泉市	571	9	0.2
平凉市	558	9	0.2
嘉峪关市	423	12	0
天水市	398	12	0
兰州新区	250	12	0
金昌市	219	12	0

3.协同发展

“协同发展”指标主要考察五个方面：一是各地区是否建立健全协调发展产业链；二是是否建立优势主导产业和龙头骨干企业带动、中小微企业协作配套的专业化配套产业集群；三是集群区环保基础设施建设是否完善；四是工业园区是否建设中小企业“园中园”情况；五是是否鼓励大中型企业和小微企业组成联合体共同参与政府采购。经综合测算，各市（州）、兰州新区“协同发展”指标平均得分为1.61分。

经调研发现，定西市、金昌市、嘉峪关市等地区已初步建立健全协同发展产业链，建立优势主导产业和龙头骨干企业带动中小微企业协作配套的专业化配套产业集群，其他市（州）提供的资料不完整，例如，天水市、酒泉市未提供集群区环保基础设施建设的资料，临夏州、甘南州未提供大中型企业和小微企业组成联合体共同参与政府采购的案例。

（四）品牌培育工作评估

“品牌培育”二级指标总分值为1分，共包含“品牌塑造”（0.5分）、“品牌宣传”（0.5分）2个三级指标。

根据评估指标要素说明及收集的数据分析，甘肃省各市（州）、兰州新区“品牌培育”二级指标平均得分为0.84分。其中，“品牌塑造”得分为0.43分，“品牌宣传”得分为0.41分。

1.品牌塑造

“品牌塑造”指标主要考察当地政府是否开展品牌塑造培训和交流活动，促进企业品牌标识差异化、有内涵、能够被大众认可。经综合测算，各市（州）、兰州新区“品牌塑造”指标平均得分为0.43分。

经调研发现，兰州市、甘南州、白银市、武威市、嘉峪关市等市（州）在品牌塑造方面表现突出，为中小企业品牌塑造提供了相应的指导、座谈、宣传等相关服务。

表4-18 甘肃省各地品牌塑造情况

市(州)、区	排名	得分
兰州市	1	0.50
甘南州	1	0.50
白银市	1	0.50
武威市	1	0.50
嘉峪关市	1	0.50
天水市	6	0.46
酒泉市	7	0.45
陇南市	8	0.44
金昌市	9	0.43
平凉市	10	0.42
张掖市	11	0.41
兰州新区	12	0.40
庆阳市	13	0.39
定西市	14	0.30
临夏州	15	0.29

2.品牌宣传

“品牌宣传”指标主要考察当地政府是否通过一定渠道对当地创新创业企业进行品牌宣传，是否对中小企业广告宣传有相关优惠政策。经综合测算，各市（州）、兰州新区“品牌宣传”指标平均得分为0.41分。

经调研发现，兰州市、甘南州、嘉峪关市在品牌宣传方面表现突出，通过一定渠道对当地创新创业企业品牌进行宣传。例如，兰州市通过中央、省、市新闻媒体开展特色农产品及品牌宣传报道34次；2019年，甘南州组织农业产业化龙头企业，先后5次分别参加了在北京（2次）、临夏、张掖、南昌等地举办的以

“三区三州”贫困地区为主的广销对接会，累计参会企业（合作社）63个、签约2.1亿元、参展特殊色农产品180余件。

表4-19 甘肃省各地品牌宣传情况

市(州)、区	排名	得分
兰州市	1	0.50
甘南州	1	0.50
嘉峪关市	1	0.50
陇南市	4	0.47
天水市	4	0.47
张掖市	6	0.46
酒泉市	7	0.45
金昌市	8	0.41
平凉市	8	0.41
兰州新区	10	0.40
庆阳市	10	0.40
临夏州	12	0.36
武威市	13	0.30
定西市	14	0.24
白银市	15	0.20

六、公共服务环境维度

“公共服务环境”维度共包含“公共服务体系”“信息化建设”“信用培育”“人才队伍”和“对外合作交流”5个二级指标，“公共基础设施”“公共服务体系”“公共服务示范平台”“云制造与云服务平台”“智能制造能力”“信息化培训和推广”“信用共享平台”“信用评级”“对外合作交流”“展览展销”等11个三级指标。项目组在调研基础上，细化各项指标的评估依据，并根据评估依据进行打分，甘肃省各市（州）、兰州新区在“公共服务环境”维度具体得分详见表4-20。

表4-20 甘肃省各地"公共服务环境"维度指标评估情况

市(州)、区	合计		公共服务体系	信息化建设	信用培育	人才队伍	对外合作交流
	排名	得分	得分	得分	得分	得分	得分
武威市	1	10.1	2.3	2.5	3	1	1.3
白银市	2	9.8	3	2.5	2.2	1	1.1
定西市	3	9.43	2.7	1.5	2.5	1	1.73
兰州市	4	9.4	2.3	2.5	2	1	1.6
嘉峪关市	4	9.4	2.5	2.6	1.5	1	1.8
平凉市	6	9.38	2.2	2.8	2.4	1	0.98
酒泉市	7	9.3	2.8	2.4	1.5	1	1.6
张掖市	8	9.06	3	2	2	0.5	1.56
兰州新区	9	9.00	2.5	2.5	1.5	1	1.50
金昌市	10	8.9	2.5	1.5	2.5	0.9	1.5
陇南市	11	8.865	2.7	2	2.5	0.5	1.165
甘南州	12	8.8	2	2	2.5	0.8	1.5
庆阳市	13	8.29	2.3	2	1.7	1	1.29
临夏州	14	8.24	2.3	1.5	2.5	0.5	1.44
天水市	15	7.6	2.3	1.5	2.5	0.5	0.8
平均	9.04		2.49	2.12	2.19	0.85	1.39

（一）公共服务体系工作评估

"公共服务体系"二级指标满分为3分，共包含"公共基础设施"（1分）、"公共服务体系"（1分）、"公共服务示范平台"（1分）3个三级指标。

根据评估指标要素说明及收集的数据分析，甘肃省各市（州）、兰州新区"公共服务体系"二级指标平均得分为2.49分。其中，"公共基础设施"为1.33分，"公共服务体系"得分为0.91分，"公共服务示范平台"得分为0.25分。

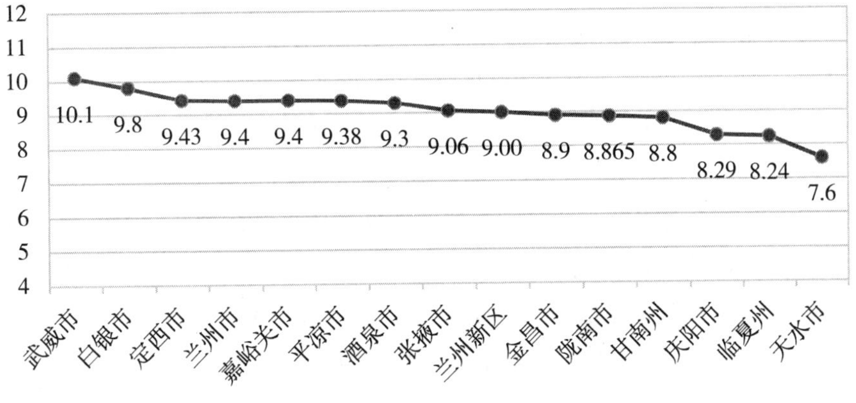

图4-31　甘肃省各地“公共服务环境”维度得分排名图

1.公共基础设施

“公共基础设施”指标主要考察三个方面：一是当地政府是否主导建立工业园区；二是是否建有中小企业创新创业基地；三是是否建有标准化厂房。经综合测算，各市（州）、兰州新区“公共基础设施”指标平均得分为1.33分。

甘肃省积极推动各地中小企业公共基础设施建设。2017年，甘肃省政府工作报告中提出要提升园区承载能力，发展县域经济，以提高重大产业项目承接能力为重点，完善园区路网结构、加快智慧园区建设、提高园区土地开发投资强度和产出效率、强化项目建设要素保障，全面提升园区基础设施配套水平，支持具备条件的省级开发区升级为国家级开发区、工业集中区升级为省级开发区。《2019年甘肃省促进中小微企业高质量发展工作要点》（甘工信发〔2019〕114号）提出鼓励工业园区建设中小企业“园中园”、小型微型企业创业创新基地（园区），建设标准化厂房，继续做好省级小型微型企业创业创新示范基地和省级创业就业孵化示范基地（园区）认定工作，鼓励支持有条件的民营经济实体通过盘活商业用房、闲置厂房等资源发展创业孵化服务载体。

各市（州）、兰州新区加快主导建立工业园区，完善公共基础设施。例如，酒泉市始终致力于加快产业园区、示范基地、孵化基地等产业集聚区的环保基础设施建设，做好为中小企业发展降低环境成本和化解环境风险工作。根据《酒泉市促进中小微企业高质量发展实施意见》（酒办发〔2019〕154号）、《酒泉市县乡农产品物流体系建设实施方案》（酒政办发〔2018〕335号）等相关文件，酒泉市政府提出由市工信局、市发改委、市财政局、市科技局以及酒泉经开区管委会牵头，鼓励工业园区建设中小企业“园中园”，建立小型微型企业创业创新基地（园区），鼓励建设标准化厂房，降低政府投资建设的工业标准化厂房租金。根据《兰州市产业转型升级示范区建设方案（2019—2025年）》，兰州市紧扣“一心两翼，两区六园”的产业空间布局，以产业提级升档为方向，以产业园区为平台，以项目建设为抓手，一手抓传统产业改造提升，一手抓生态产业、战略性新兴产业培育发展，着力培育优势产业，着力打造产业集群、壮大园区规模、激发创新活力以及完善配套功能，统筹协调好加快产业转型、完善城市功能与保护生态环境等各项工作。同时，兰州市积极开展各产业的标准化厂房建设，例如，兰州市结合本市实际情况，加快食品产业园区建设，启动九州“主食厨房”食品工业园和兰州新区食品园区标准化厂房项目。

2.公共服务体系

“公共服务体系”指标主要考察两个方面：一是当地政府是否支持中小企业公共服务机构建设；二是是否建立跨部门的政策信息互联网发布平台。经综合测算，各市（州）、兰州新区“公共服务体系”指标平均得分为0.91分。

甘肃省通过建设以1个省级服务平台为枢纽、14个市（州）综合窗口平台和7个产业窗口服务平台为支撑的“一枢纽、多窗口”中小企业公共服务平台网络，形成以省服务平台为中枢、窗口服务平台为节点、实体服务机构为基础的中小企业服务体系。省级中小企业公共服务平台网络汇聚各类信息，肩负着宣传国家政策的重要功能，是技术创新和科技成果转化的平台，是创业及市场开拓的平台，是中小企业人才培养的平台，是资源共享、交流与合作的平台。甘肃省中小企业公共服务平台网络统筹全省各类服务资源，既有科研院所、大专院校、金融机构、培训机构、认证机构、律师事务所、会计师事务所、文化传媒机构等各类服务机构，又有各类技术专家、律师、会计师、创业辅导师、人力资源师、企业管理咨询师、资产评估师等各行业专家和人才，平台网络建立了统一的服务规范、服务流程、服务标准，建立服务协同、服务评价和激励机制，创新服务模式，培育服务品牌。同时，甘肃省发挥全省中小企业公共服务平台网络作用，通过资源共享、服务协同，为中小企业提供信息、技术、培训、融资、创业创新等公共服务，2019年共计服务了8179家中小企业。

各市（州）、兰州新区严格贯彻落实省级政策，不断完善公共服务体系。例如，张掖市于2013年成立立帮中小企业服务中心，在张掖市政务大厅设立了独立的服务窗口，在张掖市电子商务创业园设立服务点，已构建起完备、成熟的服务流程和体系，为全市中小企业提供信息咨询、政务代理、融资担保、创业辅导、人才培训、技术创新、市场开拓、法律服务等。同时，张掖市政府建立了跨部门的政策信息互联网发布平台，包括甘肃政务服务网——张掖市、张掖小微企业服务发展平台、张掖市中小企业公共服务平台等。天水市建有包括天水市先领技术服务中心、甘肃宏顺税务师事务所等省级中小企业公共服务机构7家。天水市政务网作为跨部门政策信息互联网发布平台，内设政策专栏，包含了各部门相关政策信息。

3.公共服务示范平台

“公共服务示范平台”指标主要考察各地区拥有中小企业公共服务示范平台的数量。经综合测算，各市（州）、兰州新区“公共服务示范平台”指标平均得分为0.25分。

根据《国家中小企业公共服务示范平台认定管理办法》（工信部企业〔2017〕156号）等相关文件，甘肃省高度重视公共示范平台的建设，公共示范平台按照开放性和资源共享的原则，由独立法人单位建设和运营，为区域和行业的中小微型企业提供信息、技术、培训、融资、创业创新等公共服务。同时，甘肃省进一步修订了《甘肃省中小企业公共服务示范平台认定管理办法》（甘工信发〔2019〕202号）、《甘肃省小型微型企业创业创新示范基地认定管理办法》（甘工信发〔2019〕203号），公共服务力量进一步充实，累计认定省级中小企业公共服务示范平台108家、省级小型微型企业创业创新示范基地35家，推荐认定15家国家级中小企业公共服务示范平台，9家国家级小型微型企业创业创新示范基地。2019年，35家小型微型企业创业创新示范基地累计开展服务活动390场次，服务中小微企业9140家次；108家中小企业公共服务示范平台，累计开展服务活动703场次，服务中小微企业37839家次。2019年，甘肃省建材科研设计院有限责任公司、兰州科技大市场管理有限责任公司、甘肃人力资源服务股份有限公司等3家单位被认定为国家级中小企业公共服务示范平台。

各市（州）、兰州新区严格贯彻省级政策，全力打造中小企业公共服务示范平台，根据《关于公布2017年省级中小企业公共服务示范平台名单的通知》（甘工信发〔2017〕536号）、《关于公布2018年省级中小企业公共服务示范平台名单的通知》（甘工信发〔2018〕561号）以及《关于公布2019年省级中小企业公共服务示范平台认定名单及省级中小企业公共服务示范平台2018年度考核结果的通知》（甘工信发〔2019〕258号）等文件，近三年张掖市公共服务示范平台数量在省内排名第一，共有省级及以上中小企业公共服务示范平台17家。

表4-21　甘肃省各地公共服务示范平台数量情况

市(州)、区	示范平台数量	排名	得分
张掖市	17	1	0.5
白银市	14	1	0.5
兰州市	10	3	0.3
酒泉市	9	3	0.3
临夏州	9	3	0.3
天水市	8	3	0.3
甘南州	8	3	0.3
庆阳市	6	3	0.3
武威市	6	3	0.3
平凉市	5	10	0.2
定西市	5	10	0.2
陇南市	5	10	0.2
金昌市	4	13	0
嘉峪关市	3	13	0
兰州新区	1	13	0

（二）信息化建设工作评估

“信息化建设”二级指标满分为3分，共包含“云制造与云服务平台”（1分）、“智能制造能力”（1分）、“信息化培训和推广”（1分）3个三级指标。

根据评估指标要素说明及收集的数据分析，甘肃省各市（州）、兰州新区“信息化建设”二级指标平均得分为2.12分。其中，“云制造与云服务平台”得分为0.80分，“智能制造能力”得分为0.55分，“信息化培训和推广”得分为0.77分。

1.云制造与云服务平台

“云制造与云服务平台”指标主要考察两个方面：一是当地政府是否建立中小企业云制造和服务平台；二是是否组织中小企业上云。经综合测算，各市（州）、兰州新区“云制造与云服务平台”指标平均得分为0.80分。

甘肃省严格贯彻落实中央、国务院《关于促进中小企业健康发展的指导意见》和《工信部关于进一步推进中小企业信息化的指导意见》，围绕提升中小企业专业化能力，支持广大中小企业上云，提高中小企业信息化能力和水平。在工业方面，甘肃省建设甘肃工业云平台，实施三维数字社会服务管理系统拓展工程，进行系统创新升级，大力推广三维数字社会服务管理系统；构建智能制造发展体系，重点产业核心技术装备能力显著提升，智能制造模式在全省制造业领域示范推广，重点领域智能制造水平显著提升，基本形成促进智能制造的工业网络、大数据和信息安全基础体系。此外，甘肃省加快推进甘肃大数据产业项目建设，整合社会各类资源，打造企业应用云计算技术的互联网平台，为企业应用云计算服务创造政策、社会、技术生态环境；整合第三方数据中心通信、存储、软硬件基础设施等信息技术资源，推进企业大数据应用示范，结合智能制造、互联网与行业融合试点示范，选择基础较好的制造企业开展工业大数据的集成应用创新实践，打造可复制推广样板，加速大数据技术与行业深度融合。

各市（州）、兰州新区利用互联网平台，为企业提供云设计、云排产、云生产、软件超市等云应用软件和云服务，降低中小企业数字化、智能化改造成本，使其具备各自的云制造和云服务平台，民营企业可通过省属云服务平台免费“上云”。同时，各市（州）、兰州新区利用优惠政策鼓励中小企业上云。其中，天水市云制造与云服务平台按照“企业负担一些、平台让利一些、财政补贴一些”的原则，积极争取省级中小企业“上云”激励政策，通过鼓励云平台服务商用优惠折扣、服务券等形式吸引民营企业“上云”，提高本地区企业信息化水平。

2.智能制造能力

“职能制造能力”指标主要考察两个方面：一是当地政府是否建立中小企业智能制造支撑服务体系；二是当地政府是否按照国家和省级优惠政策实际推进符合条件的中小企业智能化。经综合测算，各市（州）、兰州新区“智能制造能力”指标平均得分为0.55分。

甘肃省政府印发《中国制造2025甘肃行动纲要》（甘政发〔2015〕90号），提出建立有利于创新的制度体系，整合优质资源，强化协同创新，突破关键共性技术，促进制造业数字化、网络化、智能化发展，鼓励和引导重点制造企业分类实施流程制造、离散制造、智能化管理、智能化服务等试点示范；加快产品全生命周期管理、客户关系管理、供应链管理系统的推广应用，提升制造业信息化和智能化水平，重点建设信息化综合集成、大型装备智能化、业务协同创新、两化融合服务支撑体系，打造国内先进的智能制造基地。

各市（州）、兰州新区也在不断提高智能制造能力。例如，兰州市结合“工业强市”战略和打造四个千亿、七个百亿产业集群目标，出台了《兰州市“四千七百”产业发展实施方案》，率先开展了智能工厂（数字车间）创建工作。天水市发布了《关于印发天水市推动5G建设及应用专项实施方案的通知（印发稿）》等相关文件，借助天水电信在工业云、5G运用及综合信息服务等方面的优势，筹划5G应用布局，提升企业核心竞争力。天水市建设有天水智能终端制造产业园，该产业园主要涵盖贴片、模具、注塑等生产和组装，通讯类、智能类产品生产等内容，积极推动了天水市电子信息产业发展和工业结构优化。

3.信息化培训和推广

“信息化培训与推广”指标主要考察本地区是否具有信息化培训和推广活动（按照培训和推广内容界定）。经综合测算，各市（州）、兰州新区“信息化培训和推广”指标平均得分为0.77分。

“十三五”时期，甘肃省落实《甘肃省国民经济和社会发展第十三个五年规划纲要》《关于积极推进“互联网+”行动的指导意见》《关于加快大数据、云平台建设促进信息产业发展的实施方案》等文件精神，大力推进大数据、云计算等发展，畅通信息高速公路，加快构建高速、移动、安全、广泛的新一代信息基础设施网络，为经济建设注入新的活力。《甘肃省“十三五”信息化发展规划》（甘政办发〔2016〕139号）要求各级政府加强信息化人才培养，健全信息化人才培养体系，依托政府引导，发动社会力量，采取多种形式和手段，有步骤、有重点地开展大众信息化培训。同时，甘肃省不断推广云计算与大数据技术来促进中小企业信息化建设，为企业降低信息技术成本、加强安全性，提高生产力和效率。

各市（州）、兰州新区积极开展信息化培训和推广。例如，兰州市开展了多种形式的两化融合、工业互联网、智能制造宣传推广活动，为重点企业宣传讲解两化融合、工业互联网的发展趋势以及国家、省、市有关政策，提升兰州市重点工业企业对两化融合、工业互联网发展的认知。同时，加大工业互联网示范企业、两化融合贯标企业、市级智能工厂（数字车间）等成功案例的宣传，提高社会各方参与发展工业互联网、两化融合、智能制造的主动性和积极性。截至2020年6月，兰州市共组织相关培训和推广活动18场次。

（三）信用培育工作评估

“信用培育”二级指标满分为3分，共包含“信用共享平台”（1分）、“信用评级”（2分）2个三级指标。

根据评估指标要素说明及收集的数据分析，甘肃省各市（州）、兰州新区“信用培育”二级指标平均得分为2.19分。其中，“信用共享平台”得分为0.87

分，“信用评级”得分为1.32分。

1.信用共享平台

“信用共享平台”指标主要考察两个方面：一是当地政府是否按照国家企业信用信息公示系统和中小企业名录，建立了完善的中小企业数据库；二是企业信用共享平台是否和商业银行共享注册登记、行政许可、行政处罚、“黑名单”以及纳税、社保、水电煤气、仓储物流等完善信息。经综合测算，各市（州）、兰州新区“信用共享平台”指标平均得分为0.87分。

甘肃省加快建设省信用信息共享交换平台，形成法人信用信息数据库、自然人信用信息数据库、“信用甘肃”网、信用信息共享交换平台和信用信息应用服务平台“二库一网二平台”模式。各行业主管部门根据国家部委要求加快建设行业信用信息系统，与省信用信息共享交换平台连接并通过全国统一的信用信息共享交换平台实现互联共享。为了加快推进信用信息的归集与共享，建设全省统一的信用信息共享交换平台，为实现信用监管奠定基础，甘肃省出台了《关于建设全省统一的信用信息共享交换平台的实施意见》（甘发改财金〔2016〕678号）、《省委办公厅省政府办公厅关于印发全面推进政务公开的实施意见的通知》（甘办发〔2016〕28号）等文件，提出推动信用信息互联共享，加强社会征信体系建设。政府各部门在门户网站公示行政许可、行政处罚等信用信息的同时，通过甘肃省电子政务外网，将公示内容推送至省公共信用信息共享交换平台，同步在“信用甘肃”网公示。

各市（州）、兰州新区严格贯彻省级政策，加快信用共享平台建设。例如，张掖市搭建了小微企业服务发展平台，平台具有商业银行共享注册登记、行政许可、行政处罚、“黑名单”以及纳税、社保、水电煤气、仓储物流等完善信息。该平台通过建立信息共享机制，归集整合31个政府部门掌握的涉企数据，实现各部门之间信息实时传递和无障碍交换，形成一个可供社会公众及时查询的动态企业名录库。陇南市各有关部门将履行职责过程中产生的涉企信息通过全国企业信用信息公示系统（甘肃）网站向社会公示并归集到企业名下，形成全市统一的企业信用信息大数据平台，实现市场主体登记注册部门、行政审批部门、行业主管部门及其他部门之间信息实时传递和无障碍交换，达到信息共享、协同监管、联合惩戒、社会共治的目的。

2.信用评级

“信用评级”指标主要考察四个方面：一是当地政府是否具有明确的企业信用评级标准和指标；二是是否具有专业的企业信用评级团队；三是当地政府是否

组织本地区中小企业参与信用评级活动；四是当地政府是否组织本地区中小企业信用评级修复活动。经综合测算，各市（州）、兰州新区“信用评级”指标平均得分为1.32分。

甘肃省探索建立具有地方特色的中小企业信用体系建设长效机制，促进改善中小企业融资环境。甘肃股权交易中心企业信用信息公共服务平台承担企业信息公示、信息查询和信息共享等功能，并向政府相关部门、中心内部企业开放权限；逐步实现与“信用甘肃”和其他行业信息系统互联互通，推动企业信用信息公开化、透明化，实现企业信用信息、信用评级结果、分析报告等信息共享；建立信用信息通报制度，通过网络等新闻媒体，定期或不定期向社会公布企业发展信息，定期组织开展企业信用星级评定、诚信企业表彰活动，结合省直部门相关扶持政策，把财政、金融、产业等政策实施与信用产品、信用星级挂钩，引导资源向信用记录好的企业倾斜，实现信用财富转化；允许信用记录出现瑕疵的企业通过实施主动纠正失信行为等措施恢复企业信用。

各市（州）、兰州新区严格执行省级信用评价政策。例如，根据《关于在行政管理事项中使用信用记录和信用报告的方案（试行）的通知》（兰发改〔2017〕606号）、《关于在行政管理事项中加强使用信用记录查询和应用信用报告的通知》（兰发改〔2018〕458号）等相关文件，兰州市积极开展中小企业信用培育体系建设工作，积极组织相关企业申报，推荐的12户企业经人民银行征信审核后纳入全省中小企业信用培育体系，促进了中小企业快速发展；组建专业的企业信用评级团队开展企业进行信用评级，建立中小企业信用体系建设长效机制，拓展中小企业融资渠道；完善和规范信用修复的标准、流程，确保信用修复工作规范、公开、透明，逐步完善信用修复机制和异议处理机制，建立开展失信主体信用修复培训常态化机制，委托第三方信用服务机构按年度持续组织开展信用修复培训。截至2020年6月，已对9家失信主体进行了线下信用修复、162家失信主体进行了线上信用修复。

（四）人才队伍工作评估

“人才队伍”二级指标满分为1分，包含“教育培训”（1分）1个三级指标。根据评估指标要素说明及收集的数据分析，甘肃省各市（州）、兰州新区“人才队伍”二级指标平均得分为0.85分。

“教育培训”指标主要考察两个方面：一是当地政府是否开展中小企业经营管理人员培训；二是地方各行业主管部门是否开展补贴性职业技能培训。经综合测算，各市（州）、兰州新区“教育培训”指标平均得分为0.85分。

甘肃省为实现培训对象普惠化、培训资源市场化、培训载体多元化、培训方式多样化、培训管理规范化，于2018年出台了《关于印发甘肃省中长期职业技能培训规划（2018—2025年）的通知》（甘政办发〔2018〕164号），提出要大规模开展高质量的职业技能培训，在2018—2025年期间每年开展各类职业技能培训30万人次以上；于2019出台了《关于印发甘肃省职业技能提升行动实施方案（2019—2021年）的通知》（甘政办发〔2019〕80号），要求从2019年到2021年持续开展职业技能提升行动，三年共开展各类补贴性职业技能培训100万人次以上，其中，2019年培训30万人次以上，力争到2021年底，技能劳动者占就业人员总量的比例达到25%以上，高技能人才占技能劳动者的比例达到30%以上。2019年，省委组织部、省工信厅组织全省“专精特新”中小企业、行业龙头企业高级经营管理人员70人，赴浙江大学参加甘肃省中小企业高级经营管理人才培训班，并推荐4名企业家赴德国进行培训。

各市（州）、兰州新区努力提升中小企业职工技能水平，坚持把职业技能提升作为助推中小企业发展的重要举措。例如，兰州市出台了《兰州市中长期职业技能培训实施意见》（兰政办发〔2019〕22号）、《兰州市职业技能提升行动实施方案（2019—2021）》（兰政办发〔2019〕154号）等相关文件，进一步明确职业技能提升行动操作流程、补贴申领和管理等相关政策，积极支持中小企业大规模开展职业技能培训，主动推送相关政策，引导帮助中小企业开展职工培训。近三年来，兰州市开展各类补贴性职业技能培训共计培训人员81532人次，其中，就业技能培训69136人次，岗位技能培训4096人次，创业培训8300人次。天水市2017年组织中小企业中层管理人才培训120人次，2018年组织中小企业中层管理人才培训101人次、管理课题培训505人次、党组书记培训班62人次、贫困县致富带头人培训310人次，2019年组织国家经营管理人才培训班250人次、贡献致富带头人培训300人次、非公经济人士培训250人次。

（五）对外合作交流工作评估

“对外合作交流”二级指标满分为2分，共包含“对外合作交流”（1分）、“展览展销”（1分）2个三级指标。

根据评估指标要素说明及收集的数据分析，甘肃省各市（州）、兰州新区“对外合作交流”二级指标平均得分为1.39分。其中，“对外合作交流”得分为0.66分，“展览展销”得分为0.73分。

1. 对外合作交流

“对外合作交流”指标主要考察三个方面：一是当地政府是否按照国家和省

级优惠政策搭建对外合作交流服务平台；二是是否落实优化海关流程、简化办事手续，降低企业通关成本政策；三是是否提供对外合作交流服务（如外语服务）。经综合测算，各市（州）、兰州新区“对外合作交流”指标平均得分为0.66分。

甘肃省政府办公厅印发《甘肃省数据信息产业发展专项行动计划》（甘政办发〔2018〕88号）、《新时代甘肃融入“一带一路”建设打造文化枢纽技术信息生态“五个制高点”实施方案》（甘政办发〔2019〕106号）等文件，提出借助丝绸之路（敦煌）国际文化博览会重要平台，举办数字丝绸之路大数据论坛。通过会展引资、论坛引智，深化与国内外数据信息领域大企业合作，推动电子商务、数字金融、人工智能、高端软件等项目在全省落地实施；加强与中央企业和国家协会的战略合作，与发达省份开展区域合作，鼓励和支持国内外数据信息产业知名企业在甘肃省设立区域总部或创新研发中心，鼓励和支持与本土企业开展交流合作；利用文博会、兰洽会等重要会展，发挥高端平台作用，发挥政府、产业联盟、行业协会及相关中介机构作用，拓展数字经济领域国内外业务合作空间。省工信厅印发了《2020年全省工业和信息化领域产业合作工作要点》（甘工信发〔2020〕51号），提出建立国际产业合作平台，整合全省重点企业现有资源，打造企业及园区与沿线国家的合作交流平台，发挥全省产业技术优势，支持省内优势产能和先进技术向中西亚转移，积极参与国际产能和装备制造合作。例如，兰州市科技局以兰州科技成果博览会为抓手，搭建科技合作平台，促成德国、加纳等10余个“一带一路”沿线国家代表与甘肃建投集团、兰州海默科技、兰州华能生态、甘肃自然能源研究所等企业和科研机构形成对接合作事宜，签订了合作协议或初步达成合作意向；同时，组织了两期“兰州科技合作交流团”，向国外推介兰州科技合作项目10项，组织6家企业赴德国开展国际科技合作交流，观摩了德国汉诺威工业博览会。

甘肃省严格落实优化海关流程、简化办事手续，降低企业通关成本政策。省政府办公厅印发《关于聚焦企业关切进一步推动优化营商环境政策落实的通知》（甘政办发〔2018〕222号），要求省财政厅会同省市场监管局、兰州海关、省交通运输厅、省发改委、省商务厅建立并启动相关工作机制，认真落实国务院确定的降低集装箱进出口环节合规成本的要求，降低进出口环节合规成本并推进通关便利化；及时公开当地口岸收费目录清单，取消没有合法依据、巧立名目的收费项目，督促将利用市场优势地位设立的高收费项目收费降至合理水平。根据兰州海关出台的《兰州海关促进口岸提效降费二十条措施》，兰州海关从改善营商环境大局出发，主动担责，积极协调口岸各有关单位减免经营服务性收费，取消不合规收费；同时，为切实降低口岸通关成本，兰州海关取消全部行政事业性收费，与商务、物价等部门联合行动，督促甘肃省各口岸经营单位明确收费标准，公开公示口岸收费，设立“一站式收费阳光清单”，并及时召开新闻发布会向社会公布。张掖市通过学习借鉴兰州海关“十二条措施”，进一步简化手续，缩短通关时间，提升监管效能，进一步提高通关效率。据统计，海关总体平均通关时间6.8小时，其中，接单环节5.7小时，审单环节1.1小时，缴税环节5.8小时，关区通关时效影响度0.2%，压缩关区通关时效贡献率0.6%。

2.展览展销

“展览展销”指标主要考察两个方面：一是当地政府是否牵头举行中小企业展览展销会；二是当地政府是否为中小企业参加展览展销会议（含国际、国内、省、地区）给予资金支持。经综合测算，各市（州）、兰州新区“展览展销”指标平均得分为0.73分。

甘肃省政府办公厅印发《新时代甘肃融入“一带一路”建设打造文化枢纽技术信息生态“五个制高点”实施方案》（甘政办发〔2019〕106号），提出拓展服务“一带一路”建设空间，巩固东联、向西为主、深耕南向、促进北拓，加快推动甘肃文化旅游品牌走出去；充分发挥文博会、旅游节、药博会、公祭伏羲大典等国家级品牌节会平台优势，提升会展经济效益；持续办好“五凉文化”论坛、中华文化与“一带一路”论坛等文化传播交流平台，举办“一带一路”国际美食节、设计周、舞蹈周、电影节等具有国际影响力的大型展会赛事，吸引国内外“大会大展”入驻敦煌，不断深化甘肃省与丝路沿线国家的交流合作。2019年，甘肃省组织机械制造、纺织品、工艺美术品、食品、特色农产品、节水设备、生物科技七大类的55家“专精特新”中小企业参加中博会，共开展对接洽谈20次，参加论坛活动4场次，实现签约总额2.347亿元。2020年，甘肃省政府与中国国际贸易促进委员会共同举办中国（甘肃）国际贸易数字展览会，以“云上甘肃，贸通天下”为主题，吸引来自甘肃、浙江、广东等28个省（区）、市的1200多家企业参展。此次展览会搭载网展贸MAX服务系统，依托外贸大数据和精准配对功能，为参展企业提供4万多条买家数据对接，特别为甘肃企业提供为期一年的线上商品展览、四场线上专项对接以及近百场相关配套活动。甘肃省黄羊河、红六福、酒泉盛天等十家农特产品特色企业参加了贸易周在线直播活动，积极开拓海外市场，与来自多个国家的买家客户进行了专场对接，寻求合作商机。

各市（州）、兰州新区牵头举行中小企业展览展销会。例如，张掖市政府牵头举办了中小企业展览展销会，即“丝绸之路国际生态产业博览会暨绿色有机产品（张掖）交易会”（以下简称“张交会”），目前已经连续成功举办了五届。“张交会”的成功举办，吸引了来自境内外的2000余家企业先后参展，参观观众累计达到63.9万人次，现场交易额累计达1.7亿元，现场签约额达42.7亿元。天水市工信局积极组织开展中国西部商品交易会，组织企业参加第十六届中国国际中小企业博览会，组织长城电工参加哈萨克斯坦中国商品展览会及土耳其甘肃产品专项推介会。项目组进一步通过问卷调查也发现（如图4-32和图4-33所示），在所抽样的企业中有81.08%的企业经营者认为当地政府定期牵头举办中小企业展览展销会，其中，75.2%的企业经营者认为当地政府会给予一定的资金支持用于鼓励中小企业参加展览展销会。

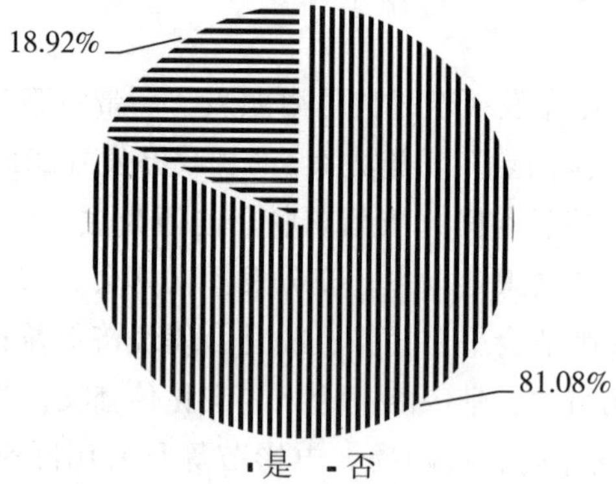

图4-32 甘肃省各地政府是否牵头举办中小企业展览展销会占比统计图

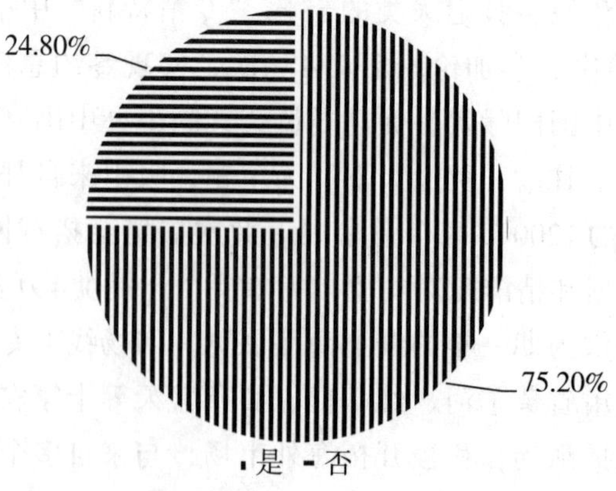

图4-33 甘肃省各地政府是否对参会企业给予资金支持占比统计图

七、新型政商关系维度

“新型政商关系”维度共包含“政商沟通”和“宣传教育”2个二级指标，“走访座谈”“沟通渠道”“服务保障”“宣传先进”和“思想教育”5个三级指标。项目组在调研基础上，细化各项指标的评估依据，并根据评估依据进行打分，“新型政商关系”维度具体得分详见表4–22。

（一）政商沟通工作评估

“政商沟通”二级指标总分值为4分，共包含“走访座谈”（2分）、“沟通渠道”（1分）、“服务保障”（1分）3个三级指标。

根据评估指标要素说明及收集的数据分析，甘肃省各市（州）、兰州新区“政商沟通”二级指标平均得分为3.31分。其中，“走访座谈”得分为1.51分，“沟通渠道”得分为1.00分，“服务保障”得分为0.80分。

表4–22 甘肃省各地“新型政商关系”维度指标评估情况

市(州)、区	合计		政商沟通	宣传教育
	排名	得分	得分	得分
平凉市	1	5.75	3.78	1.97
武威市	2	5.54	3.54	2
天水市	3	5.44	3.71	1.73
甘南州	4	5.42	3.42	2
金昌市	5	5.37	3.54	1.83
临夏州	6	5.34	3.62	1.72
定西市	7	5.3	3.52	1.78
张掖市	8	5.27	3.67	1.6
兰州市	9	5	3.4	1.6
白银市	10	4.77	2.77	2
酒泉市	11	4.73	2.83	1.9
嘉峪关市	12	4.6	2.8	1.8
陇南市	13	4.51	3.39	1.12
庆阳市	14	4.4	3.11	1.29

续表4-22

市(州)、区	合计		政商沟通	宣传教育
	排名	得分	得分	得分
兰州新区	15	3.61	2.61	1
平均	5.00		3.31	1.69

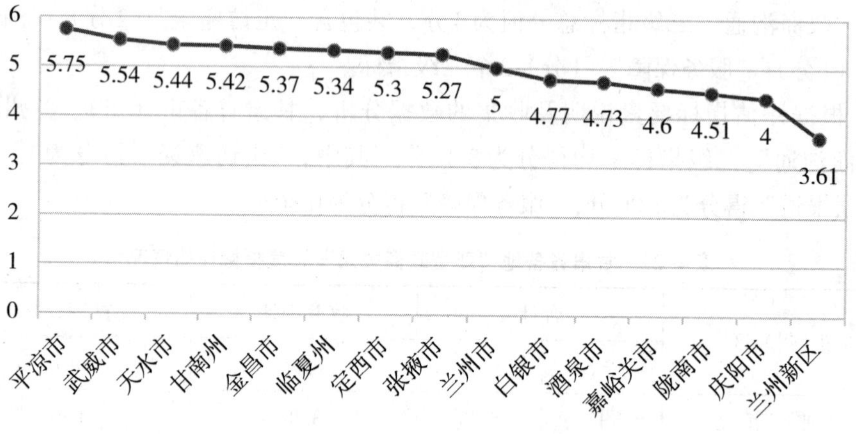

图4-34　甘肃省各地“新型政商关系”维度得分排名图

1.走访座谈

“走访座谈”指标主要考察两个方面：一是当地政府是否每年定期走访中小企业；二是当地政府是否定期与企业家召开座谈会。经综合测算，各市（州）、兰州新区“走访座谈”指标平均得分为1.51分。

甘肃省严格贯彻落实《中共中央 国务院关于营造更好发展环境支持民营企业改革和发展的意见》，甘肃省工信厅制定并印发《关于开展“千企大走访，服务进企业”专题服务月活动的通知》，要求各市（州）工信局、兰州新区经发局制定活动实施方案，确定走访企业范围，各市（州）、兰州新区走访企业要不少于100户。各市（州）、兰州新区按要求走访企业，定期召开企业家座谈会，问诊企业发展存在的困难和问题，找出“痛点”和“堵点”、短板和弱项，帮助企业出主意、想办法，协调解决难题，鼓励企业坚定发展信心，脚踏实地发展实业。

在企业走访调研方面，兰州市制定出台了《努力构建亲清政商关系的指导意见》《兰州市千企万商大走访活动实施方案》等文件，并积极开展“千企万商大走访”活动。通过实地调研、座谈交流等形式走访并深入了解企业发展和项目建设中需要政府协调解决的困难和问题，及时召集相关职能部门集体会商，现场研究具体解决思路，对合法合规、确需政府部门协调解决的问题，以责任清单的形式明确责任领导、责任部门、解决时限和督导人员，第一时间分解到相关部门、县（区）落实。嘉峪关市在《关于促进民营健康发展的意见》（嘉发〔2018〕36号）中规定由统战部、发改委、非公办、工信委（现简称为工信局）、民政局、社会治理局等有关部门牵头，完善联企联商机制，坚持市级领导干部联系包括民营企业在内的联企联商工作机制，要求市级领导干部到所联系企业、商会调研或现场办公每年不少于2次。武威市通过《中共武威市委办公室武威市人民政府办公室关于进一步加强市级领导联系服务非公有制企业工作的通知》等相关文件，明确规定要求市级领导每年走访联系服务企业不少于2次；同时，要求各级领导干部要把联系服务非公有制企业发展工作作为转变工作作风、改善营商环境的具体抓手，主动上门服务，真心实意为企业排忧解难，当好企业的办事员和服务员，以实际行动践行“亲”“清”新型政商关系，推动非公有制经济高质量发展。定西市印发《关于促进企业家健康成长发挥企业家作用的实施意见》的通知，要求定西市政府建立企业工作日制度，领导干部主动深入企业，帮助企业家排忧解难。项目组的问卷调查结果也可以反映各市（州）、兰州新区在走访中心企业方面所做出的努力（如图4-35所示）。在所抽样的企业中，有86.27%的企业经营者认为当地政府部门每年定期走访中小企业，及时为中小企业排忧解难。

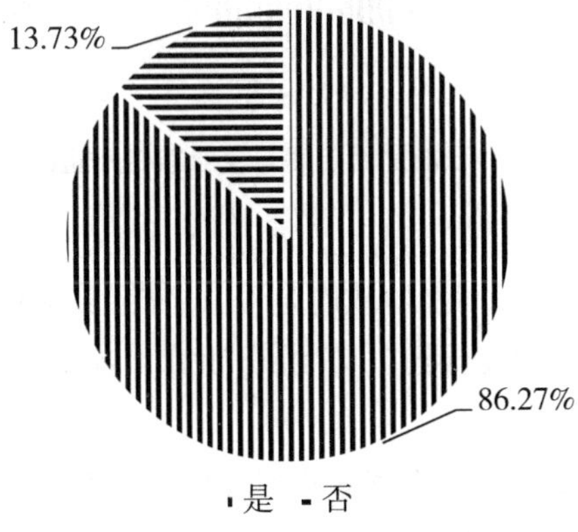

图4-35 甘肃省各地政府是否定期走访中小企业占比统计图

在召开企业家座谈会方面，兰州市印发《兰州市民营企业家座谈会制度》（兰办发〔2020〕7号），每季度举办一次全市民营企业家座谈会，听取民营企业的诉求和意见，掌握当前经济发展和企业经营面临的新情况、新问题、新困难，共同探讨加快民营企业发展的新思路、新办法、新举措，全力促进经济社会高质量发展。武威市积极与企业家开展多形式、多领域的座谈会，主要有政企税银座谈会，促进政企税银互动合作，优化营商环境，推动政策落地，提升服务质量，着力夯基础、补短板、强弱项，促进中小企业高质量发展。武威市、定西市召开企业家回乡考察项目推介座谈会，吸引更多优秀人才回本地，吸引更多优质的资金和技术投向本地。甘南州召开企业家座谈会，通过发放问卷表与现场咨询提问相结合的形式，重点征求参会非公企业代表获取政策扶持的情况、融资情况、企业发展面临的困境和难题、对政府部门服务满意度等方面的意见和建议。项目组对甘肃省中小企业的问卷调查结果可以看出（如图4-36所示），在抽样企业中有81.05%的企业经营者认为当地政府部门定期与企业家召开座谈会，及时为中小企业在生产、经营中遇到的问题和困难提供帮助。

图4-36 甘肃省各地政府是否定期与企业家召开座谈会占比统计图

2.沟通渠道

“沟通渠道”指标主要考察当地政府是否具备热线电话、邮箱、微信、网站、QQ、服务窗口等多形式的沟通渠道。经综合测算，各市（州）、兰州新区“沟通渠道”指标平均得分为1分。

甘肃省促进中小企业发展工作领导小组面向社会公布了热线电话、投诉受理邮箱，并开通“甘肃中小企业”微信公众号。通过实地调研与资料查阅获知，甘肃省各市（州）、兰州新区均设立了中小企业工作热线电话、邮箱，并通过涉企部门微信平台、网站发布涉企信息，通过建立QQ群、微信群、钉钉群及时传达促进中小企业发展的政策措施，并收集企业意见和建议。

各市（州）、兰州新区均在政务大厅设立中小企业相关事项服务窗口。此外，兰州市开通“兰州市中小企业公共服务平台”微企业微信公众号，作为政府发布促进中小企业发展信息的重要窗口、提供在线服务的重要平台和密切联系企业的重要纽带，成为政府管理和服务的重要载体。张掖市积极搭建政企沟通平台，利用“张掖E点通”APP推动移动政务服务“掌上办”“指尖办”；及时向中小企业告知工作人员电话、QQ、微信等联系方式，方便企业联系；疫情期间通过陇政钉搭建“张掖市企业疫情防控动态监测平台”，及时掌握企业需求难点，为推动企业复工复产提供支撑。庆阳市建立市级线上政商直通车APP平台，通过线上受理问题、审核分类、转办处理、反馈评议，实现线上快速办理企业诉求。平凉市出台《非公经济市场主体投诉举报受理平台运行方案》，开通平凉市非公经济市场主体投诉举报受理平台，并在平凉发布、平凉工信、平凉门户网站等媒体发布公告，向社会公布平凉市非公经济市场主体投诉举报受理平台联系电话、传真号、电子邮箱、联系地址等内容。

3.服务保障

“服务保障”指标主要考察中小企业对当地政府涉企工作服务保障情况的满意度。经综合测算，各市（州）、兰州新区“服务保障”指标平均得分为0.80分。

“服务保障”指标由《甘肃省中小企业发展环境调查问卷（企业版）》中Q48-21，即“请您对本地区优化中小企业发展环境的各项政府工作满意度打分（服务保障）”分析所得，测量企业对所在市（州）、区服务保障的满意度。由图4-37可见，张掖市、武威市等9个市（州）及兰州新区服务保障指标得分在0.8分以上，高于平均水平。其中，张掖市中小企业对本地政府优化中小企业发展环境所做工作满意度最高，陇南市、临夏州、甘南州的指标得分较低。

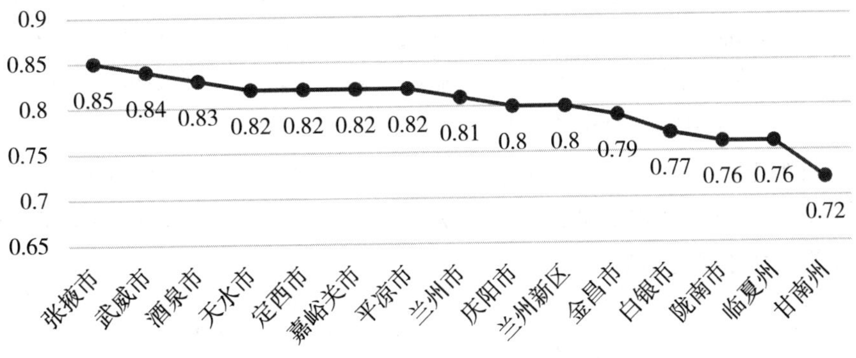

图4-37　甘肃省各地“服务保障”指标得分排名统计图

（二）宣传教育工作评估

“宣传教育”二级指标总分值为2分，共包含“宣传先进”（1分）、“思想教育”（1分）2个三级指标。

根据评估指标要素说明及收集的数据分析，甘肃省各市（州）、兰州新区“宣传教育”二级指标平均得分为1.69分。其中，“宣传先进”得分为0.81分，“思想教育”得分为0.88分。

1. 宣传先进

“宣传先进”指标主要考察当地政府是否每年通过多种渠道对中小企业家先进典型事迹进行宣传。经综合测算，各市（州）、兰州新区“宣传先进”指标平均得分为0.81分。

甘肃省严格贯彻落实《中共中央 国务院关于营造企业家健康成长环境弘扬优秀企业家精神更好发挥企业家作用的意见》精神，通过多种渠道对具有较强的开拓创新意识、勇于承担社会责任、坚持经济效益和社会效益并重，具有良好的思想政治素质、职业道德素质和较高的专业水平，为省内经济社会发展做出了突出贡献的中小企业家进行宣传。

各市（州）、兰州新区通过政府网站、新闻报道、微信公众号、报纸等多种渠道对中小企业家先进典型事迹进行宣传。例如，武威市通过在中国武威网站中开设《今日武威》栏目对当地中小企业先进典型事迹进行宣传。该栏目宣传了甘肃省劳动模范、古浪县八步沙林场场长郭万刚对家园的守卫坚若磐石、绿色的守护矢志不渝的精神；宣传了厚道人家主食食品加工厂厂长张文博，把小面粉加工厂发展为主食食品加工厂和主食厨房、从3人生产到提供百人就业岗位的踏实肯干、努力进取的精神；宣传了享誉盛名的“发明大王”周光耀的先进事迹。平凉市组织开展了2017年平凉市“十大果品营销企业”和“优秀营销果品企业”评选认定工作，通过县（区）推荐、调查摸底、专家评比、集体研究等程序，对推荐的30家果品营销企业和合作社层层筛选，评选出拟表彰的10家“全市十大果品营销企业”和10家“全市优秀果品营销企业”。

项目组进一步对当地企业进行问卷调查，结果显示（如图4-38所示），在抽样的企业中，83.33%的企业经营者认为当地政府每年都通过多种渠道对中小企业家先进典型事迹进行宣传。

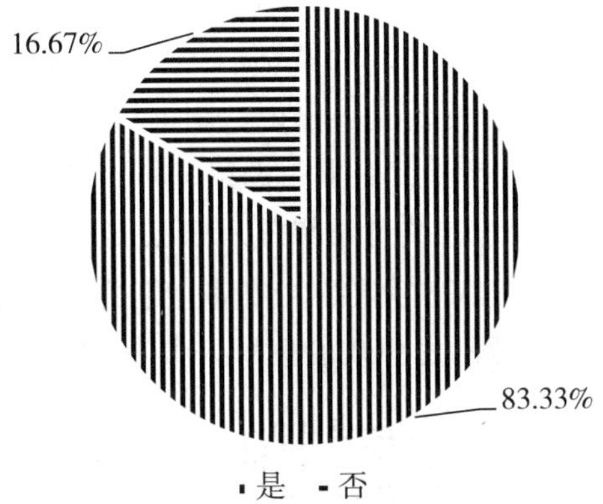

图4-38　甘肃省各地政府是否对中小企业先进事迹进行宣传占比统计图

2.思想政治教育

“思想政治教育”指标主要考察当地政府是否对中小企业开展党性、诚信、道德教育等相关实践活动。经综合测算，各市（州）、兰州新区“思想政治教育”指标平均得分为0.88分。

甘肃省高度重视中小企业党建工作，把党建工作贯穿于企业发展的全过程，通过抓基层、打基础，切实发挥了党组织的战斗堡垒作用，推动企业走向科学发展的道路。与此同时，甘肃省建立“甘肃省非公有制经济组织党建网”，强化企业党建宣传，展示非公企业自身发展风采及党建形象；指导非公企业党组织组建及党建工作，努力把非公经济组织的每一个党组织、每名党员都打造成宣传党的政策、传递党的声音、凝聚团结群众、集聚发展合力的主阵地、排头兵。

兰州市采取为企业印发学习资料、理论宣讲、举办培训班和知识竞赛、交流研讨等形式，及时为企业解读最新政策精神。2018年、2019年天水市均组织了企业党组书记培训班，培训内容包括党性教育、党的相关会议精神学习、诚信经营、企业责任等内容。武威市坚持和完善党员领导干部在非公经济组织建立联系点制度，市、县（区）市场监管局党组（非公经济组织党委）直接联系一定数量的非公企业党组织，定期开展调研指导、征求意见、解决问题，以点带面示范推动工作落实。平凉市市场监管局以非公企业党建规范提升年主题活动为抓手，按照“无党员抓发展、无组织抓组建、有组织抓规范”的思路，一手抓组建，一手抓规范，建立了领导管理、指导检查、党群共建和学习宣传四项工作机制，在全市部署开展了非公企业党建百日推进活动，结合企业实际组织开展丰富多彩的主题实践与宣传教育活动。白银市印发了《全市非公有制经济组织2020年党建工作要点》，要求进一步理顺运行体制，确保有专责机构和专职人员负责非公有制经济组织党建工作（市、县、区市场监管部门至少配备2名专职党务人员），选优配强市、县（区）非公经济组织党委书记、副书记，充实配强党务工作人员。临夏州选派249名党建工作指导员到企业帮助组建群团组织。

项目组对企业的问卷调查的统计结果显示（如图4-39），在抽样的企业中，有87.25%的企业定期组织员工进行党性、诚信、道德教育等相关实践活动，这也充分说明甘肃省对中小企业的思想政治教育工作落实的较为到位。

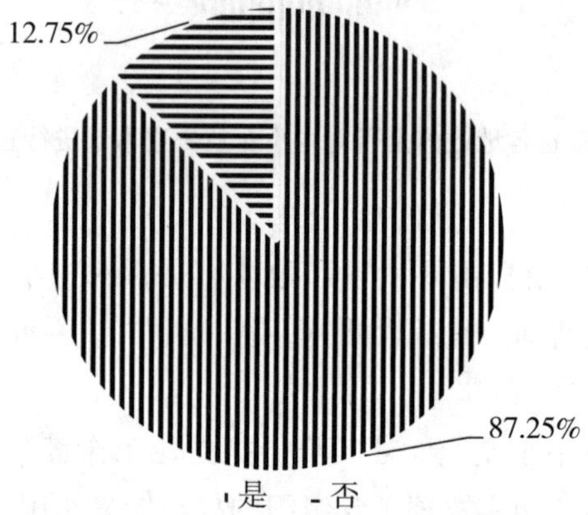

图4-39　甘肃省各地中小企业是否定期开展党性、诚信、道德教育等相关活动占比统计图

八、工作机制维度

“工作机制”维度共包含“工作保障”“监督检查”“奖罚制度”和“信息宣传”4个二级指标，“组织领导”“合作机制”“定期督查”“评估总结”“评优表彰”“通报问责”“信息制度”等10个三级指标。项目组在调研基础上，细化各项指标的评估依据，并根据评估依据进行打分，“工作机制”维度具体得分详见表4-23。

表4-23　甘肃省各地“工作机制”维度指标评估情况表

市(州)、区	合计		工作保障	监督检查	奖罚制度	信息宣传
	排名	得分	得分	得分	得分	得分
平凉市	1	10	4	2	2	2
酒泉市	2	9.8	4	1.8	2	2
庆阳市	3	9.3	3.5	1.8	2	2

续表4-23

市(州)、区	合计		工作保障	监督检查	奖罚制度	信息宣传
	排名	得分	得分	得分	得分	得分
兰州新区	4	9.2	3.7	1.5	2	2
张掖市	4	9.2	4	1.8	1.8	1.6
甘南州	6	8.9	3.7	2	1.7	1.5
临夏州	7	8.5	4	2	1	1.5
嘉峪关市	7	8.5	4	1.5	1.5	1.5
白银市	9	8.4	4	1.4	1.5	1.5
武威市	9	8.4	3.7	1.7	1.5	1.5
天水市	11	8.37	4	1.37	1.5	1.5
定西市	12	8	4	1.5	1	1.5
陇南市	13	7.9	3.7	1.2	1.5	1.5
兰州市	14	7.7	3.2	1	2	1.5
金昌市	15	7	3.7	1.3	1	1
平均	8.61		3.81	1.59	1.60	1.61

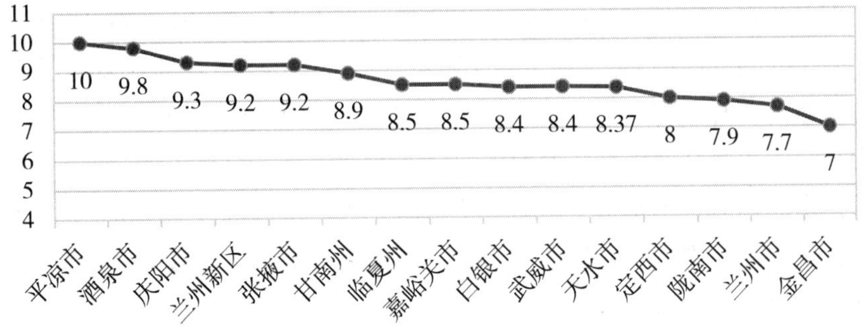

图4-40 甘肃省各地"工作机制"维度得分排名图

（一）工作保障工作评估

"工作保障"二级指标总分值为4分，共包含"组织领导"（2分）、"合作机制"（2分）2个三级指标。

根据评估指标要素说明及收集的数据分析，甘肃省各市（州）、兰州新区“工作保障”二级指标平均得分为3.81分。其中，“组织领导”得分为1.84分，“合作机制”得分为1.97分。

1.组织领导

“组织领导”指标主要考察两个方面：一是促进中小企业发展领导小组成员单位是否全部出席启动会；二是制定本地区中小企业发展年度工作要点，细化分解重点工作任务的情况。经综合测算，各市（州）、兰州新区“组织领导”指标平均得分为1.84分。

2019年，甘肃省促进中小企业发展工作领导小组印发《2019年甘肃省促进中小微企业高质量发展工作要点》，以全面贯彻落实《中小企业促进法》和《甘肃省促进中小微企业高质量发展若干措施》（简称“58条措施”）为核心，以解决制约中小企业发展的突出问题为导向，明确各部门工作要点，重点开展政策落实、优化环境、融资服务、梯度培育、转型升级、融通发展、创业创新等工作，推动全省中小企业做多数量、做大规模、提质增效，为全省经济高质量发展提供有力支撑。同时，甘肃省成立了省、市（州）、县（区）三级促进中小企业发展工作领导小组，负责研究提出促进中小企业发展的政策建议，承担领导小组有关会议的具体组织、联络和协调工作；协调督促检查成员单位履行工作职责和落实领导小组议定事项，承办领导小组交办的其他事项。2020年，甘肃省工信厅贯彻落实中央、省委经济工作会议、全国工业和信息化工作会议、全国科技工作会议等会议精神，结合重点产业布局印发产业工作要点，围绕原材料产业、制造业创新、电子信息与软件服务业、清洁生产产业等产业针对性地发布工作要点。各市（州）、兰州新区均结合本地发展实际制定促进中小企业高质量发展工作要点，细化分解重点工作任务至各涉企部门，坚持新发展理念，贯彻高质量发展要求，促进中小企业和非公经济高质量发展。

根据实际调研，天水市、嘉峪关市、酒泉市、张掖市、平凉市、白银市、定西市、临夏州促进中小企业发展专门领导小组单位全部出席启动会，领导小组组长出席启动会。兰州市、武威市、金昌市、庆阳市、陇南市、甘南州、兰州新区促进中小企业发展专门领导小组成员单位未全部出席启动会。

2.合作机制

“合作机制”指标主要考察两个方面：一是当地政府是否制定明确各部门任务和分工、落实主体责任的中小企业发展工作安排方案；二是是否召开联席会议、专题会议部署中小企业发展工作相关事项。经综合测算，各市（州）、兰州新区“合作机制”指标平均得分为1.97分。

2019—2020年，甘肃省促进中小企业发展工作领导小组办公室组织领导小组成员单位召开3次会议，会议指出领导小组各成员单位、各市（州）要充分认识到促进中小企业发展工作责任重大，要正确分析当前中小企业的运行状况，要勇扛重担、加倍努力，围绕落实“58条措施”、加大减税降费力度、着力缓解贷款难、多方面争取政策支持、做好非公经济发展等关键措施，为中小企业“办实事、服好务”。各市（州）、兰州新区结合工作实际将促进中小企业发展文件中的各项工作分解为具体任务，并由牵头单位和责任单位共同负责贯彻落实，由市（州）工信局、市（州）促进中小企业发展领导小组办公室、兰州新区经济发展局加强督促检查，建立政策落实协调机制，最大限度为中小企业发展营造良好的环境，增强企业活力。

嘉峪关市印发《嘉峪关市政务信息资源共享管理办法》（嘉政办发〔2019〕58号），建立全市部门间信息共享制度，解决部门间“信息孤岛”问题，明确各部门任务和分工，落实主体责任，制定具体工作方案。金昌市建立金昌市中小企业发展联席会议办公室制度，每月25日由联席会议办公室召集联席会议成员单位在市工信局召开碰头会议，沟通工作进展情况；对各类中小企业发展情况进行分析研判，督导推动各成员单位对中小企业工作全面落实；对推进中小企业工作不力、落实政策不到位、反映问题不及时解决的单位予以通报批评。

（二）监督检查工作评估

“监督检查”二级指标总分值为2分，共包含“定期督查”（1分）、“督查机制”（0.5分）、“评估总结”（0.5分）3个三级指标。

根据评估指标要素说明及收集的数据分析，甘肃省各市（州）、兰州新区“监督检查”二级指标平均得分为1.59分。其中，“定期督查”得分为0.69分，“督查机制”得分为0.40分，“评估总结”得分为0.50分。

1. 定期督查

“定期督查”指标主要考察促进中小企业发展领导小组对下级部门的中小企业促进工作情况定期开展监督检查工作的情况。经综合测算，各市（州）、兰州新区“定期督查”指标平均得分为0.69分。

甘肃省以中小企业发展面临的“难点”“痛点”“堵点”为工作核心，坚持问题导向，加强督查整改。例如，甘肃省成立减轻企业负担和促进中小企业发展专项督查组，督查组就中小企业发展相关工作开展专项督查。就清欠工作，甘肃省组织开展了全省清欠工作专项督导，对全省14个市（州）和兰州新区进行了实地督导，与92户中小企业进行了座谈，实地考察了61户中小企业，就省级分办的企业欠款投诉事项进行了回访问询。对清欠进度慢的市（州）、计划完不成年度目标任务的市（州）和5户企业投诉未被列入清欠台账的市（州），印发督办函，督导相关市（州）限时整改。

庆阳市印发《关于在民营经济领域开展“六抓”工作的意见》（庆发〔2019〕19号），促进中小企业发展领导小组加强统筹协调和调度督导，跟踪督促落实，每季度向市委、市政府书面报告1次工作进展情况，每年向市委、市政府报送全市“六抓”措施落实情况及非公有制经济发展情况。市委督查室、市政府督查室会同市纪委监委、市委组织部，灵活采取明察暗访、个别抽查、问卷调查等方式，加强对“六抓”措施落实情况的督促检查。督查结果作为各县（区）和市直有关部门年度考核的重要依据。平凉市印发《平凉市人民政府政务督查工作办法》，要求政务督查工作按照立项、交办、承办、催办、审核、报告、归档等程序进行，以综合督查、定期督查、专项督查、联合督查、催报督查、媒体督查、网络督查、暗访督查等方式，提高督查落实效果。督查部门应逐步建立、完善限时办结、反馈报告、调查研究、工作联系和保守秘密制度，促进督查工作规范有序进行。临夏州各涉企单位定期或不定期对各县（市）下级部门开展工作督查。为更好地落实疫情防控措施、全力服务复工复产、保障春耕生产顺利进行、推进市场监管重点工作扎实有效开展。临夏州市场监管局及时成立两个督查组，从2020年2月25日开始对各县（市）市场监管部门落实复工复产和重点工作情况进行了督导检查。督查期间，督查组深入部分企业，对企业复工复产、落实主体责任、人员健康管理、防疫物资配备、场所清洁消毒、进货查验、质量安全等重点领域和关键环节进行了检查，对发现的问题及时反馈并督促整改。兰州新区按照“治转提”专项行动推进会工作要求，将“治转提”专项行动作为抓好工作落实的重要手段，把“提升效能、推动工作”作为“治转提”专项行动的出发点和落脚点，对作风之弊进行大检查，对作风顽疾开展多轮次、全方位、多角度的排查。甘南州建立生态产业发展工作绩效评价办法，并制定督察考核指标体系，对生态发展工作进行监督考评。

2.督查机制

“督查机制”指标主要考察两个方面：一是当地政府是否建立常态化的监督检查机制；二是是否对督查结果提供整改指导。经综合测算，各市（州）、兰州新区“督查机制”指标平均得分为0.40分。

甘肃省涉企部门建立了常态化的企业督查机制，并对企业督查出现的问题提供整改指导。兰州市建立常态化的监督检查机制，全市各级领导干部对照结对联系清单，明确分工，靠实责任，深入走访联系企业对象2638家，共梳理问题3307个，已解决3189个，问题解决率达96.4%。同时，专项行动领导小组办公室共制发责任清单876件，按期办结766件，办结率87.4%，有效解决了一批企业发展和项目建设存在的困难和问题。平凉市每年印发《平凉市非公有制经济发展工作要点》，建立健全非公经济发展"月报表、季度分析研判、半年督查和年终考核总结"工作机制，将支持中小企业发展相关指标纳入高质量发展绩效评价体系，强化目标责任管理。

武威市严格督查重大项目进展情况，督查各县（区）、主管部门是否履行日常调度和监管责任；审批服务部门是否履行优质、高效服务责任；市直其他相关服务部门是否切实履行职责，解决实际问题成效是否明显等工作内容，同时把企业全员安全生产责任制建立和落实情况纳入日常监督检查重点内容，督促企业全面落实主体责任。临夏州委依法治州办督导组前往积石山、康乐县、临夏县和州直有关部门就开展营造法治化营商环境、保护民营企业发展专项督察反馈问题"回头看"和法治政府建设实地督察反馈问题整改情况进行实地督察，针对法治建设的重要性、紧迫性，营造法治化营商环境保护民营企业发展督察专项督察反馈问题及中央依法治国办法治政府建设督察反馈问题整改工作要求，对被督导县和州直部门从思想认识、工作部署、梳理自查、整改推动、督导落实、机制保障等方面提出工作要求。

3.评估总结

"评估总结"指标主要考察当地政府是否定期对辖区中小企业发展情况进行自评并形成自评报告或总结报告。经综合测算，各市（州）、兰州新区"评估总结"指标平均得分为0.50分。

甘肃省积极开展促进中小企业发展政策落实自查自评工作，根据国家相关工作要求，在全省各级政府部门开展了自查自评工作并报送了相关情况。兰州市借鉴发达地区的经验，积极开展营商环境评估工作，对优化营商环境评价服务进行公开招标，依托评价促优化、突出重点提服务，对评价结果进行系统总结，以评促改，提升绩效，通过"软件+咨询+平台+数据"的服务模式为兰州市营商环境优化提供全方位的支撑，并在2020年政府工作报告中对中小企业的人才引进、基础设施建设、发展环境等多方面进行系统总结和重点部署。庆阳市借鉴先进地区非公有制企业营商环境评价考核指标体系，结合自身非公企业发展实际，制定了一套营商环境评价考核指标体系，严格对照指标体系进行评价考核，为改进非公企业相关工作提供了有益参考。同时，庆阳市由市非公办、市工商联负责，对各有关部门承接、落实中央、省、市支持非公有制经济发展的政策措施落实落地情况集中进行调研评价，对有关部门及政府政务服务中心落实“放管服”措施和“一门一网一次”情况进行检查评价，并对商会、行业协会及各中小企业开展政务服务满意度调查问卷，在此基础之上形成评价报告。

（三）奖罚制度工作评估

“奖罚制度”二级指标总分值为2分，共包含“评优表彰”（1分）、“通报问责”（1分）2个三级指标。

根据评估指标要素说明及收集的数据分析，甘肃省各市（州）、兰州新区“奖罚制度”二级指标平均得分为1.60分。其中，“评优表彰”得分为0.90分，“通报问责”得分为0.70分。

1.评优表彰

“评优表彰”指标主要考察当地政府是否组织开展“优秀中小企业家及中小企业”评选活动并进行激励表彰。经综合测算，各市（州）、兰州新区“评优表彰”指标平均得分为0.90分。

《甘肃省促进中小微企业高质量发展若干措施》中明确指出“各级促进中小企业发展工作领导小组要统一组织开展‘优秀中小企业家及中小企业’评选表彰活动”。甘肃省人社厅、省总工会每年推荐中小企业家参加“甘肃省五一巾帼奖”“甘肃省五一劳动奖”等活动，并对入选的企业授予五一劳动奖状，对入选的企业、先进个人授予五一劳动奖章，对入选的班组授予甘肃省工人先锋号。此外，为增强全省职工的安全健康意识，提升企业安全发展水平，省总工会、省应急管理厅举办“安康杯”竞赛活动，命名19个企业单位为全省“安康杯”竞赛示范单位，19个“安康杯”竞赛示范班组，2名甘肃省安康企业家。此外，根据《甘肃省优秀中小企业和中小企业家评选表彰活动实施办法》的通知，甘肃省优秀中小企业和中小企业家评选表彰按照临时性表彰项目进行管理，评选表彰工作每五年组织开展一次，坚持公开、公平、公正原则，按照“申报推荐、逐级审核、差额评选、择优表彰”的原则，严格执行“两审三公示”工作制度，即实行初审和复审两次审核，并先后在县级推荐、市（州）推荐和省级推荐时进行公示。

各市（州）、兰州新区在落实推荐中小企业家、中小企业参加国家级、省级评优表彰基础上，根据重点发展产业以及工作重点制定了不同的评优标准方案。兰州市鼓励优秀企业家发挥示范、引领和带动作用，评选出兰州市“民营示范企业”“纳税十强企业”“双创十佳企业”“商贸服务业二十佳企业”“工业和信息化十佳企业”等示范企业，大力弘扬优秀企业家精神，努力营造全社会关注支持民营企业发展的浓厚氛围。嘉峪关市根据《关于促进民营经济健康发展的意见》（嘉发〔2018〕36号），建立企业家荣誉制度，对有突出贡献的企业家授予“荣誉市民”称号；在劳动模范和劳动奖章、“五四”青年奖章、“三八”红旗手等表彰中选出优秀企业家；每年召开一次非公经济表彰大会，对突出贡献的民营企业进行表彰；每两年评选一次“雄关十佳优秀民营企业家”。酒泉市根据《酒泉市促进中小微企业高质量发展实施意见》（酒办发〔2019〕154号）等文件，建立特色“酒泉工匠”奖励制度，每两年开展一次“酒泉工匠”评选活动，被评为“酒泉工匠”者，一次性奖励5000元（选拔为市级领军人才者，享受领军人才补贴待遇，不重复享受）。庆阳市促进中小企业发展工作领导小组适时开展“优秀中小企业”评选表彰活动，以市委、市政府名义每两年对转型升级、科技创新、社会责任担当、诚信守法经营等方面综合优秀的明星企业进行命名表彰奖励，并启动了“百家优秀企业系列报道”“民营企业在成长”专题系列报道。定西市设立“功勋企业家”奖，每两年评选一次，重点奖励年营业收入10亿元以上，在纳税、改革开放、创新创业、产业拉动、转型升级示范、保障就业、环境保护、安全生产等方面对定西经济和社会发展做出突出贡献，担任董事长或总经理3年以上的企业负责人，由市委、市政府给予表彰奖励。临夏州设立了州政府质量奖，由州政府命名表彰在产品、工程、环境、服务、社会管理等各个领域内质量领先、技术创新、管理卓越、品牌优秀、效益突出的州内企业和组织。兰州新区管理委员会印发《兰州新区产业发展扶持及奖励政策（修订）》（新政发〔2019〕1号），每年进行评优奖优活动，对贡献大、业绩优、信誉好的单位和个人进行奖励，设立优秀企业、纳税10强奖、特殊贡献奖、就业贡献奖、技术创新单位、优秀基层党组织、文明单位、诚信企业和劳动模范、优秀企业家、青年专家、能工巧匠、先进工作者等荣誉称号。

2.通报问责

“通报问责”指标满分考察两个方面：一是当地政府是否建立定期通报制度；二是是否切实落实问责措施。经综合测算，各市（州）、兰州新区“通报问责”指标平均得分为0.70分。

从涉企部门通报问责角度而言，甘肃省建立考核评价机制，依据相关考核评价指标，对各市（州）和兰州新区进行季度考核、通报，将考核后3名纳入全省高质量发展季度约谈范围。甘肃省工信厅就工业节能工作督查情况、规模以下工业企业转型升级为规模以上企业以及中小企业生产运营监测及信息报送工作情况等重点常规工作建立了定期通报制度。嘉峪关市健全相关职能部门支持民营经济发展日常检查、年中督查、年终考核及统计评价机制，完善民营经济发展目标责任管理，将相关部门支持推动服务民营经济发展情况纳入市管领导班子政绩考核体系，对任务完成好、考核结果靠前的单位适时通报表彰；对工作推进不力、考核结果较差的单位严厉追责问责，并与年度经济社会发展目标责任兑现奖挂钩。张掖市甘州区工信局在开展“专精特新”中小企业复核工作中，把本该由该局承担的复核企业是否存在违法违规行为的函询工作转嫁给了被复核企业，要求企业派员到工商、国税、地税、劳动、环保、安监、人社等8个部门开具无违法违规证明材料，增加了企业负担，造成了不良影响。甘州区人民政府责令区工信局做出书面检查，并在全区范围内通报批评。

从企业通报问责角度而言，甘肃省对企业违法情节较轻、无主观故意并没有造成危害后果的违法违规行为，依据法律法规的规定可以不予行政处罚的，要求其立即纠正；对企业正常生产可能造成影响的行政处罚行为，实行行政处罚事前提示、事中指导、事后回访制度，促使其尽可能减少违法行为发生；对企业违法行为做出行政处罚的，依法告知行政处罚决定、出具行政处罚决定书，切实落实问责措施。

（四）信息宣传工作评估

“信息宣传”二级指标总分值为3分，共包含“信息制度”（1分）、“信息管理”（1分）、“信息公开”（1分）3个三级指标。

根据评估指标要素说明及收集的数据分析，甘肃省各市（州）、兰州新区“信息宣传”二级指标平均得分为1.61分。其中，“信息制度”得分为0分，“信息管理”得分为0.64分，“信息公开”得分为0.97分。

1.信息制度

“信息制度”指标主要考察当地政府是否建立规范性中小企业发展信息管理制度。经综合测算，各市（州）、兰州新区“信息制度”指标平均得分为0分。

经调研，甘肃省尚未建立规范性的中小企业信息管理制度。从各市（州）、兰州新区调查情况来看，中小企业发展信息管理制度整体上发展较不完善，基本上执行的是企业信用信息公示和共享方案。该方案依托于《甘肃省推进“证照分离”改革试点方案》《甘肃省人民政府办公厅关于做好企业信用信息公示与共享工作的通知》等文件制定，明确要求健全市场主体信息公示制度，依托全省社会公共信息资源共享交换平台、公共信用信息平台、国家企业信用信息公示系统（甘肃）等，强化各市（州）、兰州新区政府有关部门对市场主体准入信息、监管信息和信用信息的归集、共享、公示，加快建立规范性中小企业发展信息管理制度，按照国家统一标准建立企业法人单位基础信息资源库。

2.信息管理

“信息管理”指标主要考察两个方面：一是各地区中小企业信息采集是否完备；二是是否对中小企业信息实行多渠道、全方位的网络化管理。经综合测算，各市（州）、兰州新区“信息管理”指标平均得分为0.64分。

甘肃省建立了中小企业信息采集的完备机制，根据《甘肃省工业企业“规下转规上”培育行动计划（2018—2020年）》相关要求，全省建立“规下转规上”企业培育库，并将入库的企业纳入全国中小企业生产经营运行监测平台，实现对拟入规和已入规企业的数据报送、运行监测和情况分析。

兰州市政府搭建中小企业信用公共服务平台，对中小企业信息进行综合管理；建立健全非公企业动态运行监测系统，及时掌握企业生产经营情况。同时，兰州市充分利用网络技术，对中小企业信息实行网络化管理。例如，兰州市依据《科技型中小企业评价办法》，对科技型中小企业“登记编号”实行年度动态管理，入库企业应在次年1月1日至3月31日，通过“评价工作系统”主动更新《科技型中小企业信息表》，经审核、公示后符合条件的，取得新年度“登记编号”。酒泉市行政服务中心打造的政务服务“酒事快（就是快）”开启了“政务服务不见面”审批新模式，全面推进互联网+政务服务，将政务服务向移动端拓展延伸；创建覆盖市本级和七个县、市、区的政务服务统一移动APP，对中小企业信息实行多渠道、全方位的网络化管理。庆阳市建立“庆阳市政商直通车（民营经济服务平台）”，已入驻了市发展改革委、市工信局等55个市直部门（单位），21个商（协）会组织，468户民营企业，28个具有代表性的新经济（社会）组织，10个市级以上企业服务平台，进驻39个法律服务、财务服务、人力资源服务、广告设计等方面服务商，形成了齐抓共管共同服务民营经济发展的全方位网络化管理格局。平凉市在疫情防控工作进入关键时期主动对接阿里集团，借助“钉钉”系统，合作搭建了平凉市疫情防控网格化管理服务平台，平台部署上线以来，充分发挥了大数据在疫情防控阻击战中的重要作用。白银市加快推进“互联网+公共服务”，运用大数据等现代信息技术，强化部门协同联动，打破信息孤岛，推动信息互联互通、开放共享，提升公共服务整体效能。

3.信息公开

“信息公开”指标主要考察两个方面，一是当地政府是否开设中小企业政策专栏；二是当地政府是否及时发布涉及中小企业的法律法规、财政支持、税收优惠、权益保护等各类信息。经综合测算，各市（州）、兰州新区“信息公开”指标平均得分为0.97分。

甘肃省建立中小企业公共服务平台，致力于帮助中小企业级用户快速了解和享受政策，助力业务发展和产业升级。该平台专设“惠企政策”专栏，按企业类型、行业类别、政策类别等形式将政策分门别类，实现涉企政策精准推送；同时，平台提供自助查询功能，以法人身份登录系统点击首页“我要享政策”可查询本企业可享受的相关政策。此外，平台整合国家及各部委、省委、省政府、省发改委、省科技厅、省工信厅、省财政厅等部门涉及中小企业的法律法规信息，单设“财税支持”模块，集中发布财政支持、税收优惠等相关内容，实现了涉企政策的及时发布。各市（州）、兰州新区通过中小企业公共服务平台、市政府门户网站、小微企业服务发展平台、微信公众号等渠道开设中小企业政策专栏，及时发布涉及中小企业的法律法规、财政支持、税收优惠、权益保护等各类信息。

庆阳市建立“庆阳市政商直通车（民营经济服务平台）”，该平台包括政策措施宣传、经济信息发布、问题诉求办理、社会服务联系、商（协）会会员管理、企业宣传交流六大功能，主要作用是建立政府与中小企业直接联系渠道，突破中小企业支持政策的落实瓶颈，及时帮助中小企业纾解困难和问题，实现为中小企业发展提供相关服务支持，促进全市非公有制经济健康发展。甘南州人民政府网站设立了中小企业发展政策专栏，及时更新相关政策内容，帮助中小企业获取相关信息。此外，甘南州通过企业微信“甘南中小微企业微平台”、微信群“甘南州中小企业交流”、印发文件《涉企优惠政策汇编》等方式，积极向企业宣传《中华人民共和国中小企业促进法》《关于促进中小企业健康发展的指导意见》《甘肃省促进中小微企业发展若干措施》等中央和省级有关扶持中小微企业发展的政策和措施，切实加大惠企政策学习宣传力度，让企业明白“惠在何处，惠从何来”，提高政策的“透明度”和“知晓度”。

第五章　社会满意度分析

“社会满意度”维度隶属于“中小企业发展环境评估指标”框架。项目组在本次中小企业发展环境评估过程中始终坚持“市场主体是发展环境最佳评价者”的基本理念，将发展环境中的“社会满意度”维度视为准确反映区域发展环境状况和中小企业切身感受的重要指标。鉴于此，本章将单独对“社会满意度”维度进行详细分析。

具体而言，“社会满意度”指标包含“项目审批”“工作效率”“办事便利”“流程规范”“政务公开”“政策透明”“政策稳定”“政策公平”“政策落实”和“政商关系”10个三级指标，共计12分。

通过问卷调查数据计算，甘肃省各市（州）、兰州新区“社会满意度”指标平均得分为9.63分。其中，“项目审批”指标平均得分为1.21分（满分1.5分），“工作效率”指标平均得分为1.19分（满分1.5分），“办事便利”指标平均得分为0.80分（满分1分），“流程规范”指标平均得分为0.79分（满分1分），“政务公开”指标平均得分为0.81分（满分1分），“政策透明”指标平均得分为0.80分（满分1分），“政策稳定”指标平均得分为0.81分（满分1分），“政策公平”指标平均得分为0.80分（满分1分），“政策落实”指标平均得分为1.20分（满分1.5分），“政商关系”指标平均得分为1.23分（满分1.5分）。详见表5-1和图5-1。

表5-1　甘肃省各地“社会满意度”维度指标平均得分排名

市(州)、区	排名	合计	项目审批	工作效率	办事便利	流程规范	政务公开	政策透明	政策稳定	政策公平	政策落实	政商关系
张掖市	1	10.21	1.28	1.26	0.85	0.84	0.86	0.86	0.86	0.85	1.26	1.29
武威市	2	10.04	1.26	1.23	0.82	0.84	0.84	0.82	0.84	0.84	1.26	1.29
兰州新区	3	9.94	1.28	1.26	0.81	0.81	0.82	0.80	0.84	0.80	1.28	1.25
天水市	4	9.83	1.25	1.22	0.82	0.81	0.82	0.82	0.83	0.82	1.22	1.23

续表5-1

市(州)、区	排名	合计	项目审批	工作效率	办事便利	流程规范	政务公开	政策透明	政策稳定	政策公平	政策落实	政商关系
定西市	4	9.82	1.23	1.22	0.82	0.81	0.82	0.82	0.82	0.81	1.23	1.25
平凉市	6	9.78	1.22	1.20	0.82	0.81	0.82	0.82	0.82	0.81	1.22	1.25
兰州市	7	9.77	1.22	1.25	0.81	0.79	0.81	0.81	0.81	0.80	1.25	1.23
嘉峪关市	8	9.72	1.22	1.20	0.81	0.80	0.82	0.82	0.82	0.81	1.20	1.24
酒泉市	9	9.67	1.21	1.19	0.81	0.80	0.81	0.81	0.81	0.80	1.20	1.23
庆阳市	9	9.65	1.20	1.19	0.81	0.79	0.81	0.81	0.81	0.80	1.20	1.23
金昌市	11	9.54	1.19	1.17	0.79	0.78	0.81	0.80	0.80	0.79	1.19	1.23
白银市	12	9.31	1.17	1.11	0.78	0.78	0.78	0.78	0.78	0.76	1.14	1.23
陇南市	13	9.27	1.17	1.13	0.77	0.76	0.77	0.78	0.78	0.77	1.14	1.20
临夏州	14	9.17	1.16	1.13	0.76	0.75	0.77	0.77	0.77	0.76	1.14	1.17
甘南州	15	8.79	1.09	1.07	0.73	0.72	0.75	0.74	0.74	0.73	1.08	1.15
平均分	9.63		1.21	1.19	0.80	0.79	0.81	0.80	0.81	0.80	1.20	1.23

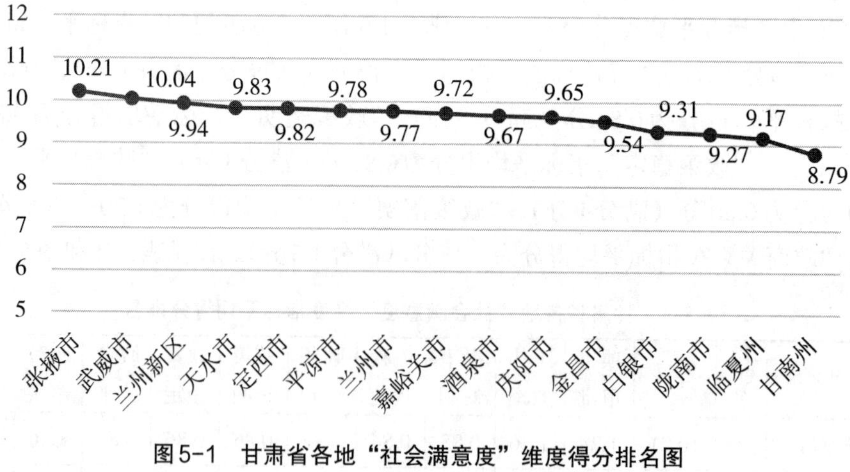

图5-1 甘肃省各地“社会满意度”维度得分排名图

一、项目审批

“项目审批”指标共计1.5分，主要考察当地管理服务对象对区域内政府部门在项目审批流程、材料、时间、服务等方面的总体满意程度。经综合测算，各市(州)、兰州新区“项目审批”指标平均得分为1.21分。

通过《甘肃省中小企业发展环境评估调查问卷（企业版）》中Q48-3，项目组考察了当前区域内管理服务对象对项目审批的满意度情况。调查结果显示，区域内73.25%的管理服务对象对当前本地区项目审批持满意态度，不满意占比仅为7.68%（如图5-2所示）。由此可见，近年来甘肃省在项目审批改革方面取得了一定的成效，尤其是自2018年以来，甘肃省按照党中央、国务院的部署要求，以深入开展“放管服”改革突破年活动为契机，秉承“硬件不行软件补”的理念，聚焦打造良好发展环境，切实做好简化项目审批的“减法”，先后取消下放22批次2175项行政审批事项，减幅达94%；下发《关于进一步加强投资项目审批和管理改革工作的意见》，以及承诺制、代办制、区域评估评审、模拟审批和容缺受理5个配套文件，在全省范围大力推行投资项目审批制度改革，着力打造“审批少、流程优、效率高、服务好”的项目审批体系。目前，甘肃省发改委已将投资项目开工前报建审批事项由57项减至35项，并将18项事项核准权限取消或下放省直或市（州）行业管理部门。随着甘肃省“放管服”改革不断深入推进，中小企业的获得感、满意度不断增强。

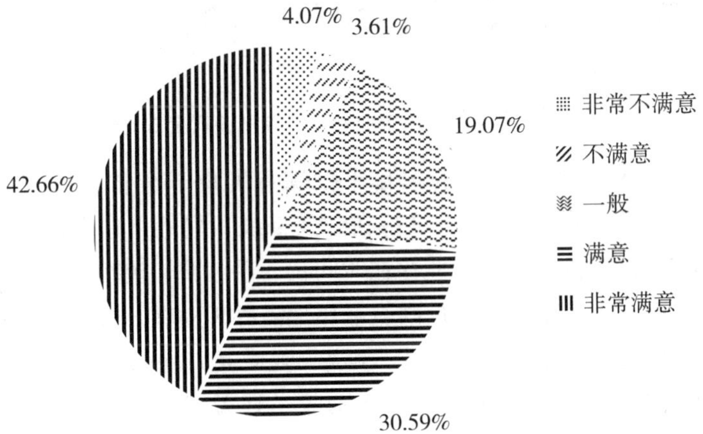

图5-2 甘肃省中小企业对项目审批满意度占比分布图

从各市（州）、兰州新区的项目审批满意度分布情况来看（如图5-3所示），张掖市、武威市和天水市的项目审批满意度位于甘肃省前三，分别为80.52%、77.53%和76.39%。张掖市近年来按照“能减全减、能放全放”的原则，在全省首次比较系统地提出构建以“四个六”——推进6项重点改革、建立6张目录清单、健全6大监管措施、打造6个服务平台为主要内容的“放管服”改革模式，先后10批次取消、调整和下放行政审批项目421项，全面提升本市“放管服”改革整体水平。同时，在全省率先开展环评审批改革，将建设项目分为申报、备案、审批三大类，实现了评估类项目大幅减少，审批时间大幅缩短，企业负担明显减轻，成为全省乃至全国推进“放管服”改革的样板和典范。此外，张掖市在全省率先启动建设投资项目在线审批监管平台，基本实现了投资项目所有审批事项“一网通办”。截至目前，张掖市项目办结率为53.41%，事项办结率达95.82%，限时办理率达100%。

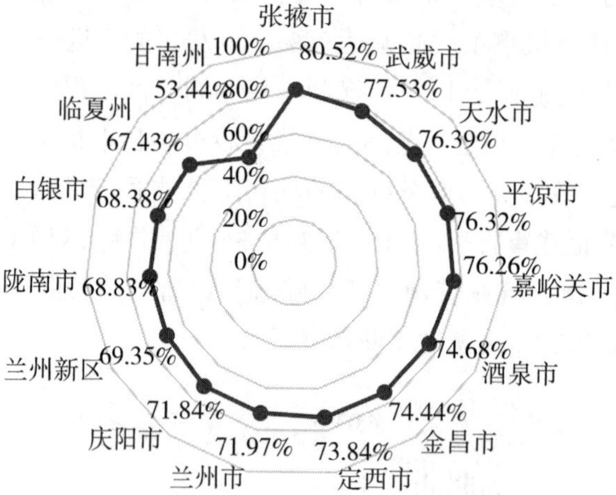

图5-3 甘肃省各地中小企业对项目审批满意度占比分布图

白银市、临夏州和甘南州的项目审批满意度位于全省最后三位，分别为68.38%、67.43%和53.44%，基本维持在“及格线”附近，这也从侧面反映出这些市（州）在项目审批方面仍可能存在时间长、手续繁、流程多等问题，亟待改进。例如，甘南州中小企业普遍反映企业用地需办理立项、规划、环评、土地预审等手续后才能进入用地报批程序。“主要问题就是厂房用地问题，目前在积极地申报，但是项目审批时间太长了，我们等了好久。”（GN-G02-20200701）项目用地的关键是征地报批工作，从开展征地工作到取得用地批文，是一项周期较长的工作，涉及多部门、多环节的行政审批事项。部分地区部门间协同联动机制不够健全，权限不配套、不同步，未能有效实现互联互通，审批服务存在信息壁垒，导致企业用地报批手续繁、关卡多、时间长。然而，企业在申请办理用地项目上花费时间过长，不仅牵扯企业主要精力，甚至会贻误企业转型的最佳时机。

二、工作效率

“工作效率”指标共计1.5分，主要考察当地管理服务对象对本区域内相关业务办理工作效率的总体满意程度。经综合测算，各市（州）、兰州新区“工作效率”指标平均得分为1.19分。

通过《甘肃省中小企业发展环境评估调查问卷（企业版）》中Q48-17，项目组考察了区域内管理服务对象对当前本地区政府部门工作效率的满意度情况。调查结果显示，68.89%的管理服务对象对本地区政府部门工作效率持满意态度，22.84%的管理服务对象认为本地区政府部门工作效率一般，8.27%的管理服务对象对本地区政府部门工作效率不满意（如图5-4所示）。实际上，甘肃省自推行“放管服”改革以来，不断简化企业从设立到具备一般性经营条件须办理的环节，取消公章刻制审批，实行公章刻制备案管理，并将其纳入“多证合一”改革涉企证照事项目录，由市场监督管理部门采集相关信息，推送至共享平台。税务部门对已在登记机关领取加载统一社会信用代码营业执照的企业，不再单独进行税务登记，采用统一社会信用代码进行登记管理。进一步优化发票申领程序，压缩发票申领时间，将新办企业首次办理申领发票的时间压缩至2天以内。各级社保经办机构不再单独核发社会保险登记证，取消社会保险登记证的定期验证和换证制度，逐步采用统一社会信用代码进行登记管理。全面取消企业银行账户许可，境内依法设立的法人企业、非法人企业、个体工商户在甘肃省内银行办理基本存款账户、临时存款账户等业务，已由核准制改为备案制，人民银行不再核发开户许可证。市场监督管理部门广泛推行企业登记全程电子化应用，努力提高无纸化、智能化程度，进一步精简企业登记文书表格材料，多措并举不断提升政府部门工作效率。

从各市（州）、兰州新区的工作效率满意度分布情况来看（图5-5），张掖市、武威市和天水市的工作效率满意度位于全省前三，分别为78.02%、73.26%和73.01%。例如，近年来武威市着眼让企业“少跑腿”“好办事”“不添堵”，进一步规范审批行为，完善管理机制，提升行政效能，企业满意度逐步提升。武威市在市政务服务中心推行“一窗受理”制度，按照事项相近原则整合窗口，入驻了更多便民事项。受理审核现场办理，并提供“申办材料免费复印”服务，减材料、减时限、减环节，即办件2分钟完成，效率明显提升。此外，武威市政务服务中心设立了“首席代表”，并且签订“一份授权书”、启用“一枚印章”。“首席代表”具有“审批服务专用章”使用权，行使事项审批决定权，对“事留人走”

的单位，签订《授权委托书》，将“审批服务专用章”使用权授权给“其他事务代办”窗口；对即办件，由“其他事务代办”窗口直接办理；对承诺件，在承诺时限内完成办理。“首席代表现场审核来办事项资料是否相符，不用再像以前层层提交审核，既省下了时间，提高了效率，又减轻了审核人员工作量。”（WW-G03-20200706）同时，对进驻事项逐项编制“一个指南”，并附上规范的审批服务文本，将办事指南作为前台受理与后台审批的一致性材料依据，倒逼部门消除模糊性表述和隐性审批条件，真正做到“人人看得懂、个个会办事”。

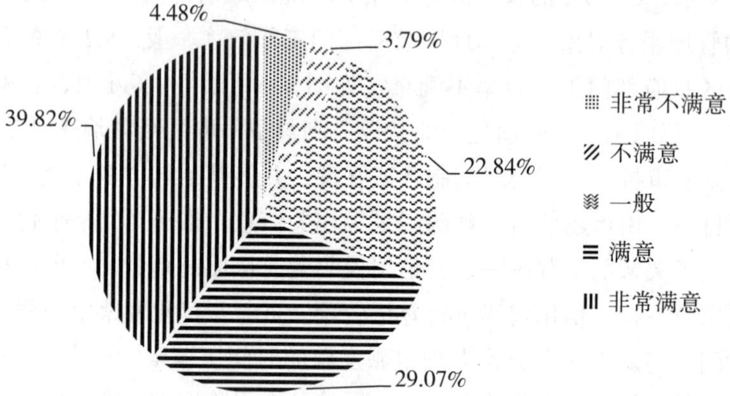

图5-4 甘肃省中小企业对政府工作效率满意度占比分布图

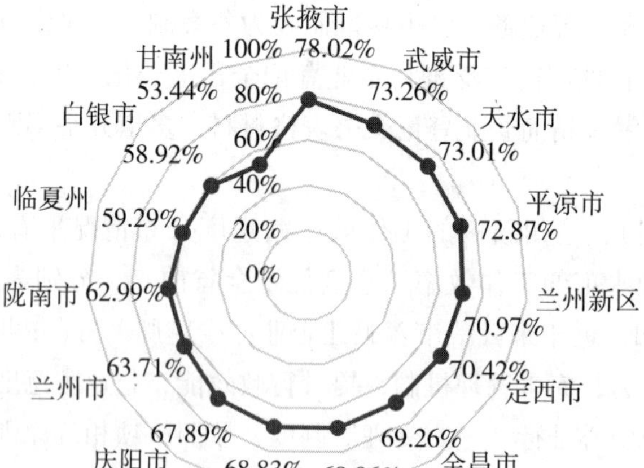

图5-5 甘肃省各地中小企业对政府工作效率满意度占比分布图

临夏州、白银市和甘南州的工作效率满意度位于全省最后三位，分别为

59.29%、58.92%和53.44%，基本处于“及格线”以下。无论是相比于全省的平均值，还是相比于前三名，临夏州、白银市和甘南州的工作效率满意度值都存在一定的差距。这也说明甘肃省各市（州）在“放管服”改革推进过程中还存在整体进度不一、效果不佳等问题。例如，临夏州中小企业负责人反映，目前企业到银行去办理一笔贷款，时间少则1个月，如果加上担保、抵押、登记、评估、保险、公证等程序，一笔贷款从审批到发放，至少需要3个月的时间。“一个月能把款贷下来估计都是好的，你必须对银行的这一块流程特别熟悉，一个月才能把这笔贷款贷下来，这是相当不错的。如果说这一块环节你不熟悉的话，一环一环贷下来最少就是两三个月。”（LX-LX-20200604）白银市中小企业则普遍反映，近年来，国家不断简政放权，深化商事制度改革，在大多数领域都取得了重大突破，但在新开工项目的土地规划办理中仍存在效率低下、进度缓慢等问题。据当地企业反映，新开工项目办理土地手续大约需要2年时间，主要原因是工业用地审批权不在市、县基层政府部门，市、县基层政府部门需要层层上报省级政府有关部门，由于上下、同级政府部门间缺乏高效畅通的协调机制，更没有相应的文件明确规定各级政府部门土地审批时限，最终导致工作效率大打折扣。“工作效率还是没有明显提高，各部门衔接还存在问题”。（BY-HN-20200606）此外，通过调研也发现当前全省各市（州）统计、市场监管、银行、税务、人社等涉企部门间存在中小企业统计数据和信息不对称、口径不一致等问题；还有个别县（区）政府部门政策执行不连续，领导换届造成政策“朝令夕改”，前后政策衔接不紧密，产生“手续可办、可不办的坚决不给办”等现象，一定程度上影响了当地中小企业对政府部门工作效率的满意度。

三、办事便利

“办事便利”指标共计1分，主要考察当地管理服务对象对本区域内政务办理便利情况的总体满意程度。经综合测算，各市（州）、兰州新区“办事便利”指标平均得分为0.8分。

通过《甘肃省中小企业发展环境评估调查问卷（企业版）》中Q48-20，项目组考察了区域内管理服务对象对当前本地区政府部门办事便利程度的满意度情况。调查结果显示，72.05%的管理服务对象对当前本地区政府部门办事便利持满意态度，仅有7.22%的管理服务对象对当前本地区政府部门的办事便利情况持不满意态度（如图5-6所示）。这也侧面说明甘肃省及各级地方政府近年来推行“一站式服务”“一网通办”“一人一窗办理”等改革事项取得了较为显著的成效。

特别是，省市场监管局会同省发改委、公安厅、人社厅、税务局、工商银行甘肃省分行、浦发银行兰州分行共同搭建了企业开办“一网通办”服务平台，并将该平台嵌入“甘肃政务服务网”，各部门之间信息互通互认，精准集成办理一件事所需提供的各类材料，推行“一表申请”，审批办理同步并行，实现企业开办全程网办，进一步提高了部门间协同服务的效率和质量。同时，在政务大厅开设企业“一窗办”专区，实现申领营业执照、刻制印章、申领发票和税控设备、职工参保登记、住房公积金企业缴存登记等事项线上一表填报、一次实名验证，线下一窗领取材料，做到“一步到位、一次办理”，最大程度为开办企业提供便利。

从各市（州）、兰州新区的办事便利满意度分布情况来看（如图5-7所示），张掖市、武威市、天水市位于全省前三，其满意度分别为79.78%、75.96%和75.18%。近年来，张掖市始终坚持把深化“放管服”改革作为优化发展环境的“先手棋”，以推进“四办”改革、“最多跑一次”为抓手，紧紧围绕健全组织保障、贯通信息网络、构建政务平台、优化办事流程四个方面，着力打好便民服务“组合拳”，开通惠民利企“快车道”，形成了以“一厅三中心”政务服务平台为引擎，推进审批事项向县（区）政务大厅延伸、民生事项向乡（镇）街道便民服务中心延伸、大众服务事项向村（社区）便民服务代办点延伸等“就近办”政务服务平台覆盖网络。总结推出“三集中三到位”的措施，即把部门政务服务事项向一个“科室”集中，承担政务服务事项的科室向政务中心集中，政务服务事项向一网审批平台集中，切实做到审批事项进驻到位、授权到位、电子监察到位。同时，张掖市和各县（区）协调银行、保险、咨询等服务机构和快递业务进驻大厅，逐步形成“一楼式、一窗式、一网式”政务服务新模式。统一标准、规范程序，对政务服务大厅窗口布局、服务容量和工作流程进行整合，按投资项目、商事登记、社会保障、农业服务等事项分类设置“一窗通办”的综合服务窗口，一站式审批、一条龙服务，实现服务对象“进一扇门、叫一个号、选一个窗、办所有事”的目标。集中清理取消各类“奇葩证明”“循环证明”，已梳理取消证明事项31项。政务服务事项办理要件由原来的2305件压减到2021件，压减284件，压减率12.3%；压减2822项政务服务事项办理时限，压减率为35.9%。先后2次梳理“最多跑一次”事项337项，占政务服务事项的49.4%。建立项目在线审批平台，引导项目单位网上递交审批材料，网上查询审批进度和结果，实现了项目审批全程可查询、可追溯。组织编制《张掖市乡镇（街道）和村（社区）政务服务事项参考目录》195项。其中，乡镇（街道）政务服务事项173项（权力类事项50项、公共服务和便民服务事项123项），村（社区）级政务服务事项22项，有效提升了企业办事便利程度。

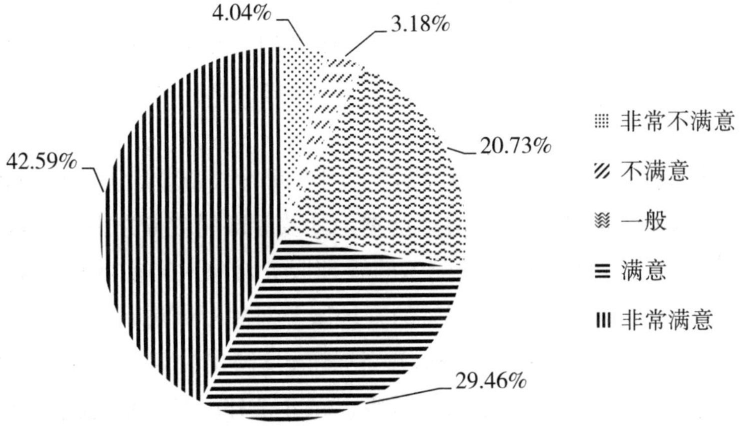

图5-6　甘肃省中小企业对办事便利满意度占比分布图

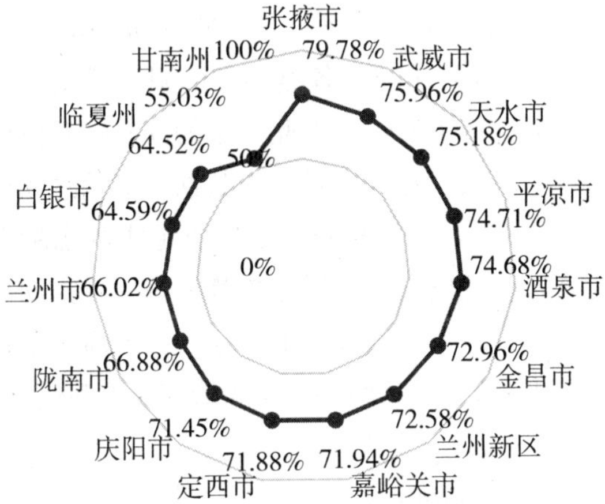

图5-7　甘肃省各地中小企业对办事便利满意度占比分布图

白银市、临夏州和甘南州位于全省最后三位，其满意度分别为64.59%、64.52%和55.03%。这也从侧面反映出甘肃省个别市（州）在今后更应坚持问题导向，针对辖区各县（市、区）、各相关部门对推进“四办”改革重视程度不够、政务服务事项动态管理不到位、“减证便民”专项行动不扎实、“一窗受理集成服务”进展缓慢、政务服务标准化水平不高、办件系统对接工作滞后等问题，要及时编发整改清单，反馈相关单位。相关单位须建立问题台账，制定整改措施并及时整改。

四、流程规范

“流程规范”指标共计1分，主要考察区域内管理服务对象对本地区政府部门政务办理流程规范性的总体满意程度。经综合测算，各市（州）“流程规范”指标平均得分为0.79分。

通过《甘肃省中小企业发展环境评估调查问卷（企业版）》中Q48-18，项目组考察了区域内管理服务对象对当前本地区政府部门政务办理流程规范程度的满意度情况。调查结果显示，69.65%的管理服务对象对当前区域内的政务办理流程规范性持满意态度，仅有7.53%的管理服务对象对当前区域内政务办理流程规范性持不满意态度（如图5-8所示）。这充分反映出甘肃省近年来在中小企业业务办理流程规范性方面取得了长足进步，尤其是甘肃税务系统把抓好“纳税服务规范”和“税收征管操作规范”落实落细作为为民服务解难题的重要举措，聚焦“最大限度便利纳税人、缴费人，最大限度规范税务人”，解痛点、疏堵点、破难点，不断提升管理服务对象对业务办理流程规范性的满意度与获得感。新《全国税务机关纳税服务规范》从减少各类办税证明、简化办税流程、压缩办理时限等方面，对现有规范进行了改进，由此带来的办税缴费体验大大提升。新实施的《税收征管操作规范》从“互联网+”“大数据”等信息化视角出发，统一业务标准，简化征管流程，简事项、简资料，更好地促进办税缴费提速减负。《全国税务机关纳税服务规范》和《税收征管操作规范》进一步推动了税费业务办理的统一化、规范化、标准化，最大限度规范了税务人，提高了税费征管效率，规范了业务办理流程，推动税收服务国家治理体系和治理能力现代化再次提质增效。

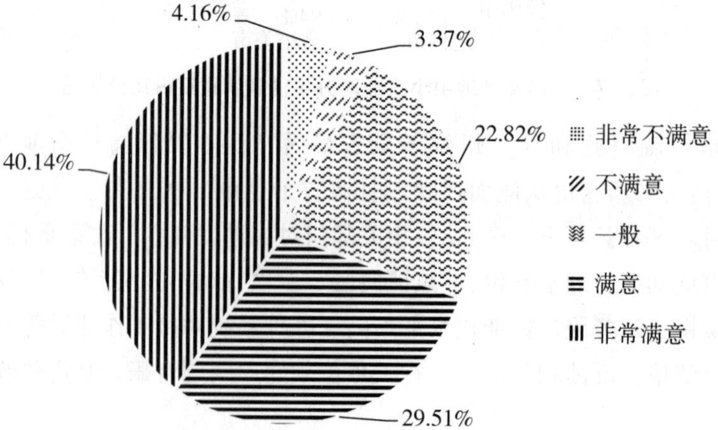

图5-8 甘肃省各地中小企业对流程规范的满意度占比分布图

从各市（州）、兰州新区的流程规范满意度分布情况来看（如图5-9所示），张掖市、兰州新区、天水市流程规范满意度位于全省前三位，分别为78.02%、74.19%和73.98%。兰州新区政务服务中心围绕解决中小企业反映强烈的办事难、办事慢、办事繁等问题，积极推行"一窗受理，集成服务"改革，尤为新颖便捷的是将三十多个职能部门的办事流程生成事项二维码并进行公示，扫描对应的二维码之后，办理事项与办理流程一目了然。目前，兰州新区科技局、社保局、商旅局、公安局等涉企行政审批职能部门都已协调入驻政务大厅，开设52个服务窗口，生成二维码的可申办政务服务事项由原来的121项增加至365项，很大程度上提升了业务办理流程的规范性。

临夏州、白银市、甘南州流程规范满意度依旧位于全省最后三位，尤其是白银市和甘南州两地流程规范性满意度仅为59.19%和53.44%。这也从侧面反映出甘肃省个别市（州）在业务办理流程规范性方面仍存在一定的提升空间。

通过调研发现，各地中小企业负责人普遍对土地审批流程规范性的意见最大。由于土地审批权限集中于省级国土部门，故而各地中小企业只能采用逐级上报审批的方式进行申请，必须要相关领导层层签字，并召开常委会会议讨论决定，而这种常委会会议又要求所有相关部门领导都在、都有时间等一系列条件均具备的情况下才能召开。"行政会议"逐渐代替审批制度，业务审批随意性大，流程规范性大大减弱。同时，在层层审批的过程中，由于甘肃省目前并未出台明确的文件规定县（区）、市级政府部门和省级政府部门审批流程和办结时限等相关内容，加之当前问责力度不断加大，最终导致各级政府部门负责人不敢轻易签字、审批。"（企业）用地报批需要县长签字，找县长但县长可能不在，那就只能等着县长啥时候在再签字。到市自然资源局，分管领导签字，主要领导签字，不签字出不来审查意见，市政府分管副市长还要签字。报到省上也是这么个签字程序，完全取决于领导在不在，而且规划审批在申报程序上没有时间限制。在法律法规的情况下，部门也没有规章制度。土地审批用内网，因为是保密的，不能对外开放。"（PL-ZL-20200708）此外，个别地区中小企业负责人反映，当前政府监管制度不健全，监管不到位，导致个别政府部门交叉执法、重复执法、随意执法现象屡见不鲜。"政策规定疫情期间对于轻微的违法不予处罚，但卫健部门先前也没有提出整改意见，来了直接开了10万的罚款单。"（QY-NX-20200618）"有些时候这种检查、督导就集中在某几家企业，搞得企业也是疲于应付，怨声载道。"（PL-KT-20200702）

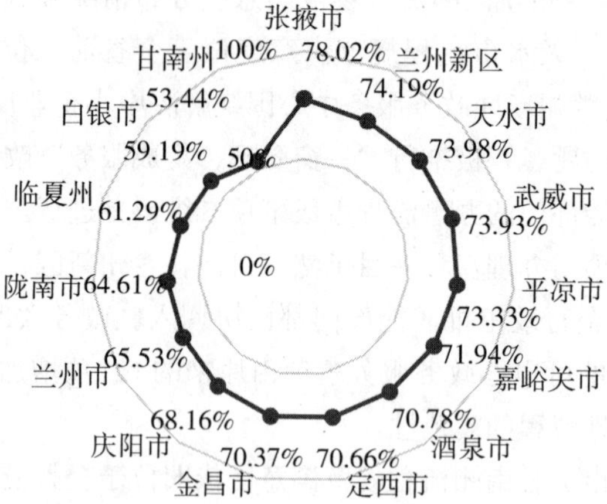

图5-9　甘肃省各地中小企业对流程规范满意度占比分布图

五、政务公开

“政务公开”指标共计1分，主要考察区域内管理服务对象对当前政府部门政务信息公开情况的总体满意程度。经综合测算，各市（州）、兰州新区“政务公开”指标平均得分为0.81分。

通过《甘肃省中小企业发展环境评估调查问卷（企业版）》中Q48-22，项目组考察了区域内管理服务对象对当前本地区政府部门政务信息公开程度的满意度情况。调查结果显示，73.15%的管理服务对象对当前本地区政府部门政务公开情况持满意态度，持不满意态度的比例仅为7.03%（如图5-10所示）。通过实地调研发现，甘肃省政务公开整体情况良好，全省14个市、州及部门政务公开推行面已达到95%以上，86个县（市、区）和乡镇全部推行了政务公开。政务公开的内容、范围不断扩大，从开始的某些单项内容逐步扩大到全方位公开，并通过投诉网站、电子邮箱、热线电话、信箱、政务微博等多种渠道接受中小企业负责人与人民群众的监督。各级政府普遍通过政务公开栏、报刊、广播、电视、网络等形式，对政府重大决策、重大建设、重大事项以及干部选拔任用、群众关心的热点问题，实行全面公开，增加透明度。通过服务中心，公开行政许可、公共服务等事项的服务项目和办事指南，既方便了企业负责人，又提高了办事效率。总体而言，各地党委、政府对政务公开工作高度重视，认识明确，推进政务公开初见成效，中小企业和人民群众对全省政务公开满意度不断提升。

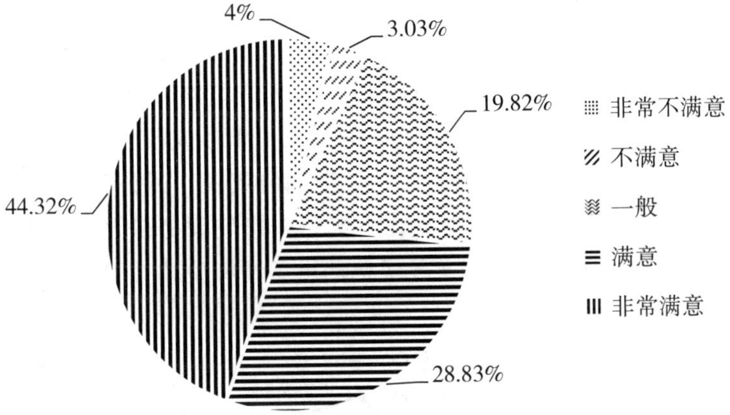

图5-10 甘肃省各地中小企业对政务公开的满意度占比分布图

从各市（州）、兰州新区的政务公开满意度分布情况来看（如图5-11所示），张掖市、武威市和酒泉市政务公开满意度位于全省前三位，比例分别为81.44%、78.43%和77.27%。其中，武威市、酒泉市等地始终坚持把政务公开作为改进政府机关领导方式、施政方式和工作作风的重要途径，精心组织，积极探索和实践，政务公开工作覆盖面不断得到拓宽。武威市、酒泉市主要做法体现在"1234"式的思路上，即高标准建设"一个中心"，打造政务公开宽广平台；切实把握领导到位和责任落实"两条主线"，创建政务公开责任机制；建立群众、主管部门和各级政务公开办事机构为监督主体的"三级网络"，形成政务公开监督体系；坚持"实""全""真""常"的公开"四条标准"，促进政务公开规范运行。张掖市、平凉市等地抓好政务公开工作具体体现在四个结合上：一是加强领导与督促检查相结合，确保政务公开工作稳步推进；二是对外公开与对内公开相结合，确保政务公开向纵深推进；三是传统方式与现代方式相结合，积极探索创新政务公开的途径和形式；四是健全制度与强化管理相结合，确保政务公开落到实处。

临夏州、兰州市和甘南州政务公开满意度则位于全省最后三位，尤其是兰州市作为甘肃省省会城市，仅有64.32%的管理服务对象对其政务公开程度持满意态度。这也从侧面反映出全省政务公开工作总体推进成绩很大、成效明显，但各市（州）发展不平衡，对政务公开工作自上而下的协调指导上力度不够，在工作的落实上标准不一，效果参差不齐。通过实地调研发现了一些原因，一是个别市（州）对外应公开的内容不全面，且避重就轻；对内应公开的不落实，有的只公开政绩，很少公开问题和失误，有的只公开做法，很少公开是否真实取得成效或存在不足。二是各地区政务中心管理机构名称、规格不统一，机构设置、人员配备、具体职能呈多样性，有的成立了专门机构，有的是临时指派和兼任。“受编制限制，我们现在政务服务大厅的都是临时人员，工作经验、学历、能力、素质等都受到一定的限制。”（PL-LT-20200704）三是未形成政务公开工作长效机制，大多数市（州）并未建立“政务公开”反馈调研或者“回头看”、绩效评估等制度，各级政务公开工作领导机构设置不统一，影响政务公开落实与整改效果。“我们1年就做1次问卷调查，好多其实就是走了过场了。”（QY-QC-20200615）

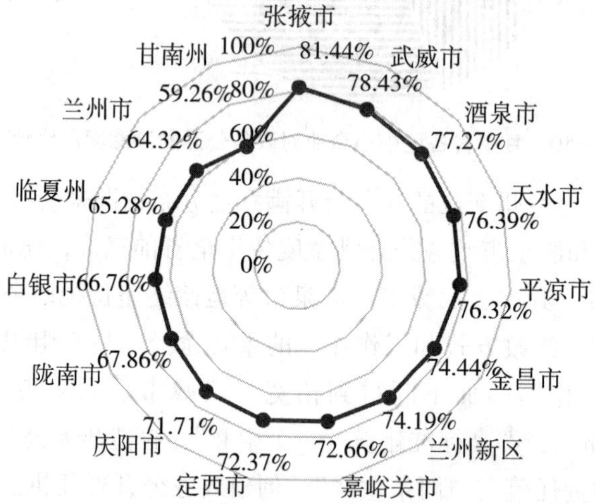

图5-11 甘肃省各地中小企业对政务公开满意度占比分布图

六、政策透明

“政策透明”指标共计1分，主要考察区域内管理服务对象对当前政府部门出台相关政策透明度的总体满意程度。经综合测算，各市（州）、兰州新区“政策透明”指标平均得分为0.8分。

通过《甘肃省中小企业发展环境评估调查问卷（企业版）》中Q48-23，项目组考察了区域内管理服务对象对当前本地区政府部门出台相关政策透明程度的满意度情况。调查结果显示，72.8%的管理服务对象对当前本地区政府部门政策透明性持满意态度，仅有7.51%的管理服务对象对政策透明持不满意态度（如图5-12所示）。从政策制定过程中企业意见吸纳渠道占比统计来看（如图5-13所示），甘肃省84.9%的政府部门采用召开企业家座谈会的形式积极征询管理服务对象的意见建议。除此之外，66.9%的政府部门则选择委托商会或者行业协会积极征求相关中小企业的意见建议，71.7%的政府部门则通过及时发布政策制定公告征询意见建议。

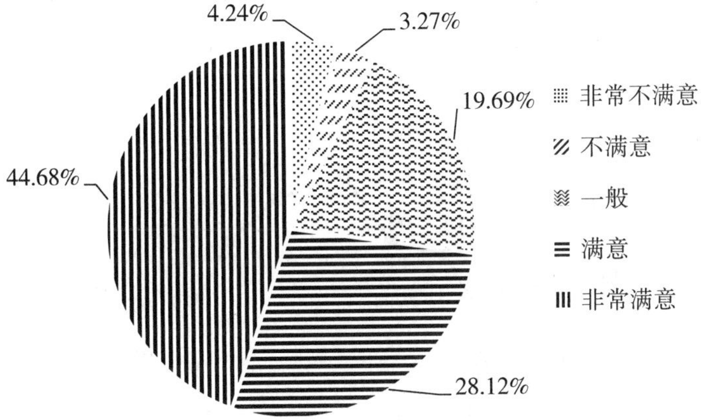

图5-12 甘肃省各地中小企业对政策透明满意度占比分布图

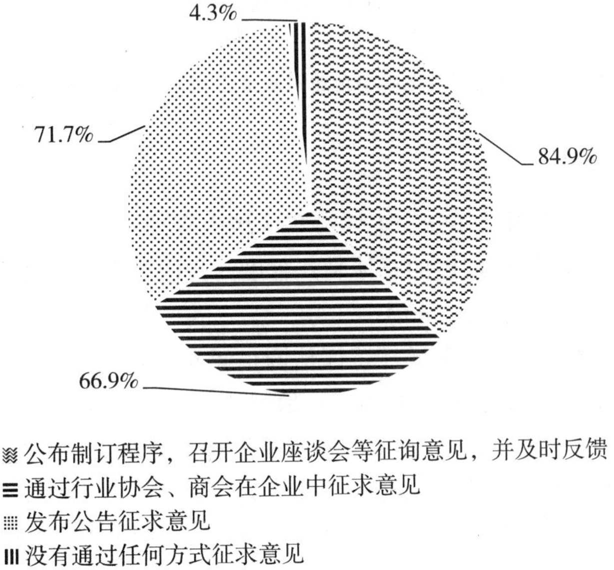

图5-13 甘肃省涉企政策制定过程中企业意见吸纳渠道占比分布图

从各市（州）、兰州新区的政策透明满意度分布情况来看（如图5-14所示），张掖市、武威市和平凉市政策透明满意度位于全省前三位，满意度分别为81.63%、78.20%和76.09%；临夏州、白银市和甘南州则位于全省最后三位，满意度分别为65.75%、64.93%和54.50%。这也从侧面反映出当前甘肃省个别市（州）在涉企政策制定中依然存在“闭门造车”“自说自话”等现象，政策制定过程中未能积极引导中小企业参与，也未能及时采用座谈会、新闻媒体等形式或载体主动征询当地中小企业管理者的意见建议，最终导致政策落地性、操作性、针对性远远不足，政策落实成为一句空话。

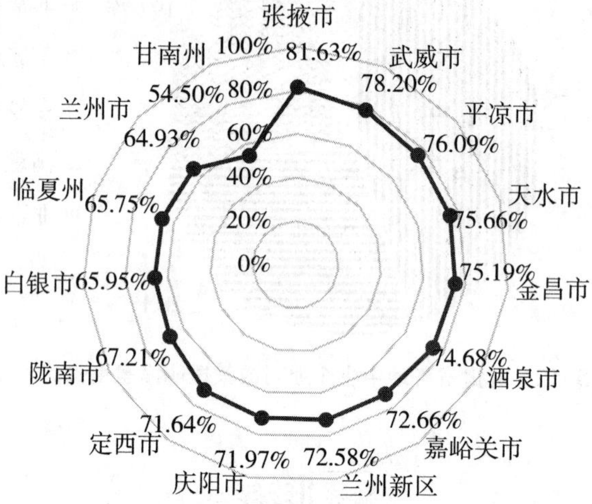

图5-14　甘肃省各地中小企业对政策透明满意度占比分布图

七、政策稳定

“政策稳定”指标共计1分，主要考察区域内管理服务对象对当前甘肃省政府部门出台的相关政策稳定性的总体满意程度。经综合测算，各市（州）、兰州新区“政策稳定”指标平均得分为0.81分。

通过《甘肃省中小企业发展环境评估调查问卷（企业版）》中Q48-24，项目组考察了区域内管理服务对象对当前本地区政府部门出台的相关政策稳定性的满意情况。调查结果显示，区域内73.17%的管理服务对象认为当前本地区关于发展环境优化和中小企业发展的相关政策稳定性较好，对政策稳定性持满意态度，仅有7.17%的管理服务对象对当前甘肃省相关政策稳定性持不满意态度（如图5-15所示）。

从各市（州）、兰州新区的政策稳定满意度分布情况来看（如图5-16所示），张掖市、武威市和天水市政策稳定满意度位于全省前三位，满意度分别为81.26%、77.08%和76.63%；临夏州、兰州市和甘南州政策稳定满意度占比则位于全省最后三位，满意度分别为66.05%、65.53%和59.79%。这也从侧面反映出甘肃省部分市（州）仍然存在“朝令夕改”“新官不理旧账”等一系列现象，导致部分惠企政策稳定性较差，难以一以贯之。通过实地调研发现，导致这些问题的主要原因在于当前各级政府部门之间缺乏有效、务实的沟通协调机制，各级政府部门成立的中小企业发展领导小组责任虚化，在政策出台落实过程中相关涉企部门依然各自为政，我行我素；加之各政府部门间信息、资源的互通共享不充分，在财税支持、融资促进等政策上存在一定程度的分散、交叉和重叠，没有完全形成齐抓共管、密切配合的合力，进一步加剧了政策的不稳定性。同时，由于目前甘肃省整体上缺乏有效的评估和问责机制，也导致相关部门出台的有些政策连贯性不够，难以持续保障和维护中小企业的合法利益。此外，近几年来全省各级政府部门间加大了干部任用交流，干部调动频繁，进而导致“新官不理旧账”的现象也时有发生。

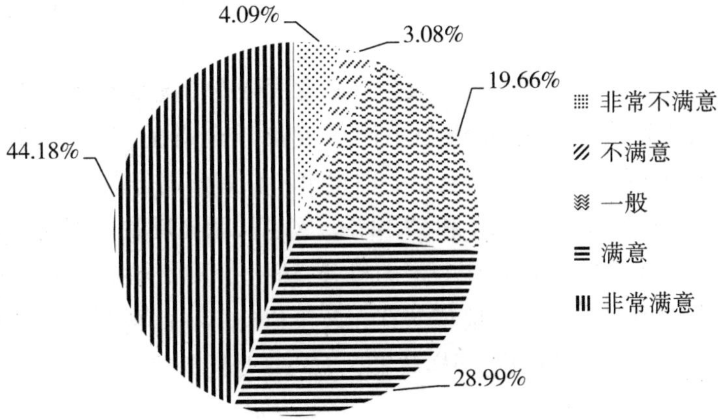

图5-15　甘肃省各地中小企业对政策稳定满意度占比分布图

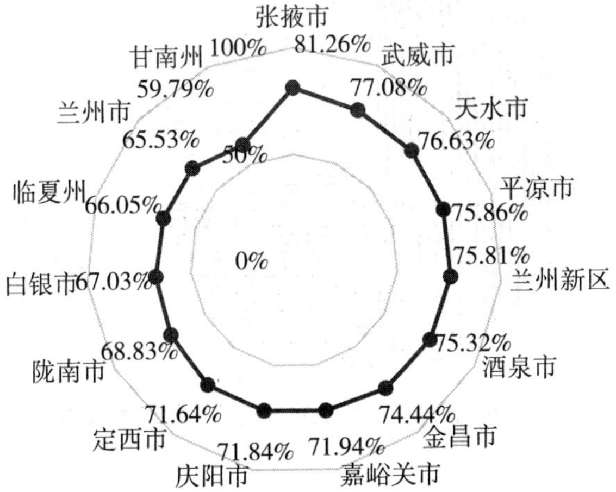

图5-16　甘肃省各地中小企业对政策稳定满意度占比分布图

八、政策公平

“政策公平”指标共计1分，主要考察区域内管理服务对象对当前甘肃省制定出台的关于中小企业发展环境相关政策公平性的总体满意程度。经综合测算，各市（州）、兰州新区“政策公平”指标平均得分为0.8分。

通过《甘肃省中小企业发展环境评估调查问卷（企业版）》中Q48-25，项目组考察了区域内管理服务对象对当前本地区政府部门出台的相关政策公平性的满意情况。调查结果显示，71.75%的管理服务对象对当前本地区政府部门制定出台的关于中小企业发展环境的相关政策公平性持满意态度，仅有7.81%的管理服务对象对政策公平性持不满意态度，认为当前政策公平性仍有所欠缺（如图5-17所示）。

从各市（州）、兰州新区的政策公平满意度分布情况来看（如图5-18所示），张掖市、武威市和平凉市政策公平满意度位于全省前三位，满意度分别为81.35%、76.40%和74.94%；临夏州、白银市和甘南州则分别位于全省最后三位，满意度分别为65.75%、61.62%和57.14%。这也从侧面反映出当前甘肃省个别市（州）在政策公平性方面仍存在一定的提升空间。例如，在调研过程中，部分市（州）中小企业负责人反映当前依然存在政策执行不一的情况，尤其是本地企业与招商引资企业有时难以执行同样政策，无法享受同等待遇。

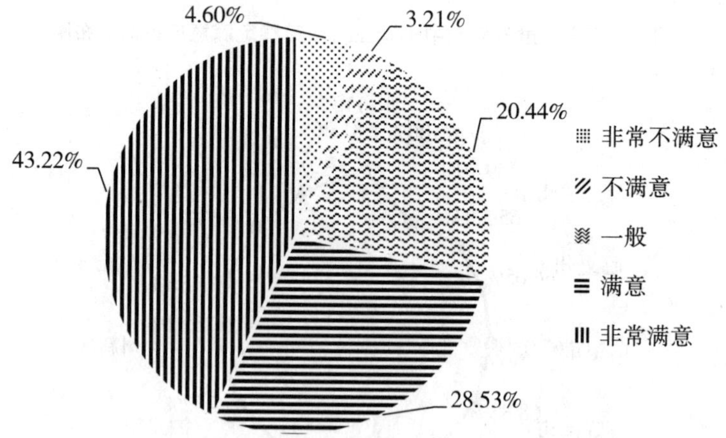

图5-17 甘肃省各地中小企业对政策公平的满意度占比分布图

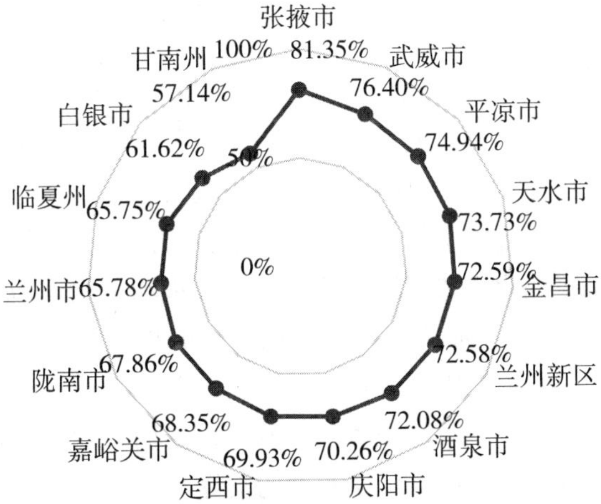

图5-18　甘肃省各地中小企业对政策公平满意度占比分布图

九、政策落实

“政策落实”指标共计1.5分，主要考察区域内管理服务对象对当前甘肃省各级政府部门就中小企业发展环境相关政策具体落实情况的总体满意程度。经综合测算，各市（州）、兰州新区“政策落实”指标平均得分为1.2分。

通过《甘肃省中小企业发展环境评估调查问卷（企业版）》中Q48-26，项目组考察了区域内管理服务对象对当前本地区各级政府部门相关政策落实情况的满意程度。调查结果显示（如图5-19所示），70.25%的管理服务对象对当前本地区各级政府部门的政策落实情况持满意态度，8.55%的管理服务对象则对当前的政策落实情况不满意，认为当地政府部门政策落实不到位。近年来，甘肃省委、省政府高度重视促进中小企业发展工作，深入贯彻落实党中央、国务院促进中小企业发展的一系列决策部署，建立健全中小企业工作组织领导机制，充实和优化领导小组成员单位组成，健全领导小组工作机制和体系，制定了《办公室工作制度》《中小企业调度工作方案》和政策落实工作台账，建立了以周调度、月报告、季总结为基础的常态化工作机制，通过电话调度、会议调度、平台调度和现场调度多种方式，协调解决中小企业发展中的难点、痛点、堵点问题；建立了领导小组办公室工作会议和联络员工作制度，每季度由办公室主任召集成员单位业务处室负责人召开办公室工作会议总结工作、研判形势、部署任务，每月召开成员单位联络员工作会议，协调推进重点工作；开设了“甘肃中小企业”微信公众号和工作群，通过信息化手段，增强成员单位间横向联动，畅通省、市（州）、县

（区）工信部门、重点企业的纵向互动，进一步提高工作效率和服务的精准度，不断提高工作实效。与此同时，领导小组办公室向成员单位、市（州）工信部门及兰州新区经济发展局制定印发了2019年中小企业工作要点、贯彻落实《中小企业促进法》的任务分工，既明确了综合性工作任务，又确定了成员单位专项工作任务，有序推进中小企业各项工作。在此基础之上，设立“96871”企业投诉热线电话和电子邮箱，公布了领导小组办公室工作热线，对热线受理问题和各市（州）、兰州新区调度企业反映问题进行了分解办理和情况反馈。领导小组办公室督导市（州）、兰州新区和成员单位设立相应企业投诉受理方式，及时核实解决企业反映的问题，切实维护中小企业合法权益。截至目前，全省中小企业工作形成了领导有力、协同得力、落实强力的良好工作局面，中小企业发展环境不断优化，为全省经济高质量发展提供了强有力的支撑。

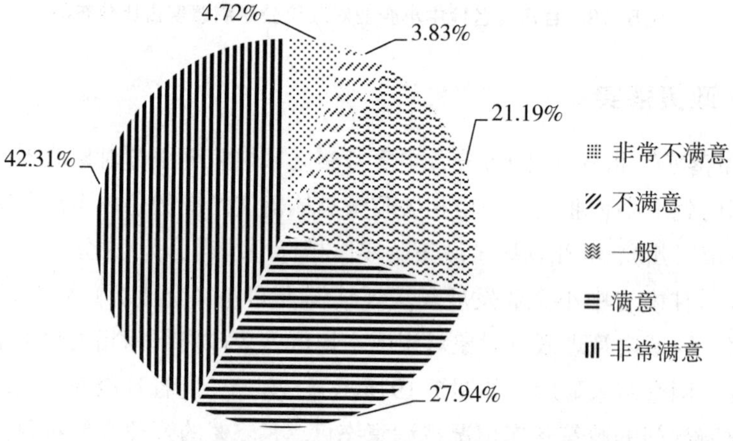

图5-19 甘肃省中小企业对政策落实满意度占比分布图

从各市（州）、兰州新区的政策落实满意度分布情况来看（如图5-20所示），张掖市、天水市、武威市政策落实情况较好，政策落实满意度位于全省前三位，满意度分别为79.32%、75.51%和73.73%；临夏州、甘南州和白银市的政策落实满意度则位于全省最后三位，满意度分别为63.29%、59.73%和53.44%。另外，从全省各个指标对比情况看，“政策落实”满意度平均值明显低于“政策公平”“政策稳定”“政策宣传”等指标的满意度均值，这说明当前政策落实不到位仍然是制约中小企业发展环境进一步优化与提升的顽疾之一。通过实地调研发现，甘肃省各市（州）、兰州新区在中小企业政策落实过程中依然存在“玻璃门”“弹簧门”“旋转门”等突出问题。一是各市（州）、兰州新区，特别是县（市、区）层面普遍存在实施细则不具体、操作性不强等现象，导致实践中无法落实。例如，疫情期间，为鼓励业主为租户减免租金，省政府提出“各地政府可采取适当方式给予补贴”，各市（州）政府部门随即出台相关文件表示“县（区）政府可采取适当方式给予补贴”。但到了县（区）层面，虽然也是按照省、市文件要求出台了相关优惠办法，但文件中却只剩“鼓励”，并没有明确规定具体补贴方式和补贴标准等。中小企业负责人普遍反映当前好多优惠政策“看得见、摸不着”，企业感受不明显。二是部分惠企政策门槛设置过高，实践中很难落实，最终导致中小企业在市场准入方面有时仍遭遇不少体制性和政策性障碍。比如，中小企业税收优惠政策，现行增值税中的免征点过低，大部分企业无从享受免征优惠。再如，起征点优惠政策限制为小规模纳税人，一般纳税人根本无法享受。还有，目前金融机构针对中小企业的贷款普遍门槛高，品种单一、额度有限，大大限制了中小企业的发展，很多民间投资即使跨过“玻璃门”进入市场，也会被金融机构融资歧视这类“弹簧门”反弹出局。此外，更多的优惠政策指向往往限于特定行业和特定区域，而将其他大部分企业则排斥在外。三是各县（市、区）普遍存在“以文件落实文件”的现象。通过实地调研发现，当前中央与省政府出台的诸多惠企政策在执行落实层面，部分市（州）及辖区内县（市、区）政府更多只是一味转发、照搬上级政府出台的相关文件，“以文件落实文件”，缺乏政策落实的有力抓手，导致一些中小企业陷入“文件始终在出台，但你始终就是享受不了”和“问题始终在解决，但始终也解决不了”的“旋转门”。

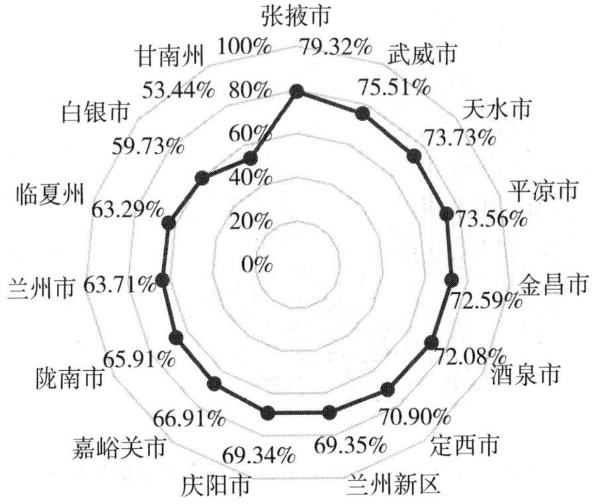

图5-20　甘肃省各地中小企业对政策落实满意度占比分布图

十、政商关系

“政商关系”指标共计1.5分，主要考察区域内管理服务对象对当前新型政商关系建设情况的总体满意程度。经综合测算，各市（州）、兰州新区“政商关系”指标平均得分为1.23分。

通过《甘肃省中小企业发展环境评估调查问卷（企业版）》中Q48-28和Q48-29，项目组综合考察了区域内管理服务对象对当前本地区新型政商关系建设情况的满意程度。调查结果显示，70.73%的管理服务对象认为当前本地区政商关系比较“亲近”（如图5-21所示），76.18%的管理服务对象则认为当前本地区政商关系比较“清白”（如图5-22所示）。2018年，甘肃省委、省政府印发《关于构建亲清新型政商关系的意见》，规范全省各级党政机关和领导干部与中小企业的交往交流，进一步促进非公有制经济健康发展、中小企业健康成长。为此，2018年全省开展“营商环境建设年”活动，对民营企业和群众反映强烈的问题进行专项治理，通过深化“放管服”改革，形成市场主体“少跑路”“不跑路”的工作流程。与此同时，甘肃省从自身问题入手，通过问责在岗不作为、甚至利用权力寻租的典型案件，倒逼政府服务效率提升，释放市场主体的活力，打好改善营商环境攻坚战，建立“亲”“清”新型政商关系，进而使全省营商环境得到根本性好转。

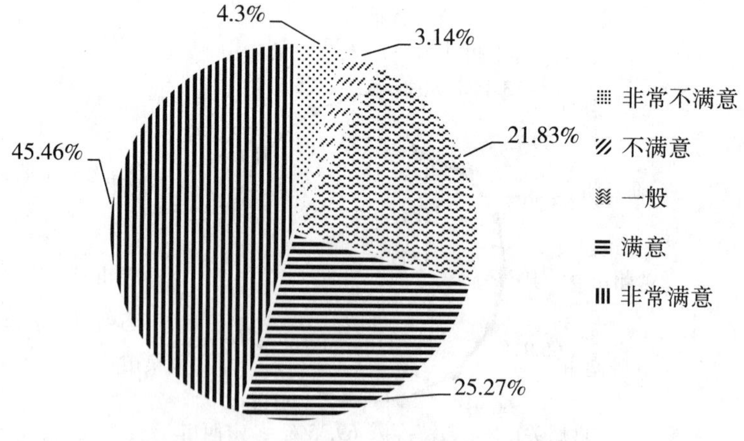

图5-21　甘肃省各地中小企业对“亲近”政商关系满意度占比分布图

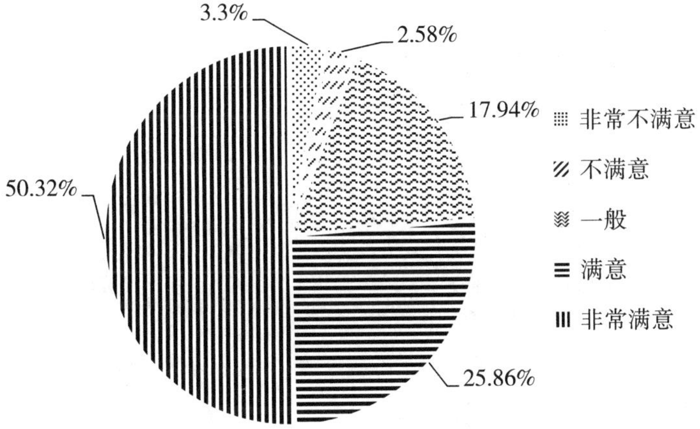

图5-22　甘肃省各地中小企业对“清白”政商关系满意度占比分布图

从各市（州）、兰州新区的“亲”“清”政商关系满意度分布情况来看（如图5-23与图5-24所示），张掖市、金昌市和兰州新区的“亲近”政商关系满意度位于全省前三位，满意度分别为79.13%、75.56%和74.19%；而“清白”政商关系满意度位于全省前三位的则为兰州新区、武威市和金昌市，满意度分别为82.26%、82.02%和80.00%。武威市先后出台《构建亲清新型政商关系实施办法》《关于进一步加强市级领导联系服务非公有制企业工作的通知》，每名市级领导联系服务2户非公企业，围绕企业在战略发展、生产经营、科技创新、企业管理、融资贷款、人才引进等方面的困难，出主意、想办法，以实际行动践行“亲”“清”新型政商关系，推动民营经济和中小企业高质量发展。同时，组织开展“走百企”、非公经济调研督查等活动，一对一、点对点开展企业复产、扩大生产、项目开工、招商引资等服务工作，并引导民营企业家爱国敬业、守法经营、自觉履行社会责任，积极参与到“百企帮百村”助力脱贫攻坚行动中，树立企业良好形象。定西市坚持问题导向，灵活运用“123”工作法，推动构建“亲”“清”新型政商关系，全力保障全市中小企业健康发展。其中，“1”是指建立市纪委监委领导班子成员联系企业制度。市纪委监委每个班子成员联系2至3个民营企业，每年走访企业不少于2次。同时，通过向相关职能部门了解全市民中小企业基本情况，进一步摸清了中小企业底数，为开展调研和检查奠定了基础。“2”是指开展两次活动——一次营商环境专题调研活动和一次专项检查。通过开展专题调研和监督检查，了解各项政策措施落实情况。“3”是指建立三项长效机制——纪委监委阳光监督进企业机制、监管部门阳光服务进企业机制和解决中小企业经济发展堵点问题挂牌销号机制。通过建立三项长效机制，定期不定期走访企业，征询意见建议，及时掌握企业需求，为全市中小企业健康发展保驾护航，推动构建“亲”“清”新型政商关系。

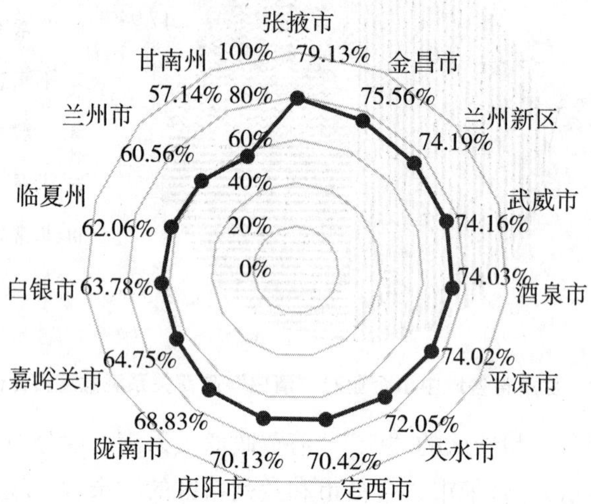

图5-23　甘肃省各地中小企业对亲近政商关系满意度占比分布图

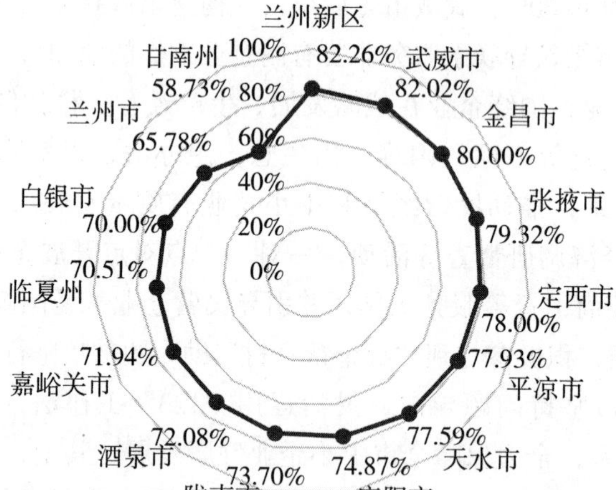

图5-24　甘肃省各地中小企业对清白政商关系满意度占比分布图

“亲近”政商关系满意度位于全省后三位的市（州）为临夏州、兰州市和甘南州，满意度分别为62.06%、60.56%和57.14%；“清白”政商关系满意度占比位于全省后三位的则为白银市、兰州市和甘南州，满意度分别为70%、65.78%和58.73%。同时，各市（州）“清白”政商关系的满意度要略高于“亲近”政商关系满意度。这也从侧面反映出当前甘肃省各市（州）、兰州新区在“亲”“清”政商关系构建中仍存在“亲”而不“清”或“清”而不“亲”等问题。一方面，自党的十八大以来，相关政府部门严格监督执纪，持续大力查处腐败案件，严格落实问责制度，有效扭转了各级政府部门领导干部和工作人员的工作作风，“清白”政商关系满意度指数不断提升。但是，个别市（州）权力寻租的风险依然存在，导致政商关系“亲”而不“清”。另一方面，在政商关系进一步“清”的同时，一些基层政府领导干部和工作人员往往摆出“躲”“疏”的态度，对中小企业“敬而远之”，为求“干净”规避沟通联系，形成了新的工作壁垒，政商关系“清”而不“亲”的问题逐渐暴露。“有些政府官员与我们企业家离得远远的，‘亲’‘清’政商关系没法体现，‘心中那堵墙’还没有完全拆除。”（PL-HT-20200706）在实地调研中，项目组发现这种现象的发生有三个方面的原因。一是由于当前问责制度与容错机制不健全，“不能”“不得”的禁止性规范出台多，“可以”“应该”的指引性规范出台少，基层政府一些领导干部把握不好与企业交往的分寸，为了避免不必要的麻烦，干脆舍“亲”而保“清”，故而在实际工作开展过程中怀揣“不求有功、但求无过”和“不干事就不出事”的心态，对中小企业反映的问题和遇到的困难要么熟视无睹，无所作为；要么消极应付，不愿担当。“现在企业要办理个什么手续，经办人员没有领导的签字坚决不办，就是害怕最后出了问题担责任。”（QY-NX-20200618）二是政策执行推诿扯皮、落地困难的问题仍然存在。在实地调研过程中，中小企业负责人普遍反映，当前对政府部门“多个婆婆管一个媳妇”的交叉管理模式感觉疲惫，行政审批部门之间互相推诿，互设审批前置条件。政务服务中心“一站式”受理做到了，但权力没有放，大厅窗口人员多为“收发员”，不少审批事项只是换了个“外衣”，审批中的各种“要件”、程序和环节还是关卡林立，一件小事要企业跑好多遍，报个项目，还是要盖多个章，耗费企业大量财力和精力，延误了市场机遇。部分实施细则不具体、操作性不强或门槛设置过高，实践中很难落实。“市里一个行政部门提供了10多项扶持项目，但我们一一比对后发现，限制条件太多，门槛太高，没有一项可以享受到，但你又不能说人家没出台优惠政策。”（PL-LT-20200704）三是一些隐形收费、间接成本的问题还存在。一些中小企业反映，在承受各种收费和支出的压力面前，有苦无处诉，觉得与政府难以亲近，政商关系越来越远。某些涉企部门尽管在收费项目上有了减少，但转嫁为第三方收费，实际上企业负担并没有减轻，企业生产成本加大。还有一些涉及质量检测、消防生产、产品审验、环评、安评等方面的收费极高，让中小企业难以承受。对于企业困难，政府及有关部门存在选择性服务现象，貌似在管，其实都没有管，缺乏有效的评估和问责机制。缺乏持续保障和维护企业合法利益，出台的有些政策连贯性不够，缺乏有力的支持、帮扶手段。行政执法部门对企业多头检查，重罚款、轻管理、重收费、轻服务，以罚代管、罚而不管，还有一些基层一线工作人员罚款自主性大，经常按上限规定执行，造成企业负担过重。

第六章　总体评价结果及排名

一、甘肃省中小企业发展环境整体评价结果分析

本次甘肃省中小企业发展环境评价主要围绕政务服务环境、政策环境、财税支持、融资环境、创新创业环境、公共服务环境、新型政商关系、工作机制、社会满意度9个维度展开。

从各维度综合平均得分来看，甘肃省中小企业发展在政务服务环境、政策环境两个一级指标得分率较高，分别为91.44%、82.96%；相较而言，创新创业环境、财税支持、融资环境三个一级指标得分距离满分有较大差距，得分率分别为49.62%、57.08%、57.95%（如图6-1所示）。

表6-1　甘肃省中小企业发展环境评估指标各维度总体得分情况

指标维度	指标总分	综合平均分	市(州)、兰州新区平均分	市(州)、兰州新区标准差	县(市、区)平均分	县(市、区)标准差
政务服务环境	15	13.72	14.1	0.23	13.33	1.17
政策环境	12	9.95	10.53	0.69	9.38	1.29
财税支持	10	5.71	6.48	1.09	4.94	1.63
融资环境	10	5.79	7.01	1.15	4.58	1.92
创新创业环境	12	5.95	7.84	0.97	4.07	1.57
公共服务环境	12	7.96	9.04	0.62	6.89	1.88
新型政商关系	6	4.67	5	0.54	4.33	1.18
工作机制	11	8.31	8.61	0.78	8.01	1.56
社会满意度	12	9.58	9.63	0.35	9.52	0.78

注：综合平均分=市（州）、兰州新区平均分×50%+县（区）平均分×50%。

从各市（州）及所辖县（区）、兰州新区在不同维度上的综合得分情况来看（如表6-2所示），各地在财税支持和融资环境两个维度上的得分差异较大，这两个维度标准差值均为1.15，这说明在落实中小企业财税支持和融资环境工作过程中，省内各地区之间还不同程度地存在“上下不一、标准不齐和效果各异”的情况。相对而言，公共服务环境、创新创业环境、工作机制和政策环境四个维度上的差异性则处于中间状态，这四个维度标准差值分别为0.89、0.88、0.85和0.76。政务服务环境和社会满意度维度在各市（州）以及所辖县（区）、兰州新区之间的差异相对最小，这两个维度标准差值分别为0.49与0.33，这说明全省各级政府在落实政务服务等工作过程中严格遵照“标准一致、口径一致、宽严一致”的原则，努力为全省中小企业提供便企服务，有效提升了中小企业的获得感和满意度。

表6-2　甘肃省各地中小企业发展环境各指标维度综合得分情况

市(州)、区	政务服务环境15分	政策环境12分	财税支持10分	融资环境10分	创新创业环境12分	公共服务环境12分	新型政商关系6分	工作机制11分	社会满意度12分	总分100分
兰州市	14.36	11.30	5.58	6.68	7.99	9.33	5.04	8.20	9.67	78.14
张掖市	14.41	10.23	6.21	6.58	6.87	8.80	5.18	8.71	10.18	77.18
酒泉市	13.27	9.87	7.67	6.96	6.58	8.43	4.73	9.22	9.66	76.39
兰州新区	14.15	11.00	5.40	6.60	6.43	9.05	4.81	8.95	9.74	76.12
嘉峪关市	13.52	9.88	7.67	6.46	6.50	8.48	4.67	8.57	9.68	75.44
定西市	13.64	10.41	5.38	6.22	6.42	8.75	4.30	9.29	9.72	74.12
平凉市	13.84	10.01	5.33	5.29	6.05	8.40	5.29	9.93	9.63	73.76
武威市	13.59	9.07	5.77	6.88	5.79	8.30	5.05	7.71	10.08	72.24
金昌市	13.81	11.10	7.23	4.46	5.85	7.89	5.42	6.65	9.54	71.93
天水市	14.01	9.25	7.32	6.07	5.88	6.89	5.19	7.44	9.80	71.85
白银市	14.29	8.82	5.21	6.28	5.44	9.00	4.54	8.13	9.27	70.97
临夏州	14.01	10.84	4.89	6.55	5.23	7.13	5.13	7.83	9.20	70.81
庆阳市	12.63	9.39	5.01	6.77	6.10	7.80	4.60	8.92	9.56	70.78
陇南市	13.78	9.37	5.43	3.45	4.17	7.07	3.69	7.29	9.42	63.66

续表6-2

市(州)、区	政务服务环境15分	政策环境12分	财税支持10分	融资环境10分	创新创业环境12分	公共服务环境12分	新型政商关系6分	工作机制11分	社会满意度12分	总分100分
甘南州	12.91	9.55	3.42	3.42	4.74	6.13	4.12	7.87	8.80	60.95
平均分	13.75	10.01	5.83	5.91	6.00	8.10	4.78	8.31	9.60	72.29
标准差	0.49	0.76	1.15	1.15	0.88	0.89	0.46	0.85	0.33	4.58

从图6-1可以更加直观地看出，甘肃省中小企业发展环境整体呈现非均衡发展态势。具体而言，各市（州）、兰州新区在政务服务环境、政策环境两个维度普遍得分较高，显著领先于其他维度。

在政务服务环境维度，全省平均得分率为91.44%。各地党委和政府贯彻落实党中央、国务院、省委和省政府关于优化营商环境的政策文件精神，特别是在建立公平竞争审查工作机制、推行“双随机、一公开”监管、提升和优化政务服务水平、压缩企业开办时间与成本等方面取得一定成效，从推动政府简政放权、营造公平市场环境等多个方面有效优化了投资环境、激发了市场主体活力。但是，各市（州）、兰州新区在放宽和规范市场准入、中小企业权益保护等方面工作还有待加强。例如，在清理拖欠民营企业中小企业账款方面，截至2020年6月30日，只有兰州市、白银市、酒泉市、陇南市、嘉峪关市、甘南州已完成无分歧欠款全部“清零”的目标任务，清偿进度为100%。其他市（州）、兰州新区在清欠账款方面的工作任务仍然艰巨。

在政策环境维度，全省平均得分率为82.96%。各市（州）、兰州新区均出台并颁布了较为完善的产业政策、财税政策、金融政策、创新创业政策、服务政策、疫情期间复工复产政策，政策支持体系较为健全，制度建设较为完善。但是，在政策宣传方面，存在广度与深度不足等问题。从企业感知来看，张掖市、平凉市、武威市、嘉峪关市对政策的解读、宣传效果良好，而甘南州、临夏州、白银市和陇南市的政策宣传指标得分较低。

各市（州）、兰州新区在社会满意度、新型政商关系、工作机制、公共服务环境等维度得分趋于中等偏上水平。在中小企业满意度维度，全省平均得分率为79.80%。一方面，各地中小企业问卷回收情况差异显著，张掖市、天水市、临夏州问卷回收率达到100%，而酒泉市、嘉峪关市、兰州新区、兰州市调查问卷回收率偏低。另一方面，中小企业家对甘肃省中小企业发展环境的满意度平均得分为9.58分（满分12分），满意度有待提升。

在新型政商关系维度，全省平均得分率为77.76%。各地政府在政商沟通和宣传教育方面做了大量探索与尝试，通过召开企业家座谈会、走访企业、畅通中小企业沟通渠道等多种方式推动“亲”“清”新型政商关系构建，并积极宣传先进企业家事迹，营造“尊商、爱商”的中小企业发展氛围。但是，从企业感知的角度来看，政府在中小企业落实政策扶持、解决企业现实困难、采纳企业建设性意见和合理诉求等方面，仍有待进一步凝聚共识、协同推进。

工作机制维度全省平均得分率为75.53%。各地均成立了促进中小企业发展领导小组，在制度上建立部门间合作机制，召开中小企业相关工作联席会。但是，在具体实践层面，各市（州）、兰州新区领导小组在工作督查、中小企业信息管理制度设立等方面的工作效果仍有待提升。

公共服务环境维度全省平均得分率为66.37%。经过较长时间的投入与发展，各市（州）、兰州新区在提供中小企业发展所需的公共基础设施、开展中小企业信用培育等方面取得一定成效，但是在中小企业信息化建设、云制造与云服务平台建设、智能制造能力提升、对外合作交流等方面仍存在欠缺，这些方面的工作能力有待提升。

相较而言，各市（州）、兰州新区在融资环境、财税支持、创新创业环境三个维度得分较低。

融资环境维度全省平均得分率为57.95%。其中，兰州新区、定西市、庆阳市得分率在全省领先。融资环境维度的4个二级指标中，失分较多的是融资渠道和融资服务维度。因此，各市（州）、兰州新区在融资渠道多样化和融资产品支持力度等方面有待持续改善。

财税支持维度全省平均得分率为57.08%。各市（州）、兰州新区对中小企业的税收减免优惠政策落实到位，纳税办理的政务服务也得到持续优化；同时，对“专精特新”企业、特色产业、PPP项目等重点领域扶持力度持续加大。然而，各市（州）、兰州新区对中小企业财政支持力度仍显薄弱，除天水市、金昌市、武威市等少数地区按照相关要求在本级财政预算中安排中小企业发展专项资金，其余地区均未设立中小企业发展专项资金。此外，各地在中小企业发展基金设立方面也存在数量和质量上的差异，基金使用管理、运作模式等仍有待进一步规范。

创新创业环境维度全省平均得分率为49.62%。各市（州）、兰州新区在支持中小企业科技创新、培育“专精特新”企业及高新技术企业、开展品牌塑造和品牌宣传等方面投入不一，在中小企业科技成果转化率、专利申请数量等方面存在较大差异，整体呈现薄弱化发展态势。

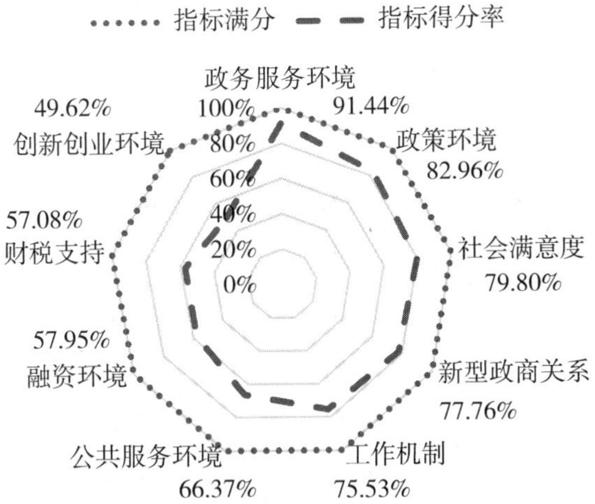

图6-1 甘肃省中小企业发展环境评估指标各维度综合得分情况

二、甘肃省各市（州）、兰州新区中小企业发展环境评价得分及排名

甘肃省中小企业发展环境综合平均得分为72.29分，标准差为4.58（如表6-2所示）。这说明各市（州）、兰州新区综合得分差异性相对较大。具体而言，兰州市、张掖市、酒泉市综合得分位于全省前3名，分别为78.14分、77.18分和76.39分；兰州新区、嘉峪关市、定西市、平凉市、武威市、金昌市、天水市、白银市、临夏州则分别位于全省第4至12名；甘南州、陇南市、庆阳市分别位于全省倒数第1至3名（如表6-3和6-4所示）。从区域分布来看，河西地区各市表现较为突出，中部地区除兰州市以外，其余市（州）和兰州新区表现较为一般，特别是南部地区的甘南州、陇南市及陇东地区的庆阳市整体表现差强人意。

表6-3 甘肃省各地中小企业发展环境综合得分及排名

市(州)、区	综合排名	综合得分	市(州)、区 本级得分	所辖县(市、区) 平均得分
兰州市	1	78.14	81.13	75.16
张掖市	2	77.18	81.95	72.41
酒泉市	3	76.39	81.72	71.05
兰州新区	4	76.12	80.20	72.04*

续表6-3

市(州)、区	综合排名	综合得分	市(州)、区本级得分	所辖县(市、区)平均得分
嘉峪关市	5	75.44	79.82	71.05**
定西市	6	74.12	80.84	67.41
平凉市	7	73.76	78.93	68.59
武威市	8	72.24	79.37	65.11
金昌市	9	71.93	76.88	66.98
天水市	10	71.85	79.31	64.39
白银市	11	70.97	76.30	65.63
临夏州	12	70.81	75.62	66.00
庆阳市	13	70.78	76.05	65.52
陇南市	14	63.66	74.63	52.70
甘南州	15	60.95	70.76	51.13

注：综合评分计算模型：各市（州）综合得分R=市（州）本级得分×50%+所辖县（区）平均得分×50%。

* 兰州新区没有下设县（区），项目组综合考量后选用永登县的数据作为此处计算数据。

** 嘉峪关市没有下级县（区），项目组综合考量后选用酒泉市的数据作为此处计算数据。

表6-4 甘肃省各地中小企业发展环境各指标维度得分情况

市(州)、区	政务服务环境15分	政策环境12分	财税支持10分	融资环境10分	创新创业环境12分	公共服务环境12分	新型政商关系6分	工作机制11分	社会满意度12分	总分100分
张掖市	14.41	9.81	6.60	7.57	9.82	9.06	5.27	9.20	10.21	81.95
酒泉市	13.90	10.62	8.00	7.60	8.10	9.30	4.73	9.80	9.67	81.72
兰州市	14.40	11.52	5.99	7.90	9.45	9.40	5.00	7.70	9.77	81.13
定西市	13.78	11.30	6.99	8.08	8.14	9.43	5.30	8.00	9.82	80.84
兰州新区	14.00	11.50	6.50	8.60	7.85	9.00	3.61	9.20	9.94	80.20
嘉峪关市	14.40	10.65	8.00	6.60	7.95	9.40	4.60	8.50	9.72	79.82
武威市	13.89	9.61	6.49	7.14	8.16	10.10	5.54	8.40	10.04	79.37
天水市	13.98	10.08	8.00	7.27	8.75	7.60	5.44	8.37	9.83	79.31

续表6-4

市(州)、区	政务服务环境15分	政策环境12分	财税支持10分	融资环境10分	创新创业环境12分	公共服务环境12分	新型政商关系6分	工作机制11分	社会满意度12分	总分100分
平凉市	14.09	10.73	6.00	6.50	6.70	9.38	5.75	10.00	9.78	78.93
金昌市	14.23	11.15	7.80	4.79	8.10	8.90	5.37	7.00	9.54	76.88
白银市	14.27	9.49	5.30	7.38	7.58	9.80	4.77	8.40	9.31	76.30
庆阳市	13.88	10.02	5.50	8.07	6.94	8.29	4.40	9.30	9.65	76.05
临夏州	14.19	10.97	5.00	7.43	6.78	8.24	5.34	8.50	9.17	75.62
陇南市	14.32	10.90	6.50	5.64	6.72	8.87	4.51	7.90	9.27	74.63
甘南州	13.71	9.56	4.48	4.57	6.52	8.80	5.42	8.90	8.79	70.76
平均分	14.10	10.53	6.48	7.01	7.84	9.04	5.00	8.61	9.63	78.23
标准差	0.23	0.69	1.09	1.15	0.97	0.62	0.54	0.78	0.35	3.02

进一步分析来看，兰州市、张掖市、酒泉市综合得分之所以位列全省前3名的主要原因是这3个市无论是本级中小企业发展环境得分，还是所辖县（区）中小企业发展环境平均得分都位于前列（如表6-5和表6-6所示）。兰州市本级排名第3，所辖县（区）平均得分排名第1；张掖市本级排名第1，所辖县（区）平均得分排名第2；酒泉市本级排名第2，所辖县（区）平均得分排名第3。值得注意的是，张掖市在政务服务环境、创新创业环境、满意度3个维度领跑全省，中小企业发展环境综合优势较为明显，中小企业满意度较高。其中，张掖市于2015年6月被列为全国首批15个小微企业创业创新基地城市示范行列。自此，张掖市通过优惠政策和优质服务形成创业创新的独特竞争优势，为中小企业发展壮大和提质增效提供了有力支撑。酒泉市在财税支持、工作机制维度得分较高。兰州市在政务服务环境、政策环境、创新创业环境维度均位于全省前列，凭借省会城市的带动作用和资源聚集的区位优势，再加之中小企业数量相对较多，已在人才服务、科技投入等方面形成优势。

兰州新区、嘉峪关市、定西市、平凉市、武威市、金昌市、天水市、白银市、临夏州因本级中小企业发展环境得分和所辖县（区）中小企业发展环境平均得分均位列中段，因此其综合得分位于全省中间名次。例如，定西市本级排名第4，所辖县（区）平均得分排名第5；武威市本级排名第7，所辖县（区）平均得分排名第10；临夏州本级排名第13，所辖县（区）平均得分排名第7。

需要说明的是在此次评估中，对兰州新区按照市（州）指标标准进行打分、排名。由于受制于兰州新区自身人口基数、发展基础等限制，个别排名指标得分较为靠后。但兰州新区在政策环境、融资环境、满意度3个维度均位于全省前3位。

相比较而言，陇南市、甘南州无论在本级中小企业发展环境排名中，还是在所辖县（区）中小企业发展环境排名中均处于末尾。陇南市本级排名第14，所辖县（区）平均得分排名第12；甘南州本级排名第15，所辖县（区）平均得分排名第13。尽管这两个市（州）在政务服务环境、政策环境等方面也取得一定成效，但是在公共服务环境、创新创业环境、融资环境等方面仍需进一步深化改革。

综合分析可知，评估排名靠前的3个市具有三个方面的发展特点。一是政务服务环境、政策环境等多个维度呈现较为均衡的发展态势，已形成相对完备的中小企业发展环境支撑体系；二是有持续的财税支持和稳中有进的融资服务体系，在减少中小企业税费负担、为中小企业提供资金支持方面具有相对优势；三是形成了宽松良好的创新创业环境，为中小企业高质量发展提供了基本依托。

表6-5 甘肃省中小企业发展环境市（州）、兰州新区本级得分及排名

市(州)、区	市(州)、区本级排名	市(州)、区本级得分
张掖市	1	81.95
酒泉市	2	81.72
兰州市	3	81.13
定西市	4	80.84
兰州新区	5	80.20
嘉峪关市	6	79.82
武威市	7	79.37
天水市	8	79.31
平凉市	9	78.93
金昌市	10	76.88
白银市	11	76.30

续表6-5

市(州)、区	市(州)、区本级排名	市(州)、区本级得分
庆阳市	12	76.05
临夏州	13	75.62
陇南市	14	74.63
甘南州	15	70.76

表6-6　甘肃省中小企业发展环境市（州）所辖县（区）平均得分及排名

市(州)	县(市、区)平均得分排名	县(市、区)平均得分
兰州市	1	75.16
张掖市	2	72.41
酒泉市	3	71.05
平凉市	4	68.59
定西市	5	67.41
金昌市	6	66.98
临夏州	7	66.00
白银市	8	65.63
庆阳市	9	65.52
武威市	10	65.11
天水市	11	64.39
陇南市	12	52.70
甘南州	13	51.13

注：兰州新区、嘉峪关市不参与县（区）排名。

从整个县（区）层面来看，县（区）平均得分为65.0，标准差为8.52，表明86个县（区）中小企业发展环境差异性较大（如表6-7和图6-2所示）。

其中，27个县（区）中小企业发展环境评分在70分（含）以上，最高分为79.35；排名前10的县（区）分别为城关区、玉门市、甘州区、七里河区、陇西县、崆峒区、泾川县、安定区、西固区、榆中县；其中，排名前10的县（区）中省会兰州市所属县（区）占比为40%，定西市、平凉市所属县（区）占比各为

20%，酒泉市、张掖市所属县（区）占比各为10%。通过分析不难发现，这10个县（区）的县域经济综合实力较强，具体体现在三个方面：一是具有较为优越的区位和交通优势，形成具有相对优势的中小企业发展硬环境，例如城关区、七里河区；二是有较为良好的资源支撑和工业基础，例如陇西县、西固区；三是借力“一带一路”等国家发展战略布局，具有转型升级的后发优势，例如玉门市。

35个县（区）中小企业发展环境评分在60～70分之间，17个县（区）中小企业发展环境评分在50～60分之间，7个县（区）中小企业发展环境评分在50分以下。全省排名最后10位的县（区）分别为两当县、夏河县、成县、卓尼县、徽县、临潭县、宕昌县、武都区、碌曲县、玛曲县，主要分布在甘南州和陇南市。这些县（区）支撑中小企业发展环境的历史基础、区位交通、人才支持等方面竞争力均不强，存在较为明显的劣势。与此同时，支持中小企业发展的各类软环境也有待持续改善。

总之，全省各市（州）、兰州新区政府均能认真贯彻党中央、国务院精神、准确把握省委、省政府政策意图，在优化中小企业发展环境方面开展了一系列工作，不少地区的发展环境正在发生积极变化。但是，必须清醒地认识到，省内也有个别地区在促进中小企业发展环境方面视野局限、认识不足、投入不够、措施不力、效果不佳，中小企业发展环境仍未得到明显的改善和优化，必须引起相关政府的高度重视。

通过此次评估，项目组发现全省各地在营造中小企业发展环境方面存在着一些共性问题。例如，涉及中小企业发展的“放管服”改革滞后、保障中小企业平等参与市场竞争方面发力不足、行政执法中仍存在着过度与不当之处、中央与地方政府的各项惠企政策（尤其是财政支持政策）需要进一步落实、地方政府服务中小企业高质量发展的综合能力有待提升等。各市（州）、各县（市、区）、兰州新区相关部门必须要对这些问题高度关注和重视，以更加坚决的态度采取有效措施加以应对，构建中小企业发展的优质环境，推动中小企业健康、平稳发展。

表6-7 甘肃省各县（市、区）中小企业发展环境各维度综合得分及排名

排名	县(市、区)名称	政务服务环境	政策环境	财税支持	融资环境	创新创业环境	公共服务环境	新型政商关系	工作机制	社会满意度	合计
1	城关区	14.30	11.50	5.60	7.40	7.50	9.90	4.90	8.70	9.55	79.35
2	玉门市	13.40	10.10	7.00	9.00	6.10	8.50	4.87	9.00	9.72	77.69
3	甘州区	14.47	10.72	7.00	7.77	4.35	8.96	5.52	8.30	10.46	77.55

续表6-7

排名	县（市、区）名称	政务服务环境	政策环境	财税支持	融资环境	创新创业环境	公共服务环境	新型政商关系	工作机制	社会满意度	合计
4	七里河区	14.10	10.40	5.80	7.50	7.45	9.20	4.40	8.70	9.62	77.17
5	陇西县	13.40	9.01	5.90	6.50	5.00	10.25	5.00	11.00	10.65	76.71
6	崆峒区	14.10	10.20	6.00	7.00	5.41	8.40	5.41	10.40	9.70	76.62
7	泾川县	13.65	9.82	6.00	5.50	8.08	8.20	4.75	9.90	10.03	75.93
8	安定区	13.55	9.76	3.78	5.85	6.00	9.30	5.88	11.00	10.54	75.66
9	西固区	14.50	11.40	5.30	4.10	6.95	9.20	5.80	8.70	9.63	75.58
10	榆中县	14.20	11.40	5.60	4.60	6.85	9.20	4.70	8.70	9.59	74.84
11	金塔县	13.40	9.11	10.00	5.40	5.70	7.90	5.00	8.00	9.73	74.24
12	皋兰县	14.40	11.50	5.60	6.00	5.70	8.30	4.50	8.70	9.54	74.24
13	安宁区	14.40	11.38	5.44	4.40	6.90	8.70	4.60	8.70	9.51	74.03
14	红古区	14.40	10.50	3.70	5.00	5.90	10.40	5.80	8.70	9.63	74.03
15	民乐县	14.33	10.64	6.00	6.45	3.64	8.41	5.54	8.80	9.92	73.73
16	敦煌市	12.90	9.62	6.90	4.80	6.70	9.00	5.00	9.00	9.75	73.67
17	临洮县	13.90	10.36	7.28	6.20	4.70	8.90	2.70	10.20	9.37	73.61
18	华池县	13.01	10.06	4.68	6.10	4.82	8.40	5.61	10.60	9.70	72.98
19	肃州区	13.40	10.13	8.50	6.10	4.60	7.30	4.70	8.50	9.67	72.90
20	山丹县	14.19	10.71	5.00	5.72	4.98	8.75	4.73	8.30	10.37	72.75
21	华亭市	13.65	10.22	4.50	4.10	4.97	9.10	5.18	11.00	9.72	72.44
22	金川区	14.40	11.03	8.30	4.63	4.22	7.25	5.50	7.20	9.60	72.13
23	永登县	14.30	10.50	4.30	4.60	5.00	9.10	6.00	8.70	9.54	72.04
24	民勤县	14.15	9.06	5.00	7.76	3.78	7.80	4.90	9.80	9.32	71.57
25	瓜州县	12.30	9.10	7.50	6.80	4.20	8.30	4.80	8.50	9.59	71.09
26	临泽县	14.46	10.65	4.50	4.75	3.64	8.94	5.41	8.30	10.21	70.86
27	肃南县	14.48	10.59	6.49	4.78	3.59	7.61	5.25	7.80	10.15	70.74
28	临夏市	14.20	10.98	5.40	6.09	4.08	7.44	5.06	7.40	9.23	69.88

续表6-7

排名	县(市、区)名称	政务服务环境	政策环境	财税支持	融资环境	创新创业环境	公共服务环境	新型政商关系	工作机制	社会满意度	合计
29	古浪县	13.83	8.45	5.00	6.18	3.57	8.10	4.58	9.60	10.31	69.62
30	临夏县	14.66	11.36	4.40	5.32	4.73	7.50	5.25	7.50	8.85	69.57
31	静宁县	13.80	10.02	3.80	3.90	4.40	8.20	5.28	10.60	9.39	69.39
32	靖远县	14.28	8.77	5.18	6.47	3.56	8.80	4.52	8.70	8.91	69.19
33	会宁县	14.21	8.32	5.19	5.99	3.54	9.10	4.57	8.70	9.36	68.99
34	清水县	14.31	8.95	8.00	4.60	3.10	6.70	5.46	7.30	10.55	68.97
35	高台县	14.51	10.61	5.99	4.04	3.30	8.60	4.12	7.80	9.87	68.84
36	平川区	14.47	8.99	4.90	5.71	3.29	8.80	4.39	8.20	9.89	68.64
37	永靖县	13.71	10.47	4.90	6.48	3.77	7.28	4.67	8.00	9.23	68.51
38	庆城县	12.88	7.98	4.40	5.20	6.46	8.20	4.60	9.10	9.58	68.40
39	西峰区	13.37	8.64	4.40	5.30	4.60	8.00	4.37	8.90	10.38	67.96
40	正宁县	11.70	9.62	5.00	5.40	7.09	6.30	4.85	8.90	9.01	67.87
41	阿克塞县	12.80	10.07	6.00	5.30	3.00	6.50	3.78	9.50	9.42	66.37
42	和政县	13.73	10.30	4.90	6.45	3.81	5.65	4.69	7.30	9.43	66.26
43	岷　县	13.50	10.26	2.80	5.75	4.60	7.80	2.07	10.80	8.57	66.15
44	环　县	10.55	9.44	4.70	5.70	4.18	8.20	4.82	8.00	9.77	65.36
45	麦积区	14.21	7.84	7.00	5.10	3.90	5.98	4.93	6.50	9.79	65.25
46	康乐县	13.88	10.39	4.40	6.33	3.65	5.30	5.40	6.20	9.33	64.88
47	秦州区	14.02	9.24	7.00	5.10	3.10	5.96	4.88	6.30	9.11	64.70
48	崇信县	13.13	9.00	4.50	3.10	4.20	7.40	4.76	9.50	9.03	64.62
49	通渭县	12.50	9.20	3.77	2.95	5.10	7.80	3.71	10.60	8.99	64.62
50	广河县	13.55	10.84	4.90	4.85	3.66	5.30	5.33	6.80	9.12	64.35
51	武山县	13.83	8.53	6.00	4.80	3.10	6.48	4.86	6.30	10.25	64.14
52	张家川县	14.03	8.38	5.00	4.80	2.83	6.00	5.00	7.30	10.08	63.42
53	积石山县	13.78	10.78	4.40	4.84	2.93	5.40	4.46	7.40	9.04	63.03

续表6-7

排名	县(市、区)名称	政务服务环境	政策环境	财税支持	融资环境	创新创业环境	公共服务环境	新型政商关系	工作机制	社会满意度	合计
54	甘谷县	14.07	7.46	5.50	5.10	2.90	6.48	4.98	6.30	10.00	62.78
55	镇原县	10.40	7.44	4.57	6.50	5.20	7.10	4.69	7.80	8.81	62.51
56	永昌县	12.36	11.07	5.00	3.63	2.96	6.50	5.43	5.40	9.47	61.82
57	景泰县	14.47	8.17	5.00	5.09	2.69	6.30	4.01	7.50	8.52	61.75
58	灵台县	13.23	7.74	3.90	2.50	5.35	5.50	4.35	9.30	9.67	61.54
59	东乡县	13.13	10.59	4.90	5.03	2.79	4.35	4.44	6.70	9.60	61.53
60	秦安县	13.76	8.63	8.00	4.60	2.17	5.68	4.41	5.60	8.60	61.45
61	肃北县	10.30	5.65	5.50	6.80	5.10	5.40	5.00	8.00	9.64	61.39
62	凉州区	12.08	8.35	5.00	6.37	3.54	6.60	4.31	5.10	9.84	61.19
63	宁　县	9.50	7.24	4.10	5.10	5.00	6.30	4.88	8.30	9.52	59.94
64	庄浪县	13.53	8.00	3.87	2.50	5.33	5.20	4.09	8.30	8.79	59.61
65	白银区	14.07	6.53	5.30	2.61	3.37	8.00	4.08	6.20	9.44	59.60
66	西和县	13.33	8.40	7.00	2.60	3.00	5.97	4.50	7.30	7.45	59.55
67	合水县	9.70	9.66	4.30	4.50	4.69	6.00	4.64	6.70	8.95	59.14
68	迭部县	13.87	9.25	3.10	2.97	4.05	3.90	4.63	7.10	9.85	58.72
69	漳　县	14.50	8.50	1.80	0.80	4.00	6.20	1.90	11.00	9.75	58.45
70	天祝县	13.08	8.24	5.00	6.22	2.77	3.50	4.41	3.60	11.05	57.87
71	渭源县	13.20	9.60	1.00	2.40	3.50	6.30	1.79	9.50	9.43	56.72
72	康　县	13.23	8.60	4.00	1.10	0.80	5.62	4.75	7.30	10.80	56.20
73	文　县	13.43	8.80	4.00	1.40	1.30	4.86	3.41	6.30	12.00	55.50
74	礼　县	13.53	7.80	5.80	1.10	1.78	5.13	3.66	7.10	9.30	55.20
75	舟曲县	12.29	10.01	2.20	2.28	3.17	4.62	2.25	7.80	9.93	54.54
76	合作市	12.92	9.75	2.30	3.31	4.05	3.60	3.39	6.80	8.16	54.29
77	两当县	13.33	8.60	4.40	1.10	1.90	5.60	3.17	7.10	8.55	53.75
78	夏河县	10.84	9.44	1.90	2.58	2.72	5.30	3.19	8.30	8.51	52.79

续表6-7

排名	县(市、区)名称	政务服务环境	政策环境	财税支持	融资环境	创新创业环境	公共服务环境	新型政商关系	工作机制	社会满意度	合计
79	成　县	13.33	7.10	3.80	1.10	1.51	5.16	0.90	6.80	11.10	50.80
80	卓尼县	12.82	9.71	2.90	2.54	2.13	2.16	2.38	5.90	8.40	48.94
81	徽　县	12.43	5.97	4.50	0.80	1.20	4.33	3.88	5.78	9.75	48.64
82	临潭县	12.87	9.51	2.60	1.67	3.04	2.12	2.01	6.30	8.43	48.56
83	宕昌县	13.23	7.10	2.80	1.10	0.64	4.63	0.90	6.30	10.80	47.50
84	武都区	13.23	8.20	3.00	1.10	2.40	6.14	0.53	6.10	6.45	47.15
85	碌曲县	10.33	9.57	1.70	1.30	2.75	2.13	2.37	8.00	8.84	46.98
86	玛曲县	10.92	9.07	2.20	1.42	1.79	3.80	2.29	4.50	8.26	44.25

排名	县（市、区）	分数
1	城关区	79.35
2	玉门市	77.69
3	甘州区	77.55
4	七里河区	77.17
5	陇西县	76.71
6	崆峒区	76.62
7	泾川县	75.93
8	安定区	75.66
9	西固区	75.58
10	榆中县	74.84
11	金塔县	74.24
12	皋兰县	74.24
13	安宁区	74.03
14	红古区	74.03
15	民乐县	73.73
16	敦煌市	73.67
17	临洮县	73.61
18	华池县	72.98
19	肃州区	72.90
20	山丹县	72.75
21	华亭市	72.44
22	金川区	72.13
23	永登县	72.04
24	民勤县	71.57
25	瓜州县	71.09
26	临泽县	70.86
27	肃南县	70.74
28	临夏市	69.88
29	古浪县	69.62
30	临夏县	69.57
31	静宁县	69.39
32	靖远县	69.19
33	会宁县	68.99
34	清水县	68.97
35	高台县	68.84
36	平川区	68.64
37	永靖县	68.51
38	庆城县	68.40
39	西峰区	67.96
40	正宁县	67.87
41	阿克塞县	66.37
42	和政县	66.26
43	岷县	66.15
44	环县	65.36
45	麦积区	65.25
46	康乐县	64.88
47	秦州区	64.70
48	崇信县	64.62
49	通渭县	64.62
50	广河县	64.35
51	武山县	64.14
52	张家川县	63.42
53	积石山县	63.03
54	甘谷县	62.78
55	镇原县	62.51
56	永昌县	61.82
57	景泰县	61.75
58	灵台县	61.54
59	东乡县	61.53
60	秦安县	61.45
61	肃北县	61.39
62	凉州区	61.39
63	宁县	59.94
64	庄浪县	59.61
65	白银区	59.60
66	西和县	59.55
67	合水县	59.14
68	迭部县	58.72
69	漳县	58.45
70	天祝县	57.87
71	渭源县	56.72
72	康县	56.20
73	文县	55.50
74	礼县	55.20
75	舟曲县	54.54
76	合作市	54.29
77	两当县	53.75
78	夏河县	52.79
79	成县	50.80
80	卓尼县	48.94
81	徽县	48.64
82	临潭县	48.56
83	宕昌县	47.50
84	武都区	47.15
85	碌曲县	46.98
86	玛曲县	44.25

图6-2　甘肃省各县（市、区）中小企业发展环境各维度得分及排名

第3篇

成/效/与/对/策

第七章 主要建设成效

党的十九届四中全会明确提出，深化行政审批制度改革，改善营商环境，激发各类市场主体活力。在党中央、国务院作出系列优化营商环境重大决策部署后，甘肃省坚持新发展理念，坚定发展信心，坚持以供给侧结构性改革为主线，着力深化改革开放，增强经济发展新动能，培育新的经济增长点、增长极、增长带。在持续优化中小企业发展环境方面，通过简政放权、放管结合、优化服务等多方发力，激发中小企业主体创业创新活力，有效促进了各类中小企业健康、高质量发展，为推动甘肃省经济高质量发展起到了积极作用。

中小企业发展环境是中小型市场主体生存和发展最重要的生态系统。为了进一步促就业、保从业，鼓励中小企业开展自主创新，加快转型升级，实现高质量发展，甘肃省委、省政府持续推进“放管服”改革，在财税金融、营商环境、公共服务等方面出台了一系列政策措施，帮助中小企业减税降费、提高中小企业办事效率、拓宽中小企业融资渠道，全方位优化中小企业发展环境，初步树立起了“给企业办事就是给发展加油”的新服务理念；着力破除长期以来形成的强政府、弱市场积弊，建立了企业参与制定涉企发展政策的机制，有效地激发了中小企业加快发展的活力。截至2019年末，甘肃省实现规模以上中小企业净增107户，累计达到1776户；新增“专精特新”中小企业25户，累计达到181户；企业实有数量达到42.48万户，同比增加9.92%；规模以上中小企业增加值增速高于全省平均经济增速0.8个百分点，增速达到7%。

通过不懈努力，不仅全省中小企业数量、质量有了较大幅度提升，而且中小企业发展环境得到了一定的改善。2015年6月，张掖市成功入围全国首批15个小微企业创业创新基地城市示范行列，中央财政3年投入6亿元支持张掖市“大众创业、万众创新”；2016年，陇南市获得“全国电商扶贫示范市”；从2017年5月开始，兰州市委、市政府结合深化“放管服”改革，积极探索、大胆创新、主动作为，以“群众明了、办事便捷”为导向，建立并全面推行了服务承诺“四办四清单”管理制度，受到国务院第六次大督查通报表扬；2018年，张掖市“双创示范”工作获国务院办公厅通报表扬；敦煌市在“2019中国国际数字政务博览会”上被授予“全国政务服务创新先进单位”称号；玉门市“一处跑、跑一次”“互联网+政务服务”新模式改革成果案例荣获“2019中国政府信息化管理创新奖”，玉门市荣获“2019年度中国营商环境百佳示范县市”，位列全国第56名；2020年初甘肃政务办公软件“陇政钉”政务移动办公系统正式上线启用，实现“双随机、一公开”监管全覆盖，企业开办时间全面压缩至3个工作日内，不动产一般交易登记时间压缩至5个工作日内。

总体而言，甘肃省在发展中小企业营商环境方面取得了以下六个方面的建设成效。

一、持续推进“放管服”改革，激发市场主体发展活力

甘肃省认真贯彻落实“放管服”改革的各项目标要求，在推进放宽市场准入、优化放管结合、提升政务服务方面取得一定成效，为营造宽松透明的市场营商环境、科学规范的监管环境、便捷高效的政务环境做了扎实的基础工作，进一步激发了市场主体的发展活力。

（一）放宽市场准入、优化审批制度改革

一方面，全面实施市场准入负面清单制度，实行“非禁即入”。近三年来，甘肃省政府多次开展市场准入限制专项清理，坚决取消针对中小企业设置的歧视性附加条件和隐性条款，确保中小企业在市场准入条件、资源要素配置、政府管理服务等方面能够更加公平地参与市场竞争。甘肃省各地政府部门从放宽市场主体准入各环节入手，以降低企业进入市场的制度性交易成本为着眼点，全面推进注册资本登记制度改革，将注册资本实缴制改为认缴制，取消最低注册资本限制，大幅降低市场准入门槛，提高社会资金效率，方便市场主体投资创业。

另一方面，深入推进“证照分离”等多项改革。一是甘肃省持续精简涉企经营许可事项，依法采取直接取消审批、审批改为备案、实行告知承诺、优化审批服务等方式。二是对所有涉企经营许可事项进行分类管理，为企业取得营业执照后开展相关经营活动提供便利。三是简化企业从申请设立到具备一般性经营条件所需办理的手续，不断尝试“多证合一”“一照多址”“企业登记全程电子化”改革，积极探索“容缺受理”“多规合一”“多图联审”等工作机制，开展企业投资项目承诺制改革试点。通过“多证合一”改革使营业执照成为企业唯一的“身份证”，统一社会代码成为企业的“身份代码”，实现市场主体“一照（码）走天

下”，使得企业发展环境得以不断优化。四是办证照从纸质版到电子化，企业开办环节涉及的五部门均在网上办理，全程电子化。截至目前，甘肃省各级政府电子化办证率已达到90%左右。

以兰州新区为例，兰州新区在甘肃省内率先推行“承诺制、零收费、信息化、代办制”的政务服务，不仅行政效能大幅度提升，而且在优化营商环境、降低企业制度性交易成本、提升服务对象满意度等方面取得良好成效，真正做到了为企业松绑减负、保驾护航；推行投资项目备案制，实行审批转备案、边备案边施工等措施；企业投资项目审批事项由原来的24项减至13项、审批时限由原来的137个工作日压缩至30个工作日。与此同时，兰州新区在甘肃省内率先启动“项目生成”“一张蓝图”和“区域评估”3个系统应用，实现了工程建设项目从策划生成到项目储备、再到四阶段审批全程网上流转办理，实现了新区政府投资项目、企业投资项目均可通过网络进行策划，将谋划项目、意见征集、项目调整、入库确认等策划功能进行归集，初步形成了兰州新区“一张蓝图”辅助决策、项目生成确认的模式。截至2020年4月，兰州新区应用项目生成系统谋划、储备项目达600多个。

（二）推进放管结合、创新市场监管

首先，纵深推进“双随机、一公开”监管机制，实现公正监管，促进公平竞争。近三年来，甘肃省构建了以“双随机、一公开”为基本手段、以重点监管为补充、以信用监管为基础的新型监管机制，科学确定抽查频次，实施风险分类监管，有效防止扰民扰企，提高监管执法的规范化、公正性，避免了多头执法、重复检查。同时，加快构建以信用为核心的监管机制，统一社会信用代码，实现全覆盖。例如，白银市结合实际推进市场监管领域相关部门联合监管，实现了市场监管领域相关部门“双随机、一公开”监管全覆盖和常态化，230多家企业实现了与“信用白银”互联互通，建立守信联合激励机制和失信联合惩戒机制，定期和不定期发布红黑名单，对失信被执行自然人和企业在相关行政管理事项中给予限制。

其次，创新市场监管方式，适应当前市场的发展形势。随着甘肃省各级政府电子政务的快速发展，张掖市、白银市、武威市、兰州市等地积极推进“互联网+监管”系统建设，不断创新市场监管方式，各地生态环境、交通运输、农业农村、文化和旅游等部门开展联合执法，充分利用信用监管、大数据监管、“告知承诺+事中事后监管”等新型监管方式，既提高了监管效能，又切实减少了对企业的干扰。同时，狠抓企业质量认证管理工作，规范认证行业发展，扩大认证范围，鼓励企业开展“三标一品”认证，通过质量认证和监管、完善标准规范，促进企业提品质、创品牌，让群众放心消费。

（三）强化数字政府赋能、优化政务服务

甘肃省紧跟数字政府建设的步伐，充分发挥互联网、电子平台等在优化中小企业相关政务服务方面的引领作用和外溢效应。

一是充分发挥中小企业公共服务平台网络的作用。通过资源共享、服务协同，为中小企业提供信息、技术、培训、融资、创业创新等公共服务。甘肃省2019年累计认定省级中小企业公共服务示范平台108家、省级小型微型企业创业创新示范基地35家，推荐认定15家国家级中小企业公共服务示范平台、9家国家级小型微型企业创业创新示范基地。其中，35家小型微型企业创业创新示范基地累计开展服务活动390场次，服务中小微企业9140家次；108家中小企业公共服务示范平台累计开展服务活动703场次，服务中小微企业37839家次。

二是建立健全政务数据共享协调机制。甘肃省各地政府部门审批事项全部完成与省级投资项目在线审批监管平台的互联互通，2020年“陇政钉”政务移动办公系统正式上线启用，项目限时办结率一直保持在95%以上。特别是，兰州新区推进“一个窗口、一张表单、一个平台、一套机制、一网通办”改革，不断提升政务服务水平。截至2020年4月，738项事项网上可办理，307项事项“最多跑一次”、380项事项扫码可获办事指南。与此同时，兰州新区还研发上线了政务服务APP，888项与企业群众生产生活息息相关的政务服务事项都可通过手机进行申办，实现了高频政务服务事项“零跑动”；推行全省首家“不打烊”自助政务大厅，开通“微信办照”，率先实现企业开办3个工作日内完成以及开办企业全流程自助办理。

二、优化完善涉企政策体系，提升政策效能

甘肃省不断优化完善涉企政策体系，把优化中小企业发展环境作为贯彻落实党中央决策部署的实际行动和实现甘肃省经济高质量发展的重要保障。具体表现为围绕省内中小企业发展出台了《甘肃省促进中小微企业高质量发展若干措施》《关于聚焦企业关切进一步推动优化营商环境政策落实的通知》《甘肃省深入推行科技特派员制度实施方案的通知》《甘肃省省级创业带动就业扶持资金管理办法》《关于构建生态产业体系推动绿色发展崛起的决定》《关于促进乡村产业振兴的实施意见》等系列文件，在市场准入、要素匹配、公平竞争、财政支持、税收减免、创新创业支持等多个方面，配套了细化的改革措施，明确改革关键点。同

时，促进政策体系与政策落实相结合，通过出台针对性、创新性、突破性惠企政策，完善政策的精准制定、精准推送，切实提升政策效能。近两年，针对中小企业经营面临的新问题，甘肃省“对症下药”地制定相关政策，取得了一定的成效。

（一）积极出台复工复产政策

2020年2月，甘肃省工信厅印发《关于做好中小企业复工复产和疫情防控工作的通知》，要求全力支持中小企业应对新冠肺炎疫情防控抓紧复工复产，充分发挥各级政府促进中小企业发展协调机制的作用，依托政务网和甘肃省中小企业公共服务平台网络为企业提供线上服务，针对疫情给企业生产经营带来的冲击和影响，积极协调保障煤、电、油、气、运等生产要素的供应，督促各部门认真落实国家、甘肃省委、省政府出台的疫情防控期间有关融资服务、稳岗就业、税收优惠、降低成本等支持中小企业发展的政策措施，保障中小企业复工复产。自2020年发生新冠肺炎疫情以来，甘肃省认真落实全省中小企业发展推进会重点任务分解情况，从“减、增、降、缓、服”五个方面精准发力，支持中小企业积极应对疫情影响，实现有序复工复产。

（二）加快落实中小企业账款清欠方案

根据《甘肃省2020年清理拖欠民营企业中小企业账款工作整体解决方案》（甘工信发〔2020〕130号）文件要求，甘肃省进一步加强全省清理拖欠民营企业、中小企业账款工作力度，细化完善针对各级政府部门、国有企业清欠工作的解决办法和清偿措施，督导各级政府部门及国有企业及时偿还欠款，确保完成年度清偿目标任务。甘肃省各市（州）、县（区）政府把清欠工作作为营商环境建设的“第一工程”，制定了相关措施。一是研究制定了甘肃省清理拖欠中小企业账款工作方案，成立了清理拖欠中小企业账款工作领导小组，每月督促检查清欠工作进度；二是建立了政府部门“双调度”机制和领导包抓拖欠单位制度，强化资金保障，通过盘活财政存量资金、资产处置、土地出让、债转股等方式多渠道筹措资金，加大账款清偿力度；三是畅通企业投诉渠道，在甘肃省各市（州）、县（区）政府网站公布清欠投诉电话，建立投诉问题台账，及时妥善处置企业投诉问题；四是开展清欠工作跟踪评估和回访核实工作，确保已偿还的欠款数据真实可靠，提升中小企业满意度。各地区各部门依照法律规定，加强对中小企业合法权益的保护，将清理拖欠中小企业账款作为一项重大政治任务分解靠实。截至2020年6月底，甘肃省已有6个市（州）完成无分歧欠款全部“清零”的目标任务。

（三）不断提升中小企业政策知晓度

在出台一揽子针对性、创新性、突破性惠企政策、扩充涉企“政策库”的基础上，甘肃省进一步完善政策精准推送、事项在线办理机制，加强跟踪问效，实现更多惠企政策“不来即享”。甘肃省各地充分利用融媒体、自媒体等新媒体传播途径，及时对国家、省委、省政府出台的关于优化营商环境和促进中小企业发展的各项政策措施进行宣传。2019年，甘肃省政府举办了中国非公经济发展论坛专题论坛、召开了《甘肃省促进中小微企业高质量发展若干措施》新闻发布会、举办了两期全省中小企业政策大讲堂、在全省中小企业公共服务平台开设了“中小企业政策宣传”专栏。此外，还组织开展了“中小微企业日”主题宣传活动和“中小企业政策宣传月活动”，集中开展宣传活动，使得企业对国家、省、市出台的有关促进中小企业发展的最新政策及时知晓。

三、加大财税支持力度，为企业降本增效

一方面，甘肃省政府持续推进落实深化增值税改革相关政策，并从其他税收优惠政策、规范强化涉企收费管理等方面多举发力，为企业减负。大力推行“非接触式”办税缴费服务，推行“不来即享”等纳税服务措施，提升中小企业办税便利程度。另一方面，积极实施区域性财税支持政策、持续加大财政资金奖补，充分发挥政府财税支持与引导带动社会资本投入的作用，在保障支持实体经济发展、撬动企业增收创效方面取得了一定成效。

（一）推动落实减税降费、规范涉企收费管理，切实为企业减负

近三年来，甘肃省政府坚持把降低中小企业经营成本作为一项硬任务来抓，省、市、县（区）三级政府齐抓共管，共同发力，采取广泛宣传税收政策、加强政策分析、改进工作措施、强化监督、提高纳税遵从度等办法，加大财税支持力度，认真落实减轻企业税费负担优惠政策措施，借力税收杠杆支持实体经济协调发展。针对甘肃省内中小企业规模小、盈利能力低等现状，各级政府尽心竭力帮助中小企业“减负”，在增值税、企业所得税等税收方面给企业最大限度的优惠。截至2020年6月底，平凉市累计减税5.13亿元，社保费降费1.46亿元；金昌市累计减税降费7.25亿元；嘉峪关市累计减税6.2亿元，降低企业保险费1.5亿元；庆阳市累计减税降费7.01亿元，电价让利0.63亿元。

同时，认真落实企业退税政策。疫情期间，国家税务总局出台了《关于支持个体工商户复工复业等税收征收管理事项的公告》，甘肃省税务系统从上到下为生产疫情防控重点保障物资的企业办理留抵退税，落实纳税人提供疫情防控重点

保障物资运输收入免征增值税政策，落实纳税人提供公共交通运输服务、生活服务及居民必需生活物资快递收派服务收入免征增值税政策。截至2020年6月末，武威市凉州区税务局为6户企业累计退还税款325.3万元；21户纳税企业享受公共交通运输纳税人免征增值税优惠政策，减免增值税40.09万元；116户纳税人享受生活服务业免税政策，减免增值税86.52万元；15户纳税人享受快递收派免税政策，减免增值税2.65万元；2户纳税人享受电影放映服务免税政策，减免增值税0.33万元。

此外，进一步规范各项涉企收费。近三年来，甘肃省全面贯彻落实《国务院办公厅关于进一步加强涉企收费管理减轻企业负担的通知》（国办发〔2014〕30号）和全国减轻企业负担电视电话会议精神，各级政府全面清理和检查对中小企业的各种行政事业性收费（基金），整顿和取消涉及企业的不合理收费（基金）。目前，甘肃省各级政府部门对行政事业性收费、涉企收费、政府性基金等均建立了收费项目清单制度，坚持清单之外无收费，实行常态化动态清单管理且在当地政府网站及时更新，并向社会公布，做到全面落实执收单位收费公示制度，使企业明白“缴什么费、不缴什么费”，自觉接受社会监督，持续加强涉企收费监管，坚决遏制各种乱收费行为。当前，甘肃省县（区）政府部门涉企行政事业性收费项目主要有9项，包括公安部门收取的证照费、水利部门收取的水资源费、水土保持补偿费、林业和草原部门收取的草原植被恢复费、住建部门收取的城市道路占用挖掘修复费、污水处理费、自然资源部门收取的不动产登记费、土地复垦费、土地闲置费。

（二）持续加大财政资金奖补、撬动企业增效

甘肃省积极实施区域性财税支持政策、持续加大财政资金奖补，对重点产业的企业——“专精特新”培育企业、特色产业项目企业、扶贫产业相关企业积极兑现奖补资金；对投资额度大、具有示范带动作用的项目，按照新引进投资进行分档奖励，并按标准及时兑现。

以特色产业财政支持为例，酒泉市经济开发区管理委员会制定印发《酒泉经济技术开发区打造特色载体推动中小企业创新创业升级专项资金使用管理办法（试行）》，每年统筹安排500万元作为打造特色载体推动中小企业创新创业发展配套支持资金，采取直接补助、绩效奖励、购买服务等方式，支持酒泉市经济开发区中小企业发展。天水市人民政府为发挥财政资金引导作用，撬动企业发展内生动力，促进中小企业持续、快速、健康发展，根据《中华人民共和国中小企业促进法》《政府投资基金暂行管理办法》《甘肃省促进中小企业发展条例》，参照

《甘肃省中小企业发展基金设立方案》，制定了《天水市中小企业创业创新投资基金设立方案》，并在甘肃省率先成立了天水市中小企业创业创新投资基金，预设规模为10亿元，由市财政（从2017年起，连续五年市级财政预算每年安排5000万元）和社会资本共同出资完成，第一、二期募集规模为4.86亿元，截至2020年5月底，实缴到位资金为3.15亿元。通过市场化方式运作模式，支持市级工业、农业、科技、教育、文化等各行业领域的种子期、初创期、成长期各类中小企业发展。

四、健全完善融资保障体系，缓解企业融资难题

甘肃省充分认识金融支持中小企业发展的重要性，持续加大支持力度，针对中小企业长期“融资难、融资贵”的问题，严格落实落细国家相关政策规定。一方面引导政府性融资担保机构持准公共定位，降低担保服务门槛，严格落实中央关于政府性融资担保机构降费让利的相关规定；另一方面，积极探索建立政府、金融机构、企业、社会团体广泛参与的多元化资金补充机制和风险分担机制，深入推进“银税互动”“政银企”等良性合作模式，健全省、市、县（区）三级产融合作机制，分行业、分地区、分领域、常态化、多形式地开展“政银企”加租赁、担保等专业性融资对接服务，多措并举为中小企业金融纾困，取得了一定的成效。

（一）加大政府融资支持、扩大融资规模

近年来，甘肃省政府从中小企业的融资渠道、融资方式、融资担保等方面入手，围绕规范企业融资服务收费、实行差别化审批监管、加快发展中小金融机构、建设征信体系、落实担保措施等事项，制定了帮扶中小企业的融资政策。

第一，推动扩大中小企业融资规模。2019年末，甘肃省全省各项贷款余额达2.07万亿元，增长6.74%，利用资本市场完成直接融资779.1亿元，增长47.28%，新增“险资入甘”落地资金151.6亿元。2019年再次增加甘肃省中小企业发展基金额度，当年到位资金5.1亿元，已完成投资项目12个，投资总额3.41亿元，覆盖了9个市（州）的特色农业、生物医药、新材料、装备制造等行业，拉动社会投资12亿元。

第二，积极设立企业应急周转资金。为缓解企业融资难题，防范和化解企业流动性风险，2019年1月，由甘肃金融控股集团有限公司发起设立“甘肃省企业应急周转金”，为中小企业办理续贷转贷，提供过桥资金支持。截至2019年末，为245个企业投放289笔续贷转贷资金，其中，民营企业有232户，占比94.69%，

累计投放规模达103.5亿元。应急周转基金业务自启动以来，甘肃金控集团累计走访企业近百户，举办专题培训会14场，联系全省银行金融机构70余家。目前，已与甘肃省农村信用社联合社、甘肃银行、兰州银行等7家银行完成合作协议签署。与华龙证券、金控融资担保集团等7家单位签署业务承揽协议，打好开拓市场组合拳，联动扩大全省业务覆盖面。

（二）深入推进政银企合作、优化融资服务

甘肃省政府积极拓展与各商业银行网点的互动，及时将中小企业纳税信用评价的结果反馈传递到各银行网点。同时，积极做好纳税信用补评和复评工作，完善信用修复机制，强化纳税信用评价结果增值应用；通过银税互动平台数据共享，联手打造“税易贷”“税银通”等金融产品，实现税务信用体系和银行信用体系的有效对接，帮助守信企业快速获得融资扶持。目前，甘肃省税务局已先后与17家商业银行推出了“税易贷”“银税通”“税贷通”“税e融”等20个“银税互动”贷款产品，为中小企业创造更加宽松便利的融资环境。一些地方政府部门积极加强与当地银行、金融机构对接联系，依托甘肃省电子税务局“银税互动”融资服务平台开展“银税互动”服务。企业融资过程中信息授权、资料认证、信息传递等事项“一站式”在线办理，“银税互动”由“线下”向“线上”拓展是深化“放管服”改革，提升税务部门服务质量的又一次升级。

2019年以来，甘肃省税务系统主动向各合作签约银行推送纳税人信用信息，通过“银税互动”累计为3895户企业发放贷款191.45亿元，中小企业贷款占比高达99%。同时，针对信息不对称造成的“项目建设缺资金”“银行资金缺项目”问题，甘肃省发改委主动与甘肃20家银行精准对接，组织开展全省“政银企对接暨百名行长联千企”推进行动，实现了1662个项目对接全覆盖；开展“银行行长园区行”活动，定期向金融机构推荐企业融资需求。

（三）推动核心企业发力、创新融资模式

甘肃省支持大企业在保证平稳运行的同时，通过采取资金支持、扩大合同订单、增加项目合作等措施，连接和打通集群内外企业资金链，强化产业链整合和供应链管理，逐步形成大企业主导，大中小企业合理分工、有机联系、融通发展的格局。以商务部为主的八部委将定西市确定为全国供应链创新与应用试点城市为契机，围绕马铃薯、中药材等几个优势产业，根据定西市资源禀赋与产业发展基础，定西市选择蓝天集团等几个核心企业，探索了不同的供应链金融模式。其中，创新示范效应较为突出的有定西市“政府+核心企业（联合社）+银行+合作社+农户+保险”为联结的“六位一体”的蓝天模式、渭源县德青源“轻资产”

金鸡模式、“政府+龙头企业+合作社+农户+保险”的中天羊业模式、通渭县金银花产业扶贫模式等合作带动模式。截至目前，定西市龙头企业带动31.68万户农户，发展订单农业153万亩，户均增收1010元以上，发展农业产业化联合体7个，将31家龙头企业和174个农民合作社联合起来，形成分工明确、优势互补、风险共担、利益共享的共同体，带动农户达10万户。

蓝天集团构建的马铃薯产业供应链金融“蓝天模式”，支持、指导蓝天马铃薯产业发展公司与各商业银行创新开展供应链金融新模式，扩大授信额度与贷款规模，各级机构围绕蓝天完善的产业链，以企业良好信誉为基础，在种植、回收、加工、销售各个环节评级授信，形成蓝天供应链信用担保与评级体系。为上游合作社、农户提供融资支持，打通马铃薯产业供应链上下游，构建起核心企业与政府、银行、合作社、农户多方良性互动机制，加快建立解决“三农”问题和实现企业发展双赢的供应链发展新模式，走出一条依托金融支持企业壮大、企业带动产业发展、产业助力贫困群众增收致富的产业扶贫之路。“蓝天模式”2019年各金融机构累计授信7.7亿元，发放贷款4.8亿元；2020年各金融机构累计授信13.3亿元，截至调研日贷款余额2.2亿元。

蓝天集团在带动农户发展生产的同时，实现融资扩大再生产，搭建融资担保平台，做优“联保式”服务。蓝天集团与银行建立合作，推出“1+N”保购担保贷款业务，该业务采用“公司最高额担保+联合社最高额担保+法人最高额担保+公司存货最高额抵押+联合社保证金最高额质押+借款人应收账款质押+联合社社员互保+公司保购承诺”的模式，构建了贫困户、合作社、企业、银行和特色产业“五方”良性互动机制，实现了供应链金融效益的最大化。

五、加大中小企业培育力度，优化创新创业环境

近年来，甘肃省坚持推动中小企业做多、做大与做优、做强并重，制定中小企业培育计划与措施，加强以“专精特新”中小企业为主体的培育工作。同时，强化入库培育、动态调整和跟踪服务等相关工作，推动“专精特新”中小企业在数量和质量上均有所提升。此外，建设和推进中小企业创新创业特色载体，促进资源积聚与整合，为中小企业创新发展服务平台化、规范化不断发力。

（一）支持中小企业做精做专、推动企业高质量发展

甘肃省鼓励和引导全省中小企业走专业化、精细化、特色化和新颖化的“专精特新”发展道路，实现高质量发展，积极推动中小企业开展自主创新。近三年来，甘肃省委、省政府大力推进创新驱动战略实施，加快全省中小企业转型升

级，按照“高质量、高效率、高动能”要求，制定出台了《甘肃省推动中小企业“专精特新”高质量发展实施方案（2018—2020年）》《甘肃省“专精特新”中小企业认定综合管理办法》（甘工信发〔2019〕201号）等一系列政策，大力推动中小企业创新发展，不断增强发展内生动力。经过各市（州）申报、专家评审等方式，2019年新认定“专精特新”中小企业25户，甘肃省“专精特新”中小企业达到187户，推荐酒泉奥凯种子机械有限公司等5户企业认定国家细分领域“行业小巨人”，并对2019年新认定的25户“专精特新”中小企业和5户专精特新“小巨人”给予奖励。

按照“保基数、保增量”的总要求，2019年初甘肃省政府结合各地中小企业发展现状，给各市（州）政府下达了“规下转规上”目标任务。以“五个一批”为抓手，重点推进“规下转规上”工作，为了确保完成年初下达的目标任务，对“规下转规上”企业实行奖励。在核实全省各市（州）2018年净增规上企业数的前提下，对2018年实现净增的2个市（州）、5户企业进行切块奖励，奖励资金150万元。此外，2019年甘肃省工信厅牵头举办了金控杯“创客中国”甘肃省中小企业创新创业大赛，从各市（州）推荐参赛的116个项目中按企业组和创客组各评出20个项目（共40个）参加决赛，分别评选出了企业组和创客组一、二、三等奖及优胜奖获奖项目。推荐兰生润-医用级牦牛胶原蛋白项目参加“创客中国”中小企业创新创业大赛全国总决赛并荣获创客组三等奖，甘肃省工信厅和财政厅获得“优秀组织奖”。

（二）深化创新服务建设、激发企业发展动能

甘肃省着力推动实体经济开发区建设，加强资源整合统筹，将区域资源服务与创新创业特色载体有效对接，提高创新创业特色载体服务质量和辐射带动作用。同时，加强建设中小企业创业创新基地、众创空间、孵化器等支撑创新创业的载体，充分发挥这些载体的产业资源整合能力和强化引领作用，集成和配置各类服务于中小企业创新的资源要素。2019年，甘肃省政府积极组织推荐酒泉经济技术开发区、天水经济技术开发区成功申报中央财政支持的打造特色载体推动中小企业创新创业升级项目；省工信厅制定出台了《关于发布支持打造大中小企业融通型创新创业特色载体工作指南的通知（甘工信发〔2019〕259号）》，明确了重点任务、保障措施、工作要求和资金使用要求，建立了信息报送机制。积极引导打造各具特色的大中小企业融通创新创业特色载体，促进提升资源配置质量与效率，培育更多“专精特新”中小企业和“小巨人”企业。

同时，甘肃省政府积极搭建服务于中小企业的各类资源对接平台，激发中小

企业创新发展的内在动力。重点搭建专家智库资源服务对接平台，积极为企业提供技术指导、市场信息、同业交流等服务。其中，中小企业专项资金中的80%投向于中小企业的技术、工艺和产品的创新开发上，一大批中小企业已分别与清华大学、西安交通大学、兰州大学等省内外著名高校和科研院所建立了长期稳定的合作关系，并取得了较好的产学研合作成果，产学研合作开发项目占到了企业开发项目总数的60%以上。在省政府支持下，中小企业规模日益壮大，技术水平不断提高，以企业为主体、产学研相结合的企业技术创新体系已初步形成。

六、提升公共服务水平，完善中小企业服务体系

在数字政府建设的大背景下，甘肃省推动和引导中小企业信息化建设，努力推动中小企业公共服务平台网络有效运转。同时，不断采取各种支持性措施，完善中小企业人才引进政策，加大对中小企业管理者的培训力度。信息化建设和人才保障等方面的各项工作有力助推了中小企业公共服务水平。

（一）加强中小企业信息化建设、推动企业上云

针对当前中小企业信息化成本高等痛点问题，甘肃省探索打造中小企业的云制造平台，在推动完善标准体系、推广中小企业上云政策、丰富云服务资源等方面做出了努力，在帮助中小企业获取信息化资源、形成信息化能力方面取得了一定成效。

2019年10月底、12月初，甘肃省分别在天水市和兰州市举办了两期全省中小企业政策大讲堂，重点对《中华人民共和国中小企业促进法》《中共中央办公厅、国务院办公厅关于促进中小企业健康发展的指导意见》《甘肃省促进中小微企业高质量发展若干措施》等政策法规进行宣传解读，邀请专家对促进中小企业政策、“5G+云+AI”和区块链知识、中小企业信息化等做了宣传和交流培训，各市（州）、县（区）工信局、部分中小企业、中小企业服务机构参加了会议，两期中小企业政策大讲堂参加人数累计超过800人。中国移动、中国电信等运营商为中小企业提供云网融合、专项定制、安全可信、操作简便的云服务，让中小企业可按自身需要购买、以租代建、即开即用，日常运营维护由云平台专业人员负责，大幅度降低了中小企业应用信息化的投入成本。2019年甘肃省全年推广上云中小企业13944户。

（二）加大中小企业人才培养力度、为企业提供人力保障

一方面，甘肃省搭建平台，广纳社会精英和人才。近三年来，甘肃省委、省政府制定出台了《关于加强新时代人才培养引进工作的实施意见》，不断采取各

种支持性措施，完善吸引人才政策，大力鼓励企业引进人才，将企业引进的高端人才纳入全省人才引进计划，形成“近者悦、远者来”的良好人才工作氛围。支持开发区通过设立创业投资引导基金、创业投资贴息资金及知识产权作价入股等方式，搭建科技人才与产业对接平台。同时为境内外投资者和企业引进人才子女入学、入托、就业、参加社会保障等提供便利服务。开展中小企业进校园活动，推动中小企业与高校毕业生创业就业对接服务活动。2019年4月，在省内外各大专院校举办中小企业进校园专题对接服务招聘会，在西北人才网举办“全省中小企业与高校毕业生精准就业推荐服务网络百日招聘会”活动，积极推动中小企业与高校毕业生创业就业对接服务活动，促进高校毕业生多渠道就业，进一步提升中小企业人才素质。本次活动共有300多家中小企业参加，786名高校毕业生与企业达成就业意向协议。

另一方面，聚合资源、加强企业管理人员培训力度。为了不断增强企业发展后劲，提高企业管理人员决策能力，加大对现有企业管理人员培训力度，甘肃省为企业提供行业前沿信息、技术创新支持、品牌宣传推广、上市培训辅导、知识产权保护等服务，广泛宣传成功企业的典型经验，提升企业管理人员的综合素质，使中小企业高级管理人员成为推动全省经济高质量发展的重要支撑。2019年甘肃省组织“专精特新”中小企业、行业龙头企业高级经营管理人员70人，参加在浙江大学举办的甘肃省中小企业高级经营管理人才培训班，并推荐4名企业家赴德国进行培训。

第八章　存在的问题

在新发展格局背景下，构建良好的中小企业发展环境，对于推动甘肃经济高质量发展具有重要意义。“十四五”时期，我国进入新发展阶段。随着“放管服”改革不断深化，前一阶段成绩斐然的缩时限、减材料、降成本等优化营商环境举措边际收益逐渐下降、边际成本不断升高，旧的改革思路、方法、工具进入效果逼近极限的瓶颈期，优化中小企业发展环境的各项工作面临着一系列新问题与新挑战，主要集中在以下几个方面。

一、涉企“放管服”改革滞后

近年来，甘肃省各级政府在承接落实好国家新一批取消、下放和调整行政审批事项基础上，聚焦中小企业发展的“痛点”“堵点”“难点”，不断优化各项政务服务，为稳增长、调结构、惠民生创造了良好条件。但是，当前“放管服”改革已经进入攻坚期，涉及更多长期形成的利益格局的调整、权责关系的优化、管理方式的转型，全省各地政府在深化“放管服”改革过程中仍面临着一些亟待解决的突出问题与矛盾，使改革成效打了折扣。

（一）简政放权落实不到位

一方面，简政放权改革的统筹性不够强，重复审批、变相审批、以审代管现象仍然存在。省级政府已经取消、调整、下放的行政审批事项，有待统筹省级各相关部门以及市（州）、兰州新区政府进行政策指导与业务培训，使审批部门精准掌握政策精髓，并真正贯彻落实。另一方面，简政放权的深度与广度有待拓展，向市场和基层放权的力度不够，导致审批权虽然下放了，审批环节也减少了，但是审批的程序、要件仍然繁杂。

在实地调研中发现，部分地方政府的简政放权仅仅追求数量达标，在优化“放管服”服务模式，切实提升政府服务质量方面依然存在“放不下去”“放权接不住”“服务意识薄弱”等问题。部分地区存在行政审批业务协同不够，审批环节多、耗时长、难度大、人为设置“障碍”等情况，尤其是在安监、环保、土地和药品审批审评方面较为突出。例如，对于酒泉市等区域面积较大的市而言，采矿证的办理流程极为烦琐且耗时。酒泉矿业企业反映，“在环评、安评方面，第三方检测机构存在收费标准不清晰、定价明显比南方城市高等问题，且环评需要多次前往兰州或西安办理，安评则需要在所属市区办理。”（JQ-YM-20200616）临夏州中药材企业反映药材的生产许可证办理难度大，程序繁杂，要求标准高。“我们的许可证到现在还没办下来，要么需要有实验室来做检测，投入一个实验室要100多万，我们中小企业哪有这么多的经费，不然就要去西安或兰州做检测。”（LX-YJ-20200605）

（二）政务服务数字化程度较低

当前，甘肃省在以中小企业基础数据为核心的数字化治理中，面临数字意识与思维未形成、基础数据统计不足、数据共享程度较低等问题，导致“一网通办”“全程网办”等相关改革任务进度缓慢。一方面，政务服务数字化建设薄弱，政务服务线上与线下融合出现梗阻，政务服务硬件条件不断更新迭代的同时，支撑线上服务的各项软实力并未同频共进，导致数字技术在行政服务中的应用很大程度上停留在表面。另一方面，不同单位与业务部门系统开发不少，但标准不一、数据共享度低，形成“数据烟囱”等信息壁垒。各单位自行掌握审批信息，业务专网未与市级行政审批网对接并联使用，审批所需的申请材料两网同录、重复提交，导致审批效率低、时限长。

项目组在开展项目研究中发现，市场监管、金融监管、税务、统计等部门对中小企业数据的基础统计口径相差较大。项目组对《甘肃省中小企业发展环境评估调查问卷（政府版）》中Q19的统计显示，43.9%的政府部门领导和工作人员认为本地区涉企政府职能部门之间缺乏有效的信息共享机制，多个部门分别收集和管理涉企信息，跨部门的信息交换不畅与流动效率低下并存的问题十分突出。因此，各地涉企部门统计监测、数据与信息收集、信息共享、系统对接等工作均需要进一步加强，改变目前全省各地普遍存在的政府职能部门信息系统不兼容，相互之间数据信息获取困难，涉企信息管理质量不高、效率低下、信息服务广度和深度不等的现状。

（三）统筹机制与协同合力有待形成

“放管服”改革倡导的“最多跑一次”“一枚公章管审批”等改革内容涉及任务关联度高、核心内容重叠，需要政府部门纵向、横向之间的有机协调与整合。当前甘肃省的改革实践中，一是部门利益和体制惯性导致部分“含金量”较高的事项难以真正下放，政府间耦合机制、协同合力并未形成；二是审批与监管结合不够紧密有效，“谁审批谁负责”“谁主管谁监管”的原则执行不到位，以审代管、重权轻责等现象依然存在。

项目组在调研和走访省内各地政务服务中心时发现，尽管按照规定入驻政务服务中心（政务大厅）的政府职能部门数量达标，但是政府服务中心对各职能部门的办事机构缺乏有效约束，在协调进驻职能部门的关系、督促待办事项的办理方面存在难度，推进综合窗口进行并联审批等工作成效不佳，办理事项设置缺少必要整合。大部分政务服务中心仍然是分区受理业务，出现不同窗口“冷热不均”等现象，部分窗口排队人数多、人满为患，企业办事等待时间较长。项目组对《甘肃省中小企业发展环境评估调查问卷（企业版）》中Q41的统计显示，在回收的6618份有效问卷中，仅有1681家企业认为公共服务有所改善，占比为25.4%。这反映出政府服务中心（一站式服务大厅）虽已开展工作，但是对涉及的企业和群众而言，对政务服务中心（大厅）提供公共服务的满意度仍停留在较低的水平，设置政府服务中心（一站式服务大厅）提高服务效率、节约服务成本、提高公众满意度的初衷未得到充分体现。调研中有少数地方政府提出“政务大厅管理机构应使用行政编制”的要求没有落地，也在一定程度上影响了政府服务大厅的审批质量与工作效率。例如，甘南州及所辖各县（市）政务大厅管理人员均为事业编制和合同制。“因为我们是事业单位，所以在管理方面有时候也不好管理，跟其他部门开展工作有时会有点不好衔接。”（GN-XH-20200623）

特别在土地规划办理中，普遍存在审核烦琐、效率低下、进度缓慢等共性问题。企业新设项目用地需经立项、规划、环评、土地预审等多道手续，方能进入正式的用地报批程序，项目办理涉及多个部门、多道环节。实际执行中，由于上下、同级政府部门间缺乏高效畅通的协调工作机制，权限不配套与不同步并存，未有效实现审批信息的互联互通，使得审批服务存在信息壁垒，导致企业申请项目用地的难度加大。例如，金昌市在新上项目办理草原征占手续时，需先由永昌县东大河自然保护站实地勘测后出具项目区坐标位置，然后到张掖市祁连山自然保护局办理项目区不在祁连山保护区内的证明，河西堡镇将项目草原征占申请报永昌县自然资源局后，县自然资源局需先上评审会，通过后还需分管副县长签字后报市林草局，市林草局党委会通过后，上报省林草局，省林草局通过后批复，在此期间会等待时间过久，上报、批复文件部门领导逐级签发过慢，项目建设进度受到严重影响。再如，庆阳市在土地报批、变更等方面设置了较为繁杂的工作程序，审批周期相当长，需要公示且互为前置，致使不少项目无法按照原有计划及时落地建设，一家招商引资的能源公司反映，公司被引进到庆阳市之后，土地审批手续迟迟无法办理，之前承诺的项目用地至今仍未兑现。

上述问题的主要原因包括四个方面。一是地方政府对国家提出的“放管服”改革重大意义认识不到位，对本地区的“放管服”改革工作缺乏统筹考虑与安排，缺少“放管服”改革过程中的有效监督与管理。二是自上而下的容错、纠错机制不健全，政府部门和相关领导干部缺乏勇于担责、敢于担当的意识和魄力。三是部分下放的行政审批事项对业务性、专业性要求较高，市（州）和县（区）两级政府的相关技术审查与行政审批力量薄弱，缺乏专业管理和技术人才的现象比较普遍，无法及时回应“放管服”改革中出现的问题与矛盾。四是缺乏全省统一的中小企业数据统计体系，部门之间的信息系统衔接和数据共享机制缺乏。一些地区的涉企政府部门在落实政策时缺乏调研和基础数据支持，僵化执行政策规定导致服务效率下降，服务事项无法及时办结。

二、营造公平、法治市场环境效果不佳

依法平等保护各类市场主体产权和合法权益、规范政府和市场的边界，才能真正构建起公平有序的市场环境。近年来，甘肃省各地政府积极贯彻落实中央提出的“负面清单”管理模式，推进“非禁即入”政策的有效落实，及时发现并破除市场经济中的不合理限制和隐性壁垒，消除长期以来存在的对中小企业尤其是民营企业参与公平市场竞争的政策性歧视，保障各种所有制经济主体依法平等获取生产要素、公平参与市场竞争、受到法律同等保护的权利。但是，项目组在现场调研和各类访谈中发现，省内部分地区在营造公平、法治市场环境等方面取得的成效有限。

（一）市场准入负面清单制度落地实施面临困难

缩减市场准入负面清单、推动“非禁即入”真正落地是保持和提升市场主体活跃度、促进经济平稳增长的关键。甘肃省各地负面清单制度落实虽取得一定成效，但是对标东部经济发达地区，例如浙江省、广东省等地，差距仍然显著。特别是工程建设、医药等领域的市场准入方面，对资质、场所、资金等设置的门槛条件和隐形壁垒仍然存在，审批事项并未真正做到应减尽减，中小企业“准入不准营”等现象依然普遍，导致市场主体制度性交易成本较高，整体满意度较低。

项目组对《甘肃省中小企业发展环境评估调查问卷（企业版）》中Q28的统计显示，10.2%的被访企业认为本地区仍然存在限制中小企业进入相关市场的歧视性附加条件和隐性条款，33.5%的企业对本地区放宽中小企业准入限制、公平

参与市场竞争的成效表示顾虑与担忧，这与全面贯彻实施“非禁即入”制度的基本要求相比仍有差距。另外，民营企业在很多领域仍难以享受与国有企业相同的待遇，对民营企业从市场上获取资源的公平地位保护不足。在项目调研中，不少民营企业反映政府招投标和资源分配中会设置严重的“隐形壁垒”，中小企业处于不平等的地位，公平准入落实不到位。

（二）政府产业规划和招商政策挤压中小企业发展空间

大多数中小企业往往处于产业链中低端，存在高耗低效、产品同质化等问题，整体布局结构、盈利能力偏弱，难以尽享政府产业规划、招商引资在内的各项惠企政策的红利。全省各地普遍存在程度不同的“抓大企业放小企业”“重国有企业轻民营企业”“重强企业轻弱企业”等现象。各地政府在产业发展规划中更多考虑扩大招商规模、提高投入产出比、增加地方财政收入等因素，注重对本区域内的大型龙头企业和国有企业提供政策支持，而对于体量相对小、实力弱、能力不强的中小企业和民营企业的发展关注不够、思考不深、支持不足。

在调研中，企业家代表反映较多的是政府在招商引资过程中，对“招好项目”的理解片面，重点关注对外合作对接项目，忽视本地中小企业的发展愿望，在制定和实施产业发展规划与土地整体规划时，对本地中小企业的整体关注度下降。“政府倾向招商引资项目，对本地企业用地不关注，政府部门就是给好企业锦上添花的。”（GN-LT-20200701）

（三）中小企业诉求响应与解决机制不畅

政府部门面对中小企业的发展难题和诉求时，难以真正做到“企业若有呼，政府必有应”，有待建立更为扁平化的快捷响应机制。不仅在前端上需要迅速响应，对中小企业反映的问题做到主动梳理、全力指导、深入解决；在后端的权利救济上，也需要精准施策，保障和满足中小企业的合法权益和正当诉求。

项目组调查和访谈发现，省内部分地区政府在践行诚信守诺机制、强化产权保护、切实保障民营企业和社会资本合作方的合法权益方面存在较大改善空间；部分地区政府对中小企业反应的问题不重视、不作为。项目组对《甘肃省中小企业发展环境评估调查问卷（企业版）》中Q28的统计分析显示，16.2%的企业反映当地政府缺少专门保护中小企业权益的相关制度办法，17.6%的企业表示当地政府没有定期开展保护企业合法权益的满意度测评，14.2%的企业表示反映的问题虽得到回应但未能根本解决。部分地区政府在践行诚信守诺机制、强化产权保护、切实保障民营企业和社会资本合作方的合法权益等方面仍有较大改善空间。

（四）行政执法柔性手段应用不足

促进中小企业发展涉及多个不同政府职能部门。自新一轮的政府机构改革以来，尽管已经初步形成以服务中小企业为目标的政府部门间联动协作与执法机制，但从实践表现来看，该机制尚未完全理顺，导致效果无法充分释放。甘肃省在多部门联动响应、联合监管以及联合执法机制等方面需要进一步加强与完善。目前，全省各地涉企服务中存在不同程度的多头执法、重复执法、执法缺位等现象。在实际行政执法过程中，由于执法联动机制不顺、执法信息共享不畅、涉企监管责任不明，导致行政审批与执法部门等配合失衡，缺乏一定程度的灵活性，多部门执法联动机制难以有效运行，相互推诿扯皮现象仍时有发生。同时，忽视事前严把审批关口，事中和事后又缺失监管，相应措施创新不足，已影响到涉企行政执法的一致性、合理性、时效性和有效性。

此外，中小企业监管过程中，在法定权限和范围内给予企业的容错纠错空间不足，政府行政执法中柔性手段应用不足，平台监管和行业自律相对缺位。项目组在评估中发现，在各地均不同程度地存在中小企业政务服务过程中"以罚代管"现象，尤其是安全、环保等部门在行政执法时存在"一刀切""乱作为"等现象，对全省部分中小企业的生产经营和企业权益造成不利影响。"我感觉到政府的督查，程序复杂，频率高，没有起到解决问题的作用，一味地施压，扰乱了企业的经营。"（GN-ZN-20200701）部分地区司法部门对司法部和最高人民法院关于保护民营企业和企业家合法权益等系列政策执行不到位。例如，部分企业家反映司法部门存在执法过度行为，随意使用查封和扣押冻结等手段，使得企业经营陷入困难，给企业带来永久性伤害。同时，还存在查封和扣押标准执行不到位、随意性大，查封和扣押范围涉及与案件无关的财产和权益等问题。有企业管理人员表示，"我们的生产过程中会有粉尘污染，现在因为环保抓得严，有时候就来要求直接关停，给我们确实造成损失。"（DX-LX-20200809）

上述问题的原因主要包括四个方面。一是政府部门固有的体制惯性与主要领导的传统观念，追求地方经济绩效与自身政治晋升，进而衍生了注重大型招商引资、注重国企效益、忽视中小企业发展的模式，对中小企业诉求不重视、不作为，难以实现服务型政府的功能转换。二是与中小企业相关的行政审批和备案事项多，涉及的职能部门多，审批范围广，而部分涉企行政执法部门工作人员的政策水平、能力手段和时间精力都有一定局限或限制，难以准确掌握相关法律与文件精神，导致各地出现"简单执法""过度执法"等现象。三是不少基层执法部门仍持有"有罪推定"的落后理念，存在对企业经营者的歧视，导致平时"不作为"，执法时"乱作为"。四是既有的政府部门纠错容错机制不健全，诸如在涉及环保领域的中小企业执法中，政府部门往往习惯"以罚代管""一刀切"等粗放式管理方式，以避免自身面临问责。

三、财政、融资支持政策效能未充分释放

近年来，甘肃省在贯彻落实中央有关中小企业发展政策精神，制订符合全省中小企业发展实际的财政、税收、融资等支持政策方面做了大量工作，形成较为完善的涉企政策体系。但是，根据本次评估中的社会满意度调查分析，全省涉企政策的落实得分为1.19分（满分为1.5分），70.25%的被访企业对当前全省各级政府部门在坚决落实支持中小企业发展方面的政策效果持满意态度，还有近30%的被访企业满意度水平较低，表明各地在落实涉企相关政策方面仍有提升空间。

特别是在财税支持和融资环境两个方面，虽然中央、甘肃省出台了针对中小企业财政支持和融资保障的系列文件，部分地区也配套了具体的办法措施，但财税支持和融资环境两个维度的得分率分别是57.08%和57.95%，政策强度与政策落实存在脱节，政策效能并未真正释放。

（一）财政支持相关政策落实不到位、中小企业相关财政资金支持不足

工业和信息化部在2016年发布的《促进中小企业发展规划（2016—2020年）》中就提到"鼓励有条件的省市设立地方中小企业发展基金，各级财政统筹安排各类服务于中小企业发展的资金，创新资金投入方式，对中小企业公共服务体系等市场薄弱环节予以支持"。同时，按照《中小企业促进法》《甘肃省促进中小微企业高质量发展若干措施》要求，甘肃省各地应当建立支持中小企业发展的专项基金，用于扶持本地中小企业发展。

项目组在评估中发现，全省各市（州）、兰州新区在财税支持维度的平均得分仅为5.71分（满分10分），主要表现为各市（州）、兰州新区在支持中小企业发展方面的财政投入严重不足。全省除天水市、金昌市等少数地区外，多数地区尚未依法依规在本级财政中设立中小企业发展专项资金专户。主要原因在于甘肃省多数地区经济发展水平低，地方政府财力紧张，公共财政自给率低，用于扶持中小企业发展的专项资金难以落实。例如，调研中有被访的政府官员表示，"我们县每年财政收入5000多万，支出27亿，没有多余的钱再去设立专项资金。"（GN-LT-20200701）同时，现有的涉企扶持资金未能实现统一管理，而是分散于多个部门，涉及的政府职能部门多，而且资金类别复杂，扶持资金的分散化管理导致在本地区难以形成资金合力，整体上涉企扶持资金的使用效益较低。例如，

有被访对象表示，“政策是人社口制定的，资金从扶贫办走，衔接机制做得不好。扶贫资金上人大预算，这些新的奖补政策没有，追加申请费用比较复杂。”（JC-YC-20200622）

（二）融资保障相关政策难以落地、融资难等问题难以破解

《中小企业促进法》对政府推动金融市场发展、优化融资环境、推进中小企业信用担保体系等方面明确了要求，甘肃省也出台了系列政策措施，并在推动“政企银”等合作方面做了大量努力。但是，在当前我国经济转型调整过程中，甘肃省中小企业面临的“融资难、融资贵”等老问题依然难以从根本上破解。

本次评估结果表明，全省在融资环境方面的综合平均得分率为57.95%，全省各地在拓展落实中小企业融资政策、拓宽融资渠道和提升融资服务效果上仍需下大力气，金融控股集团作用有限，很难帮助中小企业破解融资难题。项目组对《甘肃省中小企业发展环境评估调查问卷（企业版）》中Q42的统计分析结果显示，融资困难已经成为阻碍全省中小企业发展的关键性问题。这一顽固问题在中小企业面临的诸多问题中占比59.2%，位居第一。项目组对《甘肃省中小企业发展环境评估调查问卷（企业版）》中Q32的统计分析结果显示，仅有54%的企业表明金融机构会为中小企业提供以应收账款为担保品的担保融资服务，55.7%的企业表明金融机构会为中小企业提供以专利权质抵押的融资服务。这意味着，仍有近半数的中小企业只能以土地、厂房等实物向金融机构进行抵押以获取必要的信贷资金，无法享受金融机构以应收账款或专利权质抵押的创新融资服务。由于全省金融发展水平整体滞后于全国平均水平，金融机构支持中小企业融资的工具手段较为单一，抵押贷款仍为融资的主要方式，股权融资、债券融资、专利融资、信用融资、供应链金融等新型融资方式发展落后，且现有的融资担保机制功能发挥有限。虽然各地成立了政策性担保机构，但是由于整体的资本实力与中小企业实际贷款需求相距甚远，无法满足融资担保的迫切需求。此外，全省各地商业性中小企业信用担保机构发展滞后，难以与政府性融资担保机构形成有益互补，也在一定程度上抑制了中小企业的融资。例如，有被访政府官员提出，“金融机构的惜贷、拒贷现象仍然存在，致使中小企业缺乏资金支持，融资困难依然是制约中小企业发展的瓶颈。”（BY-HN-20200609）

上述问题的原因主要包括三个方面。一是从客观上看，甘肃省及各市（州）、兰州新区政府财政自给率较低，从财政收入中支出中小企业专项发展基金的难度较大。二是全省金融发展普遍滞后，很难满足中小企业融资需求。三是缺乏政府和金融机构、创新平台的风险分担机制。虽然各市（州）、兰州新区成立了金控

集团、创新平台，但尚不能解决风险分担问题，使融资和创新支持能力得不到充分发挥。

四、中小企业创新发展面临制约

本次评估中全省各市（州）、兰州新区创新创业环境指标综合平均得分率仅为49.62%，在各指标维度评分中垫底，揭示出当前全省普遍存在中小企业的创新动力不足、发展路径失效、整体效果欠佳等问题。

（一）创新产业链条薄弱、集群化程度较低

甘肃省各地劳动密集型企业占比高，虽然初步形成了一些颇具特色的支柱产业，但大部分中小企业规模小、缺乏核心技术。同时，部分产业上下游配套不紧密，产品大多处于产业链和价值链的低端，难以形成专业化的产业集群。具体而言，甘肃省中小企业普遍存在产业链条较短，大部分都处于粗加工阶段，企业间产品技术相互支持、相互依赖的专业化分工尚未形成。产业链多以低成本为基础，家庭企业的生产管理方式占有相当大的比重，专业化层次较低，产品附加值不高，同质化现象严重，普遍存在高投入、高耗能、低产出，模仿多、创新少的现象。

以定西市马铃薯产业为例，虽然定西市是全国闻名的“马铃薯之乡”，马铃薯加工企业也成为定西市乡村脱贫致富的支柱产业，已建成万吨以上马铃薯加工龙头企业28家，但多数中小企业科技创新能力不强，特别是农产品加工创新能力不足，工艺水平落后，一、二、三产业融合层次比较低，农户和企业间的利益联结还不紧密，带动能力不强，尚未形成“产加储销一体化”的全产业链条。

（二）企业创新培育和孵化平台纵深发展不足

近年来，甘肃省各地政府为促进中小企业发展先后建立了一些创新创业孵化器、创业园、“双创”空间、星创空间等公共服务平台，但各类服务平台发挥的作用还比较有限，平台化建设深度和广度不够。现有平台尚处于初始阶段，规模小、力量薄弱、运作效率较低、专业性不强、服务的广度和深度均有所欠缺，不能满足企业差异化服务需求；在为企业开展供需对接、创业创新服务、解决共性难题、推动企业转型升级等方面的作用发挥不够。

例如，河西某市目前正致力于全力打造全国小微企业“双创”示范城市，但是从成效看，该市具备核心服务资源和高端服务能力的创业孵化基地数量明显偏少，大部分孵化机构的专业化水平较低，孵化成功的代表性企业数量少，孵化器未能实现良性运转。这些创新创业平台的建设投入和日常运转主要依靠当地政府

专项财政补贴以及平台经费运行，市场力量介入过少导致这些创新创业平台有着极强的“官办”色彩；自身专业化服务的团队建设、内外部资源整合能力和孵化项目甄别能力都严重缺乏，通过技术转移服务、股权投资获取收益的商业运行模式尚未发挥效用。因此，这些平台在支持本地中小企业提升科技含量、实施创新发展时遭遇不少现实困难。

（三）创新人才严重缺乏

创新人才是支撑中小企业创新转型和发展的前提要素，囿于甘肃省所处地理位置、经济发展等不利因素，以及企业自身发展阶段和行业特点所限，本次调研中全省各地中小企业均强烈反映企业人才队伍建设不足的突出问题。当前，甘肃中小企业难以吸引优秀的专业技术与管理人才已经成为普遍问题，企业原有的专业技术与管理人才也流失严重，对中小企业发展造成严重影响。愿意进入中小企业工作的专业技术和管理人才数量少、质量不高且分布极不均衡，多数人才集中在省内经济发展基础好的区域、部分有较大发展潜力的行业和重点骨干企业。

项目组对《甘肃省中小企业发展环境评估调查问卷（企业版）》中Q42的统计分析结果显示，高达39.2%的中小企业认为发展中面临“人才缺乏”的问题，位于中小企业面临困难的第3位。同时，各地政府在解决中小企业人才工作方面的政策效果不佳，从企业版问卷中的Q41“在优化中小企业发展环境的若干举措中，哪些政策取得的效果较好？”这一问题的答案看，选择“人才引进与培训”的占比仅仅为23.3%，远低于“税收优惠”等政策效果的占比。有被访企业表示，“企业现有4个技术人才，我们的研发都是外包，之前与北京、济南等大专院校合作做了一些工作，但是地方政府没有提供过支持。我们需要政府在人才引进和培育方面提供大量支持。”（QY-ZN-20200620）项目组在调研中还了解到，省内多数市（州）尽管组织过本地中小企业管理者和专业技术人才到国内经济发达地区进行培训，但有30.5%的被访中小企业经营管理人员没有参加过各级政府组织的经营管理人员培训项目，还存在培训项目缺乏针对性、受训学员反映培训效果不佳等问题。

上述问题的原因主要包括三个方面：一是缺乏类似“中小企业服务局”等服务中小企业发展的权威部门，甘肃省促进中小企业和民营经济发展工作领导小组的职能更多的是协调和统筹政府具体部门工作，尚不能把中小企业服务相关的权力和职能集中起来。二是不少政府部门缺乏对中央和省级政策的学习，对中小企业发展实际的调研不够，找不到政策与中小企业发展实际的契合点。三是政府部门基层工作人员整体能力不足，不能深刻领会政策内涵，对政策的解读和宣传能力有待提升。

五、中小企业自身转型升级动力不足

（一）大部分中小企业组织管理模式落后

甘肃省大量中小企业现有的组织管理模式落后，企业发展缺乏前瞻计划性，缺乏研究和开发新技术和新产品的力量，企业资本实力和造血能力都比较薄弱，导致中小企业产品技术含量和附加值不高，特色品牌产品少，高端产品供给不足，市场占有率较低。特别是一些中小企业还滞留在“家族式”“小作坊式”的个体经营形式上，经营管理和决策上往往是家长式的“一言堂”，缺乏对企业长远发展方向的考虑。有政府人员表示，“我们区餐饮管理公司非常多，但是他们本身文化程度比较低，也没有强烈的发展愿望，就想着守好一个面馆这么简单，基本也是以家庭成员为主要员工。”（LZ-QL-20200719）

此外，甘肃省特色农畜产品、旅游资源丰富，但存在“有好的资源没有好产品，有好的产品却没有知名品牌”的问题。这些中小企业缺乏明确的营销战略和相应的人才、信息渠道，大多依靠直接推销和订货加工等方式来进行产品的销售和服务，经济稳增长动能不强，后续乏力。例如，甘南州具有发展绿色食品得天独厚的优势，但涉农中小企业多数缺乏对技术创新的投入，产品附加值不高。同时，遵循传统的家族式经营模式，难以创新发展，商标知名度和产品销售大多局限于本县（区）或市（州）。

（二）中小企业创新发展的主观能动性不足

中小企业转型升级的发展过程中需要政府支持、市场引导、企业发力，但是，甘肃省大部分中小企业将企业发展过程中的阻力归因于缺乏资金、缺乏政府扶持、市场竞争较多等问题，仍然存在“等、靠、要”的思想，在寻找市场空间、产品和企业的竞争优势过程中明显缺乏突破性思维，难以主动理解政府整体战略部署和相关政策，缺乏主动争取各项发展前景的好项目与机会。同时，大多数中小企业在既有的发展模式上，不愿意投入成本和技术进行传统产业技术升级、品牌建设和信息化改造，不愿意承担转型升级过程中面临的成本和风险。评估过程中有企业家表示，“现在这种大环境下，我们还是比较谨慎的，人家说不转型是‘等死’，转型是‘找死’，像我们这种实体产业压力更大，不敢太多去尝试新的东西，害怕投入大，没结果。”（WW-GL-20200609）

（三）中小企业面临较高成本负担

基础设施和工业能源价格也是制约甘肃省中小企业发展的重要因素，大多数中小企业面临较高的成本负担。全省交通基础设施仍处于发展阶段，交通运输网规模总量不足，跨区域干线运输通道缺乏，铁路干线运输负荷过重，公路干线通过能力受限，物流成本居高不下，道路交通运输能力无法充分适应市场需求和企业的物流需要。同时，全省各地工业园区基础设施建设有待改善，除去少数工业园区发展迅速外，各地园区的基础建设大都比较薄弱，不少企业经营者反映政府在招商引资时承诺工业园区实现“七通一平”，但实际上建设进度严重滞后，部分地区至今还未实现承诺。有被访企业表示，“在园区内用水、用电都不正规，并且园区内道路不平，需要企业自行修补，一旦发生水灾、暴雨，园区内也会出现内涝的现象。”（JQ-SZ-20200609）

此外，工业用电等能源价格也限制了全省中小企业的进一步发展。甘肃的电力能源相对丰富，尽管甘肃省鼓励部分供电企业推出“直购电”“直供电”等优惠措施，但由于限制条件较多，审批程序烦琐，导致多数中小企业被拒之门外，无法享受该惠企政策的红利。调研中不少企业反映省内工业用电价格相对于周边省份而言整体偏高。“甘肃省比周边的青海、内蒙古等相邻省份电价都要高，比青海省平均电价高0.02元/千瓦时，省、市政府相关部门都出面与供电企业进行协调，但效果不明显，高电价制约了企业在全国同行中的竞争优势。”（JYG-20200629）

上述问题的原因主要包括两个方面。从主观层面来看，甘肃省的部分中小企业经营者受制于自身学历、能力的限制，缺乏勇于创新、敢于担当、服务社会的企业家精神，对企业的长远发展和市场形势缺乏研判与规划，对企业转型升级、做大做强的主观能动性不足，导致企业管理模式落后、产品缺乏核心竞争力。从客观层面来看，甘肃省的工业基础设施仍处于发展阶段，大多数中小企业面临较高的成本负担；全省交通基础设施仍处于发展阶段，工业园区建设、干线运输建设等相对滞后；工业用电等能源价格较邻近省份缺少比较优势，较高的成本负担进一步制约了中小企业的转型升级。

第九章 优化建议

基于对甘肃省中小企业发展环境中存在问题的梳理和主要成因分析，依据本次项目中获取的大量一手数据以及来自于基层政府、中小企业家的意见，结合2021年3月1日任振鹤省长在省政府第119次常务会议上对全面优化甘肃省营商环境的重要指示精神，从以下五方面提出优化全省中小企业发展环境的政策建议。

一、进一步深化“放管服”改革、优化政务服务

党的十八大以来，我国开展了新一轮以“放管服”改革为主的行政权力改革，浙江省“最多跑一次”、厦门市“一件事一次办”等改革创新做法都有效提升了地方营商环境水平。党的十九届四中全会再次强调“深入推进简政放权、放管结合、优化服务，深化行政审批制度改革，改善营商环境，激发各类市场主体活力”，力求在放管服的过程中简上加简，降低企业不必要的制度交易成本，推动中小企业发展环境优化。

当前，甘肃省“放管服”改革过程中仍面临着一些亟待解决的突出问题与矛盾，例如创新型、针对性改革措施不足等。甘肃省有待进一步聚焦市场主体，从进一步规范、简化各项审批制度、加强柔性监管、推动数字赋能政务服务等方面，深入推动“放管服”改革的各项措施落实、落细。

（一）加强政府权力规制，将清权、减权、放权落到实处

第一，全面推行涉企证明事项和经营许可事项告知承诺制，从制度层面破解企业办证多、办事难、多头跑等问题，全力推进“减证便民”行动。省级政府相关部门应尽快制定具体的方案与实施办法，明确涉企证明事项的办理流程、使用对象、信用记录等内容。通过行政机关清楚告知、企业诚信守诺，减少企业在市场主体准营等方面提供证明等成本。与此同时，政府部门对免于核查的事项要加强信用监管，配套建立本行业告知承诺信用信息的记录与使用工作，对中小企业

提供虚假承诺的事项依法依规实施惩处。

第二，强化纪委监委职能，在全省范围内开展“放管服”工作监督检查行动，进一步清理整治变相审批，并对甘肃省政府已经取消、调整、下放的行政审批事项进行督察。一是拓宽问题反映渠道。为便于企业家及时监督，各级纪委、监委应建立健全信、访、电、网“四位一体”监督举报受理体系，及时解决对中小企业的反映不作为、慢作为、假作为、乱作为等方面的举报投诉。二是公开曝光警示，整肃庸政、懒政、怠政行为。利用电台、电视台、网站、公众号等媒介，对查处的改革进展迟缓、审批环节过多、办事效率低下、评估证明过多过滥等中小企业反映强烈的突出问题，及时公开通报、曝光。三是严格依据党纪政纪问责。以“零容忍”的态度强化监督执纪问责实效，严肃整治吃拿卡要、利益输送等不正之风和腐败，坚定不移地把涉企“放管服”改革推向深入，使广大中小企业真正从“放管服”改革中受益。

（二）落实“包容审慎”监管要求，推进柔性监管

第一，严格规范行政执法自由裁量权，制定行政处罚自由裁量基准相关制度。对法律、法规和规章中带有行政处罚裁量的条款，依法进行重新清理分类，并分项细化、量化裁量标准，形成行政机关执法基本遵循的法则。坚持合法、合理、公平、公开的原则，对行政执法自由裁量权的标准、条件、种类、幅度、方式、时限等予以细化。根据《中华人民共和国行政处罚法》《优化营商环境条例》等法律、法规、规章的有关规定，加快出台涉企行政执法容错纠错制度与实施细则，进一步明确针对中小企业的行政处罚自由裁量情形、适用条件、保障措施等内容，在法定权限、范围内给予中小企业容错纠错空间。特别是在新产业、新业态等领域，相信市场主体、鼓励创新行为，探索开展柔性监管、智慧监管等多种监管模式。

第二，行政执法部门应加强执法联动机制建设，建立健全事中事后监管机制。一方面，加强监管部门的信息共享，实现审批与监管的无缝衔接，特别是对取消下放后的行政审批事项的跟踪落实和后续监管。另一方面，科学实施“双随机、一公开”监管模式，科学确定抽查频次，实施风险分类监管，强化联合执法，避免给中小企业正常经营带来过度监管等困扰。

（三）推动“数字化+政务服务”建设，优化政务服务

第一，强化政务服务线下服务能力与职能转变。一是简化政务服务大厅办事流程，提升协同政务服务效率与质量。建立审批项目手续办理自动流转的相关制度，在联审联批过程中，各审批部门间实现资料共享，形成部门联动工作机制，

并对项目手续办理全过程进行实时监测。二是全面推广政务大厅首问责任制。第一位接受咨询的在岗工作人员即为履行首问负责制的责任人，对不属于首问责任人的职责范围，应当主动引领服务对象到相关窗口，向相关责任人介绍情况，相关责任人应履行首问负责制职责。

第二，加强数字赋能政务服务，实体性政务中心和网上政务大厅相互配合，推动线上服务与线下服务全面融合。一方面，通过数字赋能政务服务，助力行政审批制度改革，力争做到“让数据多跑路、让人员少跑路”，真正推动“不见面审批”“一网通办”等各项服务的落地。另一方面，政府部门应强化数字治理能力，有效推动各项涉企数字平台的建设与利用，强化数据的共享互通，为中小企业线下办理提供便捷、线上办理减少负担。

二、营造公平透明的市场环境、夯实法治基石

（一）全面落实中小企业“非禁即入”

第一，加快制定市场准入负面清单相关制度和实施细则。建议对各地“非禁即入”具体工作做出明确的阶段性目标要求，开展落实“市场准入负面清单”监督检查专项行动。对负面清单中许可事项，严格审核、认真把关，不断强化事中监管；对清单外的事项，加大事后监管的力度，确保市场主体平等进入，不受限制。

第二，全面推进公平竞争审查第三方评估。通过招标选取第三方机构对全省各地和省直部门的公平竞争审查工作开展综合评估，以保证审查效果，及时核查和纠正涉及各单位违反公平竞争审查制度的不当行为。

第三，开展企业违法违规专项整治行动。定期或不定期依法查处少数企业滥用市场地位限制交易、进行不正当竞争等违法行为；完善企业投诉举报联动处理机制，及时核实、处理投诉举报。

（二）提升对中小企业的重视程度

第一，建立中小企业发展环境常态化第三方评估机制。建议通过公开招标引入第三方评估机构，省委、省政府委托专门机构组织实施对全省中小企业发展环境进行常态化年度评估，评价结果可面向社会公开。该评估成果可作为省委、省政府进一步调整中小企业扶持政策、优化中小企业发展环境的重要参考。

第二，鼓励中小企业经营者参与涉企政策的制定。建议将中小企业经营者参与涉企政策行为制度化，要求各级政府在出台涉企政策前，邀请一定比例的中小企业经营者参与政策制定过程。参与政策制定的企业家应尽可能地多样化，涵盖

不同行业、不同规模、不同经营种类、不同经营业态。各地、各部门在制定与市场主体生产经营活动密切相关的规章、行政规范性文件和其他政策文件时，原则上应在事前广泛征求企业家意见并予以合理采纳。

（三）强化运用法治手段保护中小企业合法权益

第一，进一步完善政府采购不得歧视中小企业参与的制度与实施细则。明确全省各级政府机关、事业单位使用财政性资金采购年度政府集中采购目录以内的或者采购限额标准以上的货物、工程和服务时，切实执行政府采购支持中小企业发展的各项制度措施。

第二，形成全省行政机关涉企合同履行情况检查工作机制。重点检查合同在订立和履行全过程中是否符合相关的法定程序，规范行政机关合同管理，确保合同协议全面履行，纠正政府履约中的不规范行为，增强地方政府的契约意识与履约效果。

第三，遵循过罚相当原则。认真贯彻落实《甘肃省政法机关服务经济发展优化营商环境的实施意见》等相关政策文件，强化对中小企业以及企业家的司法保护，主要包括依法保护人身财产权益、依法保护知识产权、依法处理商事纠纷、依法加强对行政行为的司法监督、依法保护债权人合法权益、依法兑现胜诉等合法权益。综合考虑违法行为的情节、危害程度等因素，对中小企业违法行为轻微的及时纠正；没有造成危害后果的依法可处罚款的，不予处罚；慎用羁押性强制措施，对涉案企业不得超范围、超额度、超期限采取查封、扣押、冻结等措施，营造公正透明可预期的法治环境。

三、聚焦政策落实、发挥政策效能

在既有的中小企业财政、融资等支持政策体系下，全省各级政府、相关部门应积极推动政策真正落地，释放政策效能。在中小企业财政支持政策落地方面，不仅要持续加大对中小企业的财政支持，同时也要优化既有财政支持资金的配置和使用，加大对“专精特新”“特色产业”等中小企业的财政支持力度。建立健全中小企业专项资金运行机制，资金使用和运行过程中，确保财政资金及时拨付到位，全面实施财政专项绩效评价，促使财政资金发挥作用。

在中小企业融资保障政策执行方面，探索多元化融资方式、不断完善政府融资配套措施，为全省建立有效运作的融资机制、拓宽融资渠道、提高融资效率、不断提升融资服务质量奠定坚实基础。

(一) 优化涉企财政支持资金配置

1.加大对“专精特新”企业、地方特色企业的财政奖补力度

根据各地培育的专精特新中小企业的发展成果组织评定和验收，对符合“专精特新”的中小企业加大研发支出，对研发成果显著的中小企业制定相应的财政奖补措施，进一步鼓励“专精特新”企业创新转型。对地方特色企业，进一步拓宽政府中小企业专项资金的投放比例，实行多元化的专项资金奖补结构。扩大与甘肃省特色产业发展相关的农业基础设施、农业科研的财政投入规模，根据各地不同特色产业发展匹配相应的基础设施投入。例如，陇南市作为全国电商扶贫示范市，抢抓“一带一路”和“西部陆海新通道”建设战略机遇，积极对接国外市场，大力发展跨境电商。各地应学习陇南市“电商+X”的模式，通过财政特色产业专项资金奖补的方式鼓励当地中小企业形成集群，利用各地资源优势，通过互联网、大数据等渠道，创新业态，不断壮大资源优势并转化为产业优势。

2.对中小企业参与PPP项目实施财政奖补

首先，项目实施地财政部门要有效统筹财政资金，综合运用投资补助、财政补贴、贷款贴息等形式，加大对PPP项目的支持力度。对符合条件并运用PPP模式的交通、能源、市政、水利等公用事业和基础设施建设项目，优先安排专项补助，并可适当上浮补助标准。其次，保障社会资本合理回报。对承担一定公益性任务、社会效益好、收入不能覆盖成本和合理收益的PPP项目，项目实施地政府可综合考虑建设成本、运营费用、行业平均收益率和财政中长期承受能力等因素，合理确定和动态调整财政补贴的规模和方式，保障参与合作的中小企业获得合理回报，实现项目可持续运营。最后，对示范项目给予前期费用奖补。建议对列入市级PPP示范项目的，省财政与市财政按项目新引入社会资本金额给予企业一次性奖励；列入省级PPP示范项目的，奖励金额增加20%；列入财政部PPP示范项目的，奖励金额增加40%。奖励资金主要用于补助PPP项目前期费用及其他相关费用支出。

3.加大对科技型中小企业的财政奖励补贴力度

一是全面落实《支持科技创新若干措施》等系列文件精神，建议对符合条件的各类高新技术企业、企业孵化器、知识产权企业等增加奖补资金，对高新技术企业研发费用等加大支持政策优惠力度。二是建议省级政府和各市（州）应积极落实对中小企业研发成本的补贴：对通过省级科技型中小企业创新基金重点支持享受研发费用加计扣除税收优惠政策的中小微企业中全省排前10名的，给予20万元资金奖励；对年度销售收入在1000万元以下的中小微企业，按照研发费用

总额占同期销售收入总额的比例进行奖补。三是鼓励企业进一步提升自主创新与自主研发能力，加快全省中小企业的产业转型升级和绿色发展。四是切实落实各地的创业担保贷款贴息政策，对符合政策规定条件的个人和小微企业创业担保贷款落实创业担保贷款贴息资金，支持中小企业发展。

（二）规范中小企业发展专项资金运行机制

项目组调研结果显示，全省仅有天水市等少数地区切实建立了中小企业发展专项资金，其余地区均未在本级财政中设立本级中小企业发展专项资金。各地政府应尽快建立健全中小企业发展专项资金，并设立本级中小企业发展专项资金专户，并拨付相应款项。与此同时，须建立规范的专项资金管理机制。

各级中小企业主管部门、科技主管部门和商务主管部门定期或不定期对项目实施情况进行监督检查。按“属地上报、属地服务、属地负责”的原则，各地要加强对所属辖区内“中小企业发展专项资金项目”跟踪服务、自查和督查工作，重点督查和解决项目调度中发现的问题。同时，建立项目督查台账，督促项目单位明确问题整改的时限、措施等。每年年底形成本年度项目自查报告并上报。

各市（州）、省直管县工信部门会同财政部门建立专项资金绩效评价制度，明确评价原则、组织实施、评价依据、评价内容、指标体系、分值权重、评分标准等内容，必要时可委托第三方中介机构对“中小企业发展专项资金项目”实施情况与资金使用情况进行审计或评估，并加强其结果运用。例如，专项资金的拨付机制可与专项资金的绩效管理制度相结合，特别是针对未完工项目的扶持资金、不能一次性发放扶持资金等情况，应该结合项目实施阶段性绩效目标和具体进程，按比例分批发放，既确保实现扶持项目的绩效目标，又能确保资金的使用效率。

（三）探索符合甘肃实际的融资新模式

1.建立“财政+保险”信贷风险补偿机制

“财政+保险”信贷风险补偿机制有三个主要特征：一是保险机构为中小企业提供银行信贷保证保险；二是银行信贷风险由保险机构承担，消除银行对中小企业信贷按期偿付能力的顾虑；三是政府财政兜底建立信贷保证保险风险补偿资金池，用于分担补偿保险机构经营风险。基于上述三个特征，建议由各级地方政府牵头，动员银行、保险或再保险机构、地方财政部门或政府性金融投资机构通过协商形成“财政+保险”信贷风险补偿机制，有效破解当前中小企业面临的融资难、融资贵等突出问题。同时，推动银行、保险机构组建服务中小企业发展的供应链金融平台。银行、保险机构应依托供应链核心企业，基于核心企业与上下游链条企业之间的真实交易，借助现代金融工具和信息技术，充分整合物流、信息流、资金流等各类信息，为供应链上下游链条企业提供融资、结算、现金管理等一揽子综合金融服务，从而形成中小企业融资新模式。

2.鼓励符合条件的私募基金发起设立中小企业支持基金

依法支持各金融机构发行的资产管理产品和保险资金，通过私募股权基金投资等方式参与中小企业的资金纾困。采取有效的政策激励措施，吸引更多的社会力量参与中小企业债转股改革。鼓励通过债务重组和再融资等方式化解中小企业股票质押风险，引导中小企业提升融资能力。同时，鼓励省属国有企业和中小企业进行混合所有制改革。通过混改加快中小企业的股权结构优化，引入国有企业资金可及时缓解中小企业的资金困难，破解融资瓶颈。

3.推动甘肃省中小企业信用担保体系建设

强化各类融资保障平台应用，特别是融资综合信用服务平台（“信易贷”平台）、甘肃省中小企业信用信息综合金融服务平台（“陇信通”平台）等电子化平台。进一步地分行业、分级细化建立全省统一的信用分级分类指标体系，根据行业需求多样化、企业发展梯度化等特点，考虑在产品类型或产品细分的基础上完善中小企业信用评级评价标准。在此基础上，政府积极鼓励银行等金融机构加强与信用评级机构合作，提升全省征信服务水平，提高中小企业的贷款获得率、优化信贷服务体系。

四、加强创新支持、提升公共服务质量

在新形势下，准确把握甘肃省中小企业发展定位，以促进中小企业转型升级为目标，以满足中小企业服务需求为导向，促进各项科技创新要素整合，不断提升中小企业的市场竞争力，对于推进甘肃省中小企业转型升级、助力省内经济壮大有重要意义。

（一）高质量编制本地中小企业发展“十四五”规划

各地中小企业发展规划要突出地方特色和资源禀赋优势，突出规划引领功能。各市（州）、县（区）编制本区域《促进中小企业发展“十四五”规划》时，一方面，要严格按照甘肃省委、省政府有关战略部署，精准分析本地的优势劣势，以规划调整中小企业发展的产业结构。在充分发挥行业大企业导入产业资源、提供产业服务、提升地区品牌形象的作用基础上，鼓励推动大企业向中小企业开放创新链和供应链，引导中小企业积极与大企业协作配套，形成开放式创新平台和供应体系，推动市场资源的集聚与共享，引导中小企业加入集群产业体

系，不断提升自身发展的核心竞争力。另一方面，要实事求是，围绕本区域特色、找准发展定位，突出资源禀赋优势，引导中小企业创新发展、绿色发展，从事高精尖、文化创意、农村电商等符合当地战略定位和资源禀赋条件的产业。例如，强调将甘肃省的文化旅游资源转化为产业优势，通过延伸产业链和创新旅游模式，带动大量中小企业在旅游全产业链良性发展。

（二）提升基本公共服务水平，打造一流软硬件设施条件

1.加快包括中小企业用电价格在内的基本生产要素价格改革步伐

以中小企业生产经营使用的电、水、天然气和互联网等要素使用价格改革为突破，尽快帮助中小企业实现比较成本优势，激发中小企业的发展后劲和成长潜力。特别是针对甘肃省工业用电价格问题，积极探索峰谷分时电价模式、优化工业用电结构化定价等，降低中小企业生产成本。

2.加快全省仓储及现代物流体系建设，提升中小企业配套物流运输能力

一是根据交通运输高质量发展总要求，完善市、县、乡（镇）、村四级网络体系，实现交通基础设施互联互通和无缝衔接，将中小企业生产配套的仓储物流设施纳入规划并统一建设，构建现代化仓储物流体系；通过税收减免等手段，为中小企业提供更为便利、更低成本的物流运输条件。二是充分发挥政府在现代物流业顶层设计、规划编制、政策配套、标准制定等方面的支持与引导作用，优化物流市场结构，鼓励企业规模化、网络化发展，培育和引入平台型、创新型、智慧型物流企业，实现集约化发展，促进物流业降本增效、提质增效。

3.加快公共基础设施建设，高效服务中小企业发展

重点加强各地工业园区、科创园区、企业孵化器等相关配套设施建设，进一步完善各类工业园区和创新创业园区内公共服务基础设施。一方面，科学布局、梯度发展。科学布局园区产业，结合属地经济社会发展特点和园区整体规划，对相关产业发展进行宏观规划与布局指导，避免相同产业类型在相近区域的重叠布局。同时，加强专业化众创空间在重点地区和细分领域的梯次布局，推动专业化众创空间提升服务能力，在若干行业领域推动建立专业孵化器联盟，支撑科技型中小企业培育孵化。另一方面，强化产研对接，加大创新引领。制定针对性政策措施，引导科研机构及科研成果跨区域与相匹配的产业进行有效对接，最大限度地提高科技对园区产业升级发展的贡献度。

（三）增强中小企业孵化平台的综合能力

1.加快建设全省“中小企业技术创新中心”

建议在“中小企业技术创新中心”建立四类平台，即中小企业公共技术平

台、科技成果转化交易平台、项目评估平台和技术培训平台。通过政府引导、市场化运作和开放服务的方式，中心可以为全省中小企业提供设计、信息、研发、试验、检测、新技术推广、培训、交易等整合性服务。鼓励各类中小企业孵化平台由综合化向专业化转变，由提供基础服务向提供高端增值服务转变，长期培育促进中小企业可持续发展的现代服务业。

2.充分发挥各类中小企业孵化器的功能

进一步拓宽各地已有中小企业孵化园的入驻条件与优惠政策，各级政府根据工作实际，每年安排一定财政专项资金，用于定向落实对孵化基地和入驻企业的相关支持政策，充分调动各项资源促进孵化平台的建设发展，提供技术、服务、融资等帮助，让孵化企业成功走向市场实现盈利，然后利用孵化成果促进自身产业的发展，形成与孵化企业共同发展的良性循环。

（四）拓宽中小企业专业技术和管理类人才引进渠道

1.扎实推进全省中小企业与省内高校与科研院所的产学研结合，鼓励更多优秀人才在中小企业就业

鼓励省内各高校与中小企业共建科研工作站、大学生创业基地、实习实训基地、生产实训中心等，开展更多产教融合、产研融合项目，将更多的优秀专业人才和管理人才有意识地引向中小企业就业，构建促进全省中小企业专业人才和管理人才的有序流动机制。

2.落实好各级各类人才政策，完善人才引进配套措施，不断提高中小企业专业人才待遇

一是在子女入学、就医、住房、职称评定、酬金等方面提供实实在在的政策支持，解除各类人才的后顾之忧，帮助企业留住人才。二是建立对中小企业的高层次专业技术人员和管理人员的专项人才补助机制。三是对不裁员或少裁员的社会保险参保中小企业，返还其上年度部分实际缴纳失业保险费用，对面临暂时性生产经营困难且恢复有望的企业，加大返还力度。

3.按照企业实际需求，针对性、精准化开展中小企业人才年度免费培训

一是围绕省委、省政府决策部署以及全省工信系统工作重点，突出实施重点产业培训工程，设置先进制造、创业创新、管理提升、转型升级、省外培训等不同类型的培训专题。二是改革统一化、无差异的企业培训模式，根据地域行业的实际发展特点，制定专门化的企业培训体系，并在培训内容的针对性、有效性和实用性上真正有所突破，不断提高培训质量，调动中小企业管理人员、技术人员的参培积极性，提供有质量、有效果的培训服务。

五、强化政府引领、激发中小企业发展内生动力

中小企业的健康持续发展依赖于政府引导、企业参与的基本格局，政府在提升自身服务效能、强化支撑体系建设、提升公共服务质量的同时，也要充分发挥鼓励、引导作用，在与中小企业构建良性健康的新型政商关系基础上，激发中小企业发展的内生力量与造血能力，将中小企业发展的外部市场环境优化与内部发展动力紧密结合、依托共进，推动甘肃省中小企业的高质量发展。

（一）建立健全促进中小企业发展的工作机制

第一，完善和加强市（州）、县（区）两级促进中小企业和民营经济发展工作领导小组管理机制。落实领导小组工作会议制度，确保领导小组以季度为单位定期召开专题会议，安排部署中小企业工作专题事项，形成针对中小企业发展的常态化领导工作机制。同时，建立工作进展成效的报告制度和工作进展督察督办制度，针对中小企业发展中的重点、难点问题明确部门责任、紧抓政策落实、提升管理效能，真正解决中小企业发展中的实际问题。在此基础上，进一步完善考核机制，对标国家、省委、省政府针对中小企业发展的各项重点工作任务，依据领导干部年度考核办法，对各项中小企业改革任务进行绩效评价，并强化评价结果运用。

第二，设置功能定位清晰的中小企业和民营经济工作机构。明确工作机构核心工作职能，全面统筹当地中小企业发展工作，在现有组织架构下增加中小企业工作人员编制，强化经费保障，增强综合服务能力。待条件和时机成熟，可借鉴部分沿海经济发达地区的先进经验设置专门的中小企业服务局。

（二）推动各地政府营造新型“亲”“清”政商关系

政商关系的健康发展是促进社会经济进步的“良方”，甘肃省要进一步统一思想和行动，牢固树立人人都是营商环境、人人为全省中小企业发展环境做贡献的理念，切实营造重商、亲商、爱商、护商的浓厚氛围；制定新型“亲”“清”政商关系行为准则，着眼于规范公职人员与企业人员的交往行为，通过制定行为准则，划定构建“亲”“清”政商关系的红线，明确公职人员和企业人员交往的“正面清单”与“负面清单”；对公务人员涉企的各类行为进行分类细化，就各类行为中可能出现的问题做出原则性回应和政策解释。

（三）鼓励、引导中小企业走“专精特新”发展之路

在当前国内经济持续下行、新冠疫情对国内经济恢复构成相当阻力的情况下，中小企业只有通过增强创新意识、加快科技创新，才能从根本上克服不利影

响，实现企业自身的高质量发展。结合甘肃省实际，全面提升中小企业创新意识，重点在于做好三方面的工作：一是要突破不思进取、安于现状等僵化和保守观念的束缚，形成积极进取、勇于探索、鼓励创新、宽容失败、开放包容、追求卓越的企业创新文化。二是营造有利于创新人才成长和发挥作用的体制机制和环境，采取有利于创新人才成长的措施，形成尊重知识、尊重人才、尊重创造的企业创新文化。三是高度重视科技人才队伍建设。摒弃传统的“家族式”企业用人模式，打造层次分明、结构合理、素质高、能力强的创新人才队伍。加强校企合作、订单式培养，加强企业创新人才、青年科技人才和高技能人才的引进与培养。

同时，鼓励、引导中小企业走“专精特新”发展道路。第一，树立企业技术创新战略，技术创新是中小企业长远发展的核心力量，政府部门应引导并推动中小企业重视技术创新，改善工艺装备，加强生产管理，形成企业自身的核心技术，逐步发展成长为产品质量过硬、技术含量和附加值高、拥有一定市场影响力的优质中小企业。第二，坚持专业化发展，突出核心专长，以打造细分领域“行业小巨人”为目标，成为所属行业的标杆与品牌，培育企业长期的竞争优势。第三，形成差异化发展战略。依据既有的《甘肃省“十三五”工业转型升级规划》，以及地方出台的《“十四五”规划》等政策文件，各地地方政府应积极引导中小企业立足所在地区的资源禀赋和产业基础，结合发展新方向、新业态，加快自身转型升级。例如，陇南地区发展特色农产品及农产品电子商务等产业，中小企业应借势既有的发展基础，加快转型升级；甘南州所辖的中小企业，应围绕特色生物资源和民族文化优势，依附于龙头企业、大型国企等市场主体，加入民族用品、商贸物流产业发展链条，进一步延伸产业链，提高产品附加值。

参考文献

专著类

[1] 董雪兵，周谷平. 中国西部大开发发展报告 [M]. 北京：中国人民大学出版社，2020.

[2] 耿国婷，张爽. 民营企业"一带一路"实用投资指南：蒙古国和欧亚七国 [M]. 北京：中华工商联合出版社，2020.

[3] 姜恒雄. 中国企业发展简史 [M]. 北京：西苑出版社，2001.

[4] 焦富民，陈承堂. 中小企业发展法理规范框架与实证分析 [M]. 北京：社会科学文献出版社，2007.

[5] 李路. 行政审批制度改革创新研究 [M]. 西安：陕西人民出版社：2019.

[6] 李涛. 资源枯竭型城市投资环境研究 [M]. 北京：新华出版社，2015.

[7] 林汉川. 中国中小企业发展机制研究 [M]. 北京：商务印书馆，2003.

[8] 刘钒. 促进科技型中小企业创新发展政策的省域比较研究 [M]. 武汉：武汉大学出版社，2016.

[9] 刘合生. 政府促进中小企业发展政策研究——基于金融危机背景下的思考 [M]. 北京：中国社会科学出版社，2012.

[10] 刘淑春，林汉川等. 新发展格局下中国中小企业高质量发展若干问题的理论与实践 [M]. 北京：企业管理出版社，2021.

[11] 龙跃，尹川华. 中小企业创新发展驱动研究——基于重庆地区的分析 [M]. 北京：经济科学出版社，2016.

[12] 南京大学金陵学院企业生态研究中心. 江苏中小企业生态环境评价报告 [M]. 南京：南京大学出版社，2018.

[13] 欧江波，唐碧海，邓晓雷. 促进我国中小企业发展政策研究 [M]. 广州：中山大学出版社，2002.

［14］蒋薇薇.企业家异质性对民营企业商业信用融资的影响［M］.苏州：苏州大学出版社，2017.

［15］上海上市公司协会.新三板企业优秀商业模式实践案例与启示［M］.南京：东南大学出版社，2018.

［16］宋华.智慧供应链金融［M］.北京：中国人民大学出版社，2019.

［17］陶清德.中国西部民族地区中小企业发展制度建构研究［M］.北京：人民出版社，2010.

［18］王黎萤.中国制造型中小企业创新发展路径与政策支持体系研究［M］.北京：中国社会科学出版社，2020.

［19］王丽平，田东奎.科技型中小企业可持续性发展的动力机制与扩散机制研究［M］.北京：科学出版社，2015.

［20］许进.中小企业成长中的融资瓶颈与信用突破［M］.北京：人民出版社，2009.

［21］杨娟.中小企业融资结构理论与中国经验［M］.北京：中国经济出版社，2008.

［22］张新民.中小企业财务报表分析［M］.北京：中国人民大学出版社，2020.

［23］赵守国，顾颖，史耀疆.中国西部中小企业创业与成长研究［M］.北京：中国社会科学出版社，2004.

［24］赵岩.中小企业发展报告［M］.北京：电子工业出版社，2021.

［25］Emerson Kirk，Nabatchi Tina. Collaborative Governance Regimes ［M］. Georgetown University Press，2015.

论文类

［1］毕青苗，陈希路，徐现祥，等.行政审批改革与企业进入［J］.经济研究，2018，53（02）：140-155.

［2］沈伟.中小企业、企业家精神和法律——基于立法效果的实际考察［J］.地方立法研究，2018，3（03）：1-25.

［3］陈刚，陈敬之.产权保护与企业家精神——基于微观数据的实证研究［J］.经济社会体制比较，2016（01）：81-93.

［4］陈巍.国外政府绩效管理法制化的经验及其启示［J］.湖南社会科学，2015（05）：104-107.

[5] 池自先，吴莎. 中小企业自主创新的融资现状与建议——以江西省为例［J］. 经济研究参考，2017（67）：106-110.

[6] 崔丽媛，周玉玺．“一带一路”下中国与南亚8国营商环境透视分析——基于2015—2018年世界银行DB报告［J］. 科技与经济，2019，32（05）：91-95.

[7] 崔鑫生．“一带一路”沿线国家营商环境对经济发展的影响——基于世界银行营商环境指标体系的分析［J］. 北京工商大学学报（社会科学版），2020，35（03）：37-48.

[8] 董志强，魏下海，汤灿晴. 人口老龄化是否加剧收入不平等?——基于中国（1996—2009）的实证研究［J］. 人口研究，2012，36（05）：94-103.

[9] 杜运周，刘秋辰，程建青. 什么样的营商环境生态产生城市高创业活跃度？——基于制度组态的分析［J］. 管理世界，2020，36（09）：141-155.

[10] 封北麟. 精准施策缓解企业融资难融资贵问题研究——基于山西、广东、贵州金融机构的调研［J］. 经济纵横，2020（04）：110-120.

[11] 冯涛，张美莎. 营商环境、金融发展与企业技术创新［J］. 科技进步与对策，2020，37（06）：147-153.

[12] 郭景先，苑泽明. 生命周期、财政政策与创新能力——基于科技型中小企业的经验证据［J］. 当代财经，2018（03）：23-34.

[13] 郭仕广. 基于商业银行视角的中小企业融资难问题［J］. 山西财经大学学报，2019，41（S2）：33-34.

[14] 郭研，郭迪，姜坤. 政府资助、项目筛选和企业的创新产出——来自科技型中小企业创新基金的证据［J］. 产业经济研究，2015（02）：33-46.

[15] 后向东. 论营商环境中政务公开的地位和作用［J］. 中国行政管理，2019（02）：17-22.

[16] 纪哲. 法治政府建设与深化“放管服”改革专家研讨会在京召开［J］. 中国行政管理，2021（09）：1.

[17] 姜晓萍. 构建服务型政府进程中的公民参与［J］. 社会科学研究，2007（04）：1-7.

[18] 解学梅，刘丝雨. 协同创新模式对协同效应与创新绩效的影响机理［J］. 管理科学，2015，28（02）：27-39.

[19] 解学梅，左蕾蕾，刘丝雨. 中小企业协同创新模式对协同创新效应的影响——协同机制和协同环境的双调节效应模型［J］. 科学学与科学技术管理，

2014，35（05）：72-81.

［20］李柏洲，徐广玉，苏屹. 中小企业合作创新行为形成机理研究——基于计划行为理论的解释架构［J］. 科学学研究，2014，32（05）：777-786+697.

［21］李朝. 中国营商环境评估的实践偏差及其矫正［J］. 中国行政管理，2020（10）：106-114.

［22］李黎，莫长炜，蓝海林. 政治资源对商业模式转型的影响——来自我国中小企业的证据［J］. 南开管理评论，2015，18（05）：28-41.

［23］李先军，罗仲伟. 新时代中国营商环境优化："十三五"回顾与"十四五"展望［J］. 改革，2020（08）：46-57.

［24］李志军，张世国，李逸飞，等. 中国城市营商环境评价及有关建议［J］. 江苏社会科学，2019（02）：30-42+257.

［25］李志军，张世国，牛志伟，等. 中国城市营商环境评价及政策建议［J］. 发展研究，2021，38（09）：56-62.

［26］林洲钰，林汉川. 中小企业融资集群的自组织演进研究——以中小企业集合债组织为例［J］. 中国工业经济，2009（09）：87-95.

［27］刘江会，黄国妍，鲍晓晔. 顶级"全球城市"营商环境的比较研究——基于SMILE指数的分析［J］. 学习与探索，2019（08）：147-156.

［28］刘戒骄，王德华. 新中国成立70年来所有制结构的变革与展望［J］. 区域经济评论，2019（05）：10-20.

［29］刘骏，张蕾，陈梅，等. 高层次创新人才薪酬与企业盈利关系研究——以科技型中小企业为例［J］. 科技进步与对策，2020，37（14）：135-140.

［30］刘涛，张夏恒. 我国中小企业数字化转型现状、问题及对策［J］. 贵州社会科学，2021（02）：148-155.

［31］刘消寒. 政府对中小企业扶持体系的构建［J］. 社会科学战线，2012（05）：243-245.

［32］卢强，刘贝妮，宋华. 中小企业能力对供应链融资绩效的影响：基于信息的视角［J］. 南开管理评论，2019，22（03）：122-136.

［33］吕臣，陈廉. 民营中小企业深度融入"一带一路"产能合作的困境与建议［J］. 经济纵横，2019（06）：62-67.

［34］马相东，王跃生. 新时代吸引外资新方略：从招商政策优惠到营商环境优化［J］. 中共中央党校学报，2018，22（04）：112-121.

［35］马忠新. 营商制度环境与民营经济发展——基于营商文化"基因"的

历史考察与实证［J］. 南方经济，2021（02）：106-122.

［36］彭向刚，马冉. 政务营商环境优化及其评价指标体系构建［J］. 学术研究，2018（11）：55-61.

［37］钱玉文. 我国法治化营商环境构建路径探析——以江苏省经验为研究样本［J］. 上海财经大学学报，2020，22（03）：138-152.

［38］裘莹，郭周明. 数字经济推进我国中小企业价值链攀升的机制与政策研究［J］. 国际贸易，2019（11）：12-20+66.

［39］阮舟一龙，许志端. 县域营商环境竞争的空间溢出效应研究——来自贵州省的经验证据［J］. 经济管理，2020，42（07）：75-92.

［40］施雪华. “服务型政府”的基本涵义、理论基础和建构条件［J］. 社会科学，2010（02）：3-11+187.

［41］宋华，陈思洁. 供应链整合、创新能力与科技型中小企业融资绩效的关系研究［J］. 管理学报，2019，16（03）：379-388.

［42］粟进，宋正刚. 科技型中小企业技术创新的关键驱动因素研究——基于京津4家企业的一项探索性分析［J］. 科学学与科学技术管理，2014，35（05）：156-163.

［43］谭语嫣，谭之博，黄益平，等. 僵尸企业的投资挤出效应：基于中国工业企业的证据［J］. 经济研究，2017，52（05）：175-188.

［44］王昌林，赵栩. 加快营造国际一流的营商环境——关于当前深化“放管服”改革、优化营商环境的一些思考［J］. 中国行政管理，2019（07）：19-20.

［45］王峰. “放管服”改革中政府间纵向关系调整：逻辑与进路［J］. 中国行政管理，2021（08）：22-24.

［46］王光荣. 营商环境提升：补齐社会环境短板［J］. 重庆社会科学，2019（02）：26-34.

［47］王科. 论公民参与型公共管理模式及在中国的构建路径［D］. 吉林大学，2010.

［48］王玉. 数字经济对中小制造企业转型的影响研究［J］. 经济社会体制比较，2021（03）：47-57.

［49］王正新，周乾. 营商环境如何影响中国企业对“一带一路”沿线国家直接投资［J］. 财经论丛，2019（09）：42-52.

［50］王智新，赵沙俊一，朱磊. 营商环境改善对企业技术创新的影响——来自中国企业微观层面的经验证据［J］. 财经理论与实践，2021，42（01）：117-

124.

[51] 魏谷，孙启新.组织资源、战略先动性与中小企业绩效关系研究——基于资源基础观的视角 [J].中国软科学，2014（09）：117-126.

[52] 吴群."互联网+中小企业"的发展致思 [J].理论探索，2016（01）：103-107.

[53] 徐建斌，朱芸.税收营商环境对企业技术创新的影响 [J].税务研究，2020（02）：99-105.

[54] 徐嫣，宋世明.协同治理理论在中国的具体适用研究 [J].天津社会科学，2016（02）：74-78.

[55] 薛阳，赵栩.西部地区深化"放管服"改革的对策建议——以甘肃省为例 [J].中国行政管理，2019（11）：158-159.

[56] 阳军，刘鹏.营商环境制度完善与路径优化：基于第三方视角 [J].重庆社会科学，2019（02）：35-44.

[57] 杨传开，蒋程虹.全球城市营商环境测度及对北京和上海的政策启示 [J].经济体制改革，2019（04）：34-41.

[58] 杨涛.小微企业需要什么? [J].现代商业，2015（03）：66-67.

[59] 杨亚平，李腾腾.东道国营商环境如何影响中国企业对外直接投资选址 [J].产经评论，2018，9（03）：129-147.

[60] 杨枝煌，刘泽黎，李斐.构建有中国特色的营商环境评价体系 [J].国际经济合作，2020（05）：96-107.

[61] 杨志勇，文丰安.优化营商环境的价值、难点与策略 [J].改革，2018（10）：5-13.

[62] 姚耀军，李明珠.金融结构、中小企业与反贫困——基于新结构经济学最优金融结构理论的经验研究 [J].浙江社会科学，2013（09）：25-33+155-156.

[63] 于文超，梁平汉.不确定性、营商环境与民营企业经营活力 [J].中国工业经济，2019（11）：136-154.

[64] 张定安.深化"放管服"改革优化营商环境 [J].中国行政管理，2020（02）：155-156.

[65] 张国勇，娄成武.基于制度嵌入性的营商环境优化研究——以辽宁省为例 [J].东北大学学报（社会科学版），2018，20（03）：277-283.

[66] 张劲松，卢兆梅，詹圣泽，等.营商环境优化与城市空间格局的提升——以厦门为例 [J].中国软科学，2020（10）：107-118.

［67］张美莎，徐浩，冯涛．营商环境、关系型借贷与中小企业技术创新［J］．山西财经大学学报，2019，41（02）：35-49.

［68］张美莎，徐浩．营商环境优化对中小企业创新的影响——基于7069项贷款事件的实证检验［J］．软科学，2021，35（03）：83-88+95.

［69］张培丽．中小企业高质量发展的困境与出路探析［J］．中国特色社会主义研究，2019（05）：25-31.

［70］张三保，康璧成，张志学．中国省份营商环境评价：指标体系与量化分析［J］．经济管理，2020，42（04）：5-19.

［71］张月君．中小企业融资理论的丰富与发展——评《金融错配与中小企业融资》［J］．山东社会科学，2020（12）：202.

［72］张蕴萍，陈言，刘志强，郭琪．中国中小企业融资约束对比研究——来自科技型中小企业和新三板企业的微观证据［J］．济南大学学报（社会科学版），2022（01）：1-12.

［73］赵宏伟．深化"放管服"改革优化区域营商环境［J］．中国行政管理，2019（07）：21-23.

［74］赵慧娟，姜盼松，范明霞，等．数据驱动中小制造企业提升创新绩效的机理——基于扎根理论的探索性研究［J］．研究与发展管理，2021，33（03）：163-175.

［75］郑国楠，刘诚．营商环境与资源配置效率［J］．财经问题研究，2021（02）：3-12.

［76］郑巧，肖文涛．协同治理：服务型政府的治道逻辑［J］．中国行政管理，2008（07）：48-53.

［77］竺乾威．服务型政府：从职能回归本质［J］．行政论坛，2019，26（05）：96-101.

［78］张占斌．优化营商环境的特殊意义［N］．北京日报，2020-12-14（014）．

［79］Ansell C，Gash A. Collaborative Governance in Theory and Practice ［J］. Journal of Public Administration Research and Theory，2008，18（4）：543-571.

［80］Koebele EA. Cross-Coalition Coordination in Collaborative Environmental Governance Processes ［J］. Policy Studies Journal，2020，48（3）：727-753.

附/录

附件 1：

甘肃省中小企业发展环境评估调查问卷(企业版)

为全面客观地评估甘肃省中小企业发展环境，受甘肃省促进中小企业和民营经济发展工作领导小组办公室委托，兰州大学管理学院实施本次问卷调查。本次问卷调查将采用无记名方式填写，所有问卷信息仅用于项目本身且将被严格保密。感谢您的积极配合！

一、个人基本情况

1.您的性别？（单选）

A. 男

B. 女

2.您的年龄？（单选）

A. 30 岁及以下

B. 31～40 岁

C. 41～50 岁

D. 51 岁及以上

3.您的民族？（单选）

A. 汉族

B. 回族

C. 藏族

D. 东乡族

E. 其他少数民族

4.您的政治面貌？（单选）

A. 中共党员（含预备党员）

B. 共青团员

C. 群众

D. 其他党派（含无党派人士）

5.您的受教育程度？（单选）

A.大专及以下

B.本科

C.硕士

D.博士

6.您的职位层级？（单选）

A.普通员工

B.基层管理者（科室负责人、一线班组长等）

C.中层管理者（部门经理、部门主管等）

D.高层管理者（总经理、董事长、副总经理等）

7.您在贵企业的工作年限？（单选）

A.2年以下

B.2～5年

C.5～10年

D.10年以上

8.您的月收入？（单选）

A.2000元以下

B.2000～5000元

C.5000～8000元

D.8000～12000元

E.12000～15000元

F.15000～25000元

G.25000～50000元

H.50000元以上

二、企业基本情况

1.贵企业所在地位于________市（州）________县（区）。（填空）

2.贵企业属于以下哪个行业？（多选）（参考国民经济行业分类GB/T 4754—2017）

A.农、林、牧、渔业

B.采矿业

C.制造业

D. 电力、燃气及水的生产和供应业
E. 建筑业
F. 批发与零售业
G. 交通运输、仓储和邮政业
H. 住宿和餐饮业
I. 信息传输、软件和信息技术服务业
J. 金融业
K. 房地产业
L. 租赁和商务服务业
M. 科学研究和技术服务业
N. 水利、环境和公共设施管理业
O. 居民服务、修理和其他服务业
P. 教育
Q. 卫生和社会工作
R. 文化、体育和娱乐业
S. 公共管理、社会保障和社会组织
T. 国际组织
3. 贵企业所属产业为?（多选）
A. 第一产业（包括种植业、林业、畜牧业、水产养殖业等产业）
B. 第二产业（主要指加工制造产业或手工制作业）
C. 第三产业（主要包括交通运输业、通讯产业、餐饮业、金融业、教育等）
4. 贵企业股权性质为?（单选）
A. 国有企业
B. 民营企业
C. 集体企业
D. 外商企业
5. 贵企业登记注册类型为?（单选）
A. 有限责任公司
B. 股份有限公司
C. 个人独资企业
D. 合伙企业

6.企业规模为？（单选）（参照统计上大中小微型企业划分标准）

A. 中型企业

B. 小型企业

C. 微型企业

7.贵企业注册资本为 ________万元。（填空）（填写与营业执照一致）

8.贵企业注册日期是 ________年________月________日；开办企业用时约______天；开办企业费用为______元。（填空）（填写与营业执照一致）

9.贵企业2019年营业收入为 ______万元。贵企业2019年第一季度营业收入为：______万元；贵企业2020年第一季度营业收入为：______万元。（填空）

10.贵企业2019年研发经费支出总额为 ________万元。（填空）

11.截至2019年12月31日，贵企业员工数为：____人；截止问卷填写时，贵企业员工数为：____人。其中，高职大专及以上学历的有：____人。贵企业最近一年的职工平均工资为____元/月。（填空）

12.贵企业用电的实际价格为____元/千瓦时。（填空）

13.贵企业截至目前专利授权总量为________个。（填空）（若无，则不填）

14.贵企业2019年互联网接入费为 ______元，累计总宽带为______Gbps。（填空）（若无，则不填）

15.贵企业最近一笔工业用地成交总价为 ________万元，工业用地规模为________亩。（填空）（若无，则不填）

16.贵企业最近一笔商业房产租赁总价为 ________元/月，租赁的商业房产面积为______平方米。（填空）（若无，则不填）

17.贵企业最近一笔融资的年化利率为______%。（填空）（仅指贷款利率）

18.贵企业最近一笔融资的年化综合成本率为______%。（填空）[计算方式：贷款利息，担保费，因贷款发生的费用（资产评估费、登记费、保险费、财务顾问费、咨询费等）总和/融资金额]

19.贵企业截至目前应收拖欠账款金额为______万元，占营业收入比例为______%，截至目前已收回拖欠账款金额为______万元。（填空）

三、政务环境类（矩阵单选题）

1.本地区是否存在限制中小企业进入市场的歧视性附加条件和隐性条款？

A.是　　　　　　　　B.否

2.当地政府是否取消了中小企业最低注册资本、股比结构等限制性条件？

A.是　　　　　　　B.否

3.当地政府是否制定并发布了涉企行政事业性收费、政府性基金和实施政府定价或指导价的经营服务性收费清单？

A.是　　　　　　　B.否

4.当地政府是否专门制定了保护中小微企业权益的相关办法？

A.是　　　　　　　B.否

5.当地政府是否定期开展保护企业合法权益的满意度测评？

A.是　　　　　　　B.否

6.当地政府是否建立了诸如热线电话、邮箱、微信、网站、QQ、服务窗口等形式的中小企业投诉渠道，并对外公开了联系方式？

A.是　　　　　　　B.否

7.当地政府是否建立了企业投诉维护事项限时办理机制？

A.是　　　　　　　B.否

8.您知道本地区保护中小企业合法权益的渠道吗？

A. 知道并反映过问题

B. 知道但未反映过问题

C. 不知道

9.您所反映的问题是否得到了回应与解决？

A. 有回应且得到解决

B. 有回应但未能解决

C. 没有回应

10.贵企业最近三年主要的融资渠道是？

A. 商业银行

B. 小额贷款公司

C. 发行债券

D. 创投机构

E. 上市融资（含主板、新三板、区域性股权市场）

F. 民间拆借

G. 其他（请注明）________________

四、融资环境类（矩阵单选题）

1.当地中小企业贷款需求响应平均速度是否快于非中小企业贷款需求响应速度？

A.是　　B.否

2.当地政府是否设立了专门的中小企业续贷转贷基金？

A.是　　B.否

3.当地政府是否设立地方产业并购基金，鼓励中小企业参与国有企业兼并重组？

A.是　　B.否

4.当地行业协会、商会和各类社会中介机构是否经常为中小企业提供投资融资服务与法律咨询？

A.是　　B.否

5.金融机构是否为中小企业提供债务融资方式？

A.是　　B.否

6.金融机构是否为中小企业提供以应收账款为担保品的担保融资？

A.是　　B.否

7.金融机构是否为中小企业提供以专利权质抵押的融资方式？

A.是　　B.否

8.金融机构是否对通过专利权质抵押方式获得银行贷款的中小微企业按贷款年利息的50%给予贴息补助？

A.是　　B.否

9.贵企业是否存在被拖欠账款问题？

A. 存在且很普遍

B. 存在但不普遍

C. 不存在

10.拖欠单位主要为？（多选）

A. 政府部门

B. 事业单位

C. 大型国有企业

D. 民营企业

E. 其他（请注明）____________

11. 贵企业的经营管理人员最近一年是否参加过当地有关部门组织的中小企业经营管理人员培训班？

A. 参加过

B. 未参加过（请注明原因）__________________

12. 参加中小企业经营管理人员培训班的相关费用承担方式为？

A. 个人全部承担

B. 个人部分承担

C. 企业全部承担

D. 企业部分承担

E. 政府全部承担

F. 政府部分承担

13. 贵企业最近一年是否参加过政府公开招标采购？

A. 未参加过

B. 参加但未获得政府采购订单

C. 参加并获得政府采购订单

14. 未获得政府采购订单的原因是什么？

A. 受到了差别待遇或者歧视待遇

B. 企业自身条件不足

C. 其他（请注明）__________________

五、财税支持类（矩阵单选题）

1. 当地政府是否以奖励、补助、贷款贴息等方式鼓励中小企业参与传统基础设施建设、PPP和公共服务领域的项目建设？

A. 是　　　　B. 否

2. 当地政府是否严格执行中小企业免征增值税、减半征收企业所得税等各项税收优惠政策？

A. 是　　　　B. 否

3. 当地政府是否建立并及时更新“最多跑一次清单”，基本实现涉税事项一次结办？

A. 是　　　　B. 否

4. 当地政府是否严格落实了为中小企业技术创新项目和为大企业产品配套的技术改造项目贷款贴息优惠政策？

A.是　　B.否

六、服务环境类（矩阵单选题）

1.当地政府是否建立了固定的创新创业交流平台？

A.是　　B.否

2.当地政府是否经常指导本地区中小企业就品牌塑造开展培训、交流？

A.是　　B.否

3.当地政府是否通过一定渠道对企业品牌进行宣传？

A.是　　B.否

4.当地政府是否建立了固定的中小企业优惠政策宣传平台？

A.是　　B.否

5.当地政府是否牵头举办中小企业展览展销会？

A.是　　B.否

6.当地政府是否对参加中小企业展览展销会的企业给予资金支持？

A.是　　B.否

7.当地政府部门人员是否每年定期走访中小企业，了解中小企业发展状况？

A.是　　B.否

8.当地政府是否定期与企业家召开座谈会？

A.是　　B.否

9.当地政府是否通过多种渠道对中小企业家先进典型事迹进行宣传？

A.是　　B.否

10.当地政府是否开展过“优秀中小企业家及中小企业”评选活动？

A.是　　B.否

11.您所在企业是否定期组织员工进行党性、诚信、道德教育等相关实践活动？

A.是　　B.否

12.在优化中小企业发展环境的若干举措中，哪些政策取得的效果较好？（选择最重要的几项）（多选）

A.税收优惠

B.行政事业性收费和政府性基金项目减免

C.融资支持

D.政府采购支持

E. 社保负担减轻

F. 拖欠账款清偿

G. 公共服务改善

F. 知识产权保护

I. 人才培训和引进

J. 其他（请注明）________________

13. 总体来看，您认为目前中小企业发展面临的最突出困难有哪些？（选择最重要的几项）（多选）

A. 税费负担重

B. 融资困难

C. 销售及服务回款难

D. 用工用地等成本负担重

E. 创新难

F. 维权难

G. 缺乏公平竞争环境

H. 人才缺乏

I. 环保压力大

J. 其他（请注明）________________

14. 您认为新冠肺炎疫情对您所在企业的负面影响程度如何？

A. 影响特别大

B. 影响较大

C. 影响较小

D. 无影响

15. 您认为疫情对中小企业的负面影响主要体现在哪些方面？（多选）

A. 不能复工，生产进度拖延原材料等上游供应链出现断裂

B. 工厂停工造成的资本浪费或成本损失

C. 物流运输问题导致订单延误

D. 劳动力、人员供给减少，招工难

E. 成本上升，包括但不限于原材料成本、人工成本、运输成本等

F. 产品销量锐减

G. 其他（请注明）________________

16.疫情期间，本地政府切实开展的复工复产政策及支持措施有哪些？（多选）

A.保障企业有序复工复产（如分区分类指导企业有序复工复产、建立重点企业派驻联络员制度、强化复工复产要素保障等）

B.完善融资服务（如灵活安排展期续贷、降低融资成本、提高融资便捷性、降低企业融资成本等）

C.着力稳岗就业（如稳定企业用工、稳定企业劳动关系、缓缴社会保险费、减轻住房公积金缴存负担等）

D.加大财税支持（如资金支持、发挥十大生态产业基金作用、减免中小微企业税费、延期缴纳税款等）

E.降低运营成本（如减轻企业用能压力、减免中小微企业房租、扶持中小微企业“双创”载体、大企业支持中小微企业在产业链上形成协同发展等）

F.强化服务保障（如完善项目审批绿色通道、设立疫情防护物资收储专项资金、加大清理拖欠民营企业中小微企业账款力度等）

17.您希望新冠疫情期间政府还应该为中小企业出台哪些政策措施？（多选）

A.税收优惠政策

B.免减缓延社保费用政策

C.金融支持政策

D.房租减免政策

E.稳岗补贴政策

F.保证原材料的供给和运输政策

G.用电用水用气等优惠政策

H.支持创新发展政策

I.其他（请注明）____________

七、政策环境类（矩阵单选题）

1.当地政府是否出台了旨在确定产业发展的优先顺序、促进中小企业集群化和产业结构化的产业结构政策？

A.是　　　　B.否

2.当地政府是否制定了致力于扶持落后区域中小企业成长，推动区域间企业合作的发展规划？

A.是　　　　B.否

3.当地政府是否出台了对中小企业进行直接税收优惠、间接税收优惠或行政收费减免的政策？

A.是　　　　　　　　　B.否

4.当地政府是否出台了有关中小企业亏损补贴、科技创新补贴、出口补贴及其他补贴的优惠政策？

A.是　　　　　　　　　B.否

5.当地政府是否出台了促进中小企业发展的金融优惠政策（如简化贷款审批手续、减免贷款手续费、降低贷款前置条件等）？

A.是　　　　　　　　　B.否

6.当地政府是否经常举办有关中小企业上市、集合债发行、提升中小企业融资能力等主题的培训活动？

A.是　　　　　　　　　B.否

7.当地政府是否出台了促进中小企业进行技术开发、试验推广及产品设计、加工、检测的支持政策？

A.是　　　　　　　　　B.否

8.当地政府是否出台了针对中小企业开展信息交流、产品展示及网上咨询等活动的服务政策？

A.是　　　　　　　　　B.否

9.当地政府是否出台了支持、鼓励、保护中小企业取得自主知识产权的政策？

A.是　　　　　　　　　B.否

10.当地政府是否出台了帮助中小企业引进人才、留住人才的扶持政策？

A.是　　　　　　　　　B.否

11.当地政府是否针对此次新冠肺炎疫情向中小企业发布了预防控制指引政策？

A.是　　　　　　　　　B.否

12.当地政府是否针对此次新冠肺炎疫情出台了支持中小企业复工复产和生产经营的政策？

A.是　　　　　　　　　B.否

13.新冠肺炎疫情期间，当地政府部门是否指派专人指导中小企业复工复产？

A.是　　　　　　　　　B.否

八、社会满意度打分

1.请您对本地区优化中小企业发展环境的各项政府工作满意度打分。（矩阵量表题）（注：1=非常不满意；2=不满意；3=一般；4=比较满意；5=非常满意）

评价维度	非常不满意	不满意	一般	比较满意	非常满意
市场准入					
公平竞争					
行政审批					
减税降费					
纳税办理					
融资支持					
融资效率					
融资服务					
政府采购					
创新支持					
品牌培育					
对外合作					
要素成本					
公共服务					
创业支持					
权益保护					
工作效率					
流程规范					
服务态度					
办事便利					
服务保障					
政务公开					
政策透明					

续表

评价维度	非常不满意	不满意	一般	比较满意	非常满意
政策稳定					
政策公平					
政策落实					
政策宣传					

2. 请您对本地区中小企业与政府的关系进行评价。（矩阵量表题）（注：1=非常不认同；2=不认同；3=一般；4=比较认同；5=非常认同。“亲近”指中小企业积极主动向地方政府及部门沟通、交流，且地方政府切实帮助中小企业解决遇到困难和问题。“清白”指中小企业在发展过程中遵纪守法，地方政府洁身自好。）

问题	非常不认同	不认同	一般	比较认同	非常认同
政商关系清白					
政商关系亲近					

附件2：

甘肃省中小企业发展环境评估调查问卷(政府版)

为全面客观地评估甘肃省中小企业发展环境，受甘肃省促进中小企业和民营经济发展工作领导小组办公室委托，兰州大学管理学院实施本次问卷调查。本次问卷调查将采用无记名方式进行填写，所有问卷信息仅用于项目本身且将被严格保密。感谢您的积极配合！

一、个人基本情况

1.您的性别？（单选）

A. 男

B. 女

2.您的年龄？（单选）

A. 30岁及以下

B. 31-40岁

C. 41-50岁

D. 51岁及以上

3.您的民族？（单选）

A. 汉族

B. 回族

C. 藏族

D. 东乡族

E. 其他少数民族

4.您的政治面貌？（单选）

A. 中共党员（含预备党员）

B. 共青团员

C. 群众

D. 其他党派（含无党派人士）

5.您的受教育程度？（单选）

A.大专及以下

B.本科

C.硕士

D.博士

6.您的工作单位位于 ________ 市（州） ________ 县（区）。（填空）

7.您的工作单位是 ________，部门是________。（填空）

二、中小企业发展环境建设内容

8.请您对以下政府工作成效做出评价。（矩阵量表题）（注：1=非常不明显；2=不明显；3=一般；4=比较明显；5=非常明显。请在表格中打“√”）

问题	1	2	3	4	5
本地区政府在营商环境的营造、监管等方面取得的成效如何？					
本地区政府在取消和下放行政审批事项、清理非行政许可审批事项等方面取得的成效如何？					
本地区政府在清理政府部门和央企、国企拖欠中小企业欠款的成效如何？					

9.本地区政府出台各类涉及中小企业政策时是否吸纳企业意见？（多选）

A.公布制订程序，召开企业座谈会等征询意见，并及时反馈

B.通过行业协会、商会在企业中征求意见

C.发布公告，征求意见

D.没有通过任何方式征求意见

10.本地区营商环境存在的突出问题有哪些？（多选）

A.一些政府部门存在懒政怠政现象，服务意识与服务能力有待加强

B.地方政府出台的支持中小企业发展的政策力度不够，已有政策落实困难

C.政府对中小企业发展的支持措施缺乏可持续性，部分中小企业合法权益被侵害

D.政府与中小企业沟通渠道不畅通，企业面临的困难与问题得不到及时回应与解决

E.中小企业缺乏资金支持，融资困难

F.法制、市场与人文等软环境较差

G.地方政府或国有企业存在拖欠中小企业账款的情况

H. 其他（请注明）______

11.政务环境类选择题（矩阵单选题）

问题	是	否	不清楚
本地区是否存在限制中小企业进入市场的歧视性附加条件和隐形条款?			
本地区政府部门是否建立了诸如热线电话、网站、微信、服务窗口等形式的中小企业投诉渠道并对外公开了联系方式?			
本地区政府部门是否建立了企业投诉维护事项限时办理机制?			
本地区政府部门是否建立了完善的清偿方案和清欠措施,并完成清欠目标任务?			

12.本地区政府发布中小企业发展相关政策的渠道是?（多选）

A. 政府或部门门户网站

B. 座谈会、工作会议等传统形式

C. 下发政策文件等形式

D. 报刊、电视等主流媒体

E. 政府公众平台等新媒体

F. 其他（请注明）____________

13.本地区政府在对中小企业的财税支持方面做了哪些努力?（多选）

A. 设立专项资金

B. 扶持重点产业项目

C. 设立中小企业发展基金

D. 提供税收优惠

E. 其他（请注明）____________

14.财税支持类选择题（矩阵单选题）

问题	是	否	不清楚
本地区政府部门是否以给予奖励、补助、贷款贴息等方式鼓励中小企业参与传统基础设施建设、PPP和公共服务领域的项目建设?			
本地区政府部门是否严格执行中小企业免征增值税、减半征收企业所得税等各项税收优惠政策?			
本地区政府部门是否建立并及时更新“最多跑一次清单”,基本能实现涉税事项一次结办?			

15. 本地区中小企业融资难的主要原因是什么？（多选）

A. 中小企业自身资本金不足，资产负债率较高

B. 融资结构不尽合理，企业融资渠道单一

C. 银行对中小企业贷款的抵押条件较高，贷款程序复杂，放款周期长

D. 中小板块或新三板上市门槛高

E. 信用担保体系不健全

F. 中小企业融资相关法律和政策体系不完善

G. 其他（请注明）______________

16. 本地区政府为解决中小企业融资难出台了哪些措施？（多选）

A. 放宽抵质押物范围，支持企业以存货、应收账款、知识产权等动产抵质押融资，提高资产抵押率

B. 鼓励银行设立专门针对中小企业的产品，提供低门槛信贷支持

C. 举办引导民间投资健康发展，投向中小企业相关的座谈会

D. 设立专项资金为企业提供贴息或者创业资金扶持

E. 提供公益性融资策划咨询（如上市、发债等）

F. 组织建立融资互助组织

G. 其他（请注明）______________

17. 融资环境类选择题（矩阵单选题）

问题	是	否	不清楚
本地区政府部门是否设立了专门的中小企业续贷转贷基金？			
本地区政府部门是否设立地方产业并购基金，鼓励中小企业参与国有企业兼并重组？			
金融机构是否为中小企业提供债务融资方式？			
金融机构是否为中小企业体提供以应收账款为担保品的担保融资？			
金融机构是否为中小企业提供以专利权质抵押的融资方式？			
金融机构对中小微企业通过专利权质抵押方式获得银行贷款的是否按贷款年利息的50%给予贴息补助？			

18. 本地区政府部门关于支持中小企业发展的公共服务平台（管理咨询、创业辅导、人员培训、信息服务等）在方便企业办事创业方面的效果如何？（单选）

A. 平台完善，服务方便，效率有所提高

B. 形式和程序上方便，效率提升不明显

C. 做到了制度上墙，但实际运行情况差，效果不明显

D. 并未实际建立起完善的公共服务平台

19. 本地区政府部门关于支持中小企业发展的公共服务平台建设存在哪些问题？（多选）

A. 公共服务平台建设和运营费用过高

B. 公共服务平台建设人才队伍薄弱

C. 对各类企业的生产经营不熟悉，无法开展有效、精准的服务

D. 信息共享平台不完善

E. 其他（请注明）________________

20. 本地区在为中小企业提供服务过程中，需要加强哪些方面？（多选）

A. 加强制度建设，做好政策宣传与落实

B. 取消、调整相关行政审批事项

C. 提升政府服务意识与服务能力

D. 营造良好的市场环境

E. 强化投融资服务

F. 加强管理、技术、法律等方面的咨询与服务

G. 加大人才引进和人员技能培训

H. 其他（请注明）____________________

21. 服务环境类选择题（矩阵单选题）

问题	是	否	不清楚
本地区政府部门是否建立了固定的创新创业交流平台？			
本地区政府部门是否经常指导本地区中小企业就品牌塑造开展培训、交流？			
本地区政府部门是否通过一定渠道对企业品牌进行宣传？			
本地区政府部门是否建立了固定的中小企业优惠政策宣传平台？			
本地区政府部门是否牵头举办中小企业展览展销会？			
本地区政府部门是否对参加中小企业展览展销会的企业给予资金支持？			
本地区政府部门工作人员是否每年定期走访中小企业，了解中小企业发展状况？			
本地区政府部门是否定期与企业家召开座谈会？			

续表

问题	是	否	不清楚
本地区政府部门是否通过多种渠道对中小企业家先进典型事迹进行宣传?			
本地区政府是否开展过“优秀中小企业家及中小企业”评选活动?			

22.本地区“亲”“清”政商关系构建效果如何?(单选)(“亲”指中小企业积极主动向地方政府及部门沟通、交流，且地方政府切实帮助中小企业解决遇到困难和问题。“清”指中小企业在发展过程中遵纪守法，地方政府洁身自好。)

A.政府主导力量强，全社会协同度高，已形成良好的“亲”“清”政商关系

B.政府有意愿，但其他各界对“亲”“清”政商关系的重视程度不够

C.政府意愿和主导力量都不足，其他各界重视程度不一，整体氛围较差

D.“亲”“清”政商关系尚未形成

23.本地区政府在营商环境优化中的工作机制及其效果如何?(多选)

A.成立促进中小企业发展专门领导小组，并形成常态化工作机制

B.各部门职责体系明晰，主体责任明确，形成健全的部门合作机制

C.建立常态化的监督检查机制

D.形成明确的奖惩机制

E.完善信息管理制度

24.新冠肺炎疫情期间，当地政府是否指派专人指导中小企业复工工作?(单选)

A.是

B.否

C.不清楚

25.本地区政府为帮助中小企业克服疫情造成的负面影响，出台了哪些相关政策措施?(多选)

A.税收优惠政策

B.减免社保费用政策

C.金融支持政策

D.房租减免政策

E.稳岗补贴政策

F.保证原材料的供给和运输政策

G. 用电、用水、用气等政策

H. 支持创新发展政策

I. 其他（请注明）________

26. 本地区政府在新冠肺炎疫情期间促进中小企业复工复产的具体举措有哪些？（多选）

A. 加强防疫宣传，落实疫情防控和安全生产主体责任

B. 指导企业制订复工复产方案和内部封闭管理防疫措施

C. 做好企业用工保障，组织企业人员返岗、开展线上就业服务等

D. 加强疫情期间的财政和信贷保险融资支持

E. 加快恢复企业供应链和产业链

F. 其他（请注明）________

27. 请您对以下问题进行评价。（矩阵量表题）（注：1=非常差；2=较差；3=一般；4=较好；5=非常好）

问题	1	2	3	4	5
新冠肺炎疫情期间，本地区政府对中小企业复工复产的扶持力度如何？					
本地区中小企业发展环境总体状况如何？					

附件3：

甘肃省中小企业发展环境评估访谈提纲（企业版）

1.请您简要介绍下本企业经营和管理的基本情况。（企业经营范围、注册资金、员工人数及下设的辅助生产单位等方面）

2.您对本地区当前中小企业发展环境的总体情况是否满意？您认为本地区中小企业发展环境优化与提升面临的主要挑战与突出问题是什么？什么原因？如何改进？

3.近三年政府对优化中小企业发展环境出台了哪些支持政策？政策落实情况如何？您认为对本企业发展支持最明显的政策是什么？（按重要性排序）

4.贵企业目前经营中遇到的主要问题是什么？是否得到本地政府部门、金融机构等的支持？效果如何？如何改进？

5.新冠肺炎疫情期间本企业受到了哪些影响？如何克服？（企业自身、外部环境）

6.您希望在未来中小企业发展方面得到哪些政策支持？（按重要性排序）

附件4：

甘肃省中小企业发展环境评估访谈提纲(政府版)

1.请介绍一下您所在部门在优化本地中小企业发展环境中的主要职责，并对本地区中小企业发展环境做出总体评价。

2.您认为本地区中小企业发展面临的最突出的问题与挑战是什么？为什么？如何解决？

3.您所在部门出台了哪些政策支持本地中小企业发展？政策实施效果如何(政策实施效果排序)？遇到了哪些困难（排序)？采取了哪些措施来解决这些困难？

4.您认为本部门或本地区在优化中小企业发展环境方面有哪些创新举措？

5.您对本地区在优化中小企业发展环境方面有什么建议？您觉得本地区在优化中小企业发展环境方面有哪些经验值得其他地区借鉴？您认为其他地区的经验是否值得学习？

附件5：

甘肃省中小企业发展环境评估指标体系

一、政务服务环境（15分）

附表1　政务服务环境维度指标分值与指标含义

二级指标	分值	三级指标	分值	指标含义
市场准入	3	市场准入机制	3	是否存在对中小企业的歧视性附加条件和隐性条款；是否存在对中小企业取消最低注册资本、股比结构等限制
公平竞争	3	公平竞争审查	1.2	是否建立严格的内部审查制度并规定审查流程；是否有明确的社会、媒体等公开监督渠道
		双随机监管	1.8	是否出台双随机监管的具体操作办法；是否制定随机抽查清单；抽查情况和结果是否及时向社会公开
便企服务	5	一站式服务平台	1	是否建成涉企一站式服务大厅
		涉企收费清单	2	是否制定并出台涉企行政事业性收费、政府性基金和实施政府定价或指导价的经营服务性收费清单；是否及时更新目录清单内容
		企业开办时间	1	企业开办时间是否在5天以内
		企业开办成本	1	企业开办是否实现零成本
中小企业权益保护	4	权益保护制度	1.5	是否制定并出台中小微企业权益保护制度；是否建立企业参与涉企类政策制定的机制与通道；是否定期开展保护企业合法权益的满意度测评
		企业投诉维护	0.5	是否建立中小企业投诉渠道并对外公开联系方式；是否建立投诉限时办理机制
		清欠完成情况	2	清理政府部门和国有企业拖欠民营企业、中小企业欠款工作进度

二、政策环境维度（12分）

附表2　政策环境维度指标分值与指标含义

二级指标	分值	三级指标	分值	指标含义
政策制定	8	产业政策	1	是否出台旨在确定产业发展的优先顺序、促进中小企业集群化和产业结构优化的政策；是否制定协调发展的区域规划，致力于扶持落后区域中小企业成长，推动区域间企业合作的产业布局政策
		财税政策	1	是否出台对中小企业开展税收优惠或行政收费减免的政策；是否出台有关企业亏损补贴、科技创新补贴、出口补贴及其他补贴的政策
		金融政策	1	是否出台简化贷款审批手续、减免贷款手续费、降低贷款前置条件等为中小企业融资提供便利的金融保障政策；是否出台促进中小企业上市融资与债券融资，提升中小企业的融资能力的金融市场政策
		创新创业支持政策	1	是否出台提供技术开发、试验、推广及产品设计、加工、检测等公共技术支持的政策
		服务政策	1.5	是否提供针对中小企业信息交流、产品展示、网上咨询等服务政策；是否出台保护中小企业取得自主知识产权的知识产权保护政策；是否出台人才引进政策，鼓励先进人才引入与交流
		防疫指引	1	疫情期间，是否针对中小企业发布疫情防控指引政策；是否指派专人指导中小企业在疫情防控达标前提下复工复产
		复工政策	1.5	是否出台支持中小企业复工复产的政策
政策宣传	4	宣传频次	1	是否定期完成政策宣传报道任务
		宣传广度	1	政策宣传是否实现中小企业、企业中高层以上管理人员和基层政府部门工作人员“三个全覆盖”
		宣传效果	2	当地政府政策宣传效果

三、财税支持维度（10分）

附表3　财税支持维度指标分值与指标含义

二级指标	分值	三级指标	分值	指标含义
专项资金设立使用	3	资金配套	1	是否在本级预算中按《中小企业促进法》《甘肃省促进中小微企业高质量发展若干措施》中资金配套要求（额度）设立中小企业发展专项资金
		资金使用	2	是否制定专项资金管理制度和使用办法；是否严格依据资金使用办法拨付、使用中小企业发展专项资金；地方政府是否合理统筹已设立的专项资金和政府投资基金
重点产业项目支持	3	“专精特新”培育企业	1	是否按要求对国家级、省级认定的“专精特新”培育企业开展上报、实施、监管工作
		特色产业扶持	1	是否对地方上获得国家创新创业特色载体并对取得良好效果的经济开发区、工业园区，支付相应奖励；是否对地方重点支持的扶贫产业相关企业支付相应奖励
		项目参与支持	1	中小企业参与政府和社会资本合作（PPP）项目和公共服务领域、传统基础设施领域项目建设与运营管理，政府是否给予相应奖励、补助、贷款贴息等形式支持
中小企业发展基金	1	基金设立	0.5	是否设立中小企业发展基金
		基金使用	0.5	中小企业发展基金投资使用率
税收政策	2	税收政策执行	2	是否严格执行小微企业免征增值税、小型微利企业减半征收企业所得税、研发费用加计扣除、金融机构向小微企业提供贷款的利息收入及融资担保收入免征增值税等各项税收优惠政策
纳税办理	1	税务服务	0.8	是否建设电子税务局，实现涉税事项进行网上办理；办税服务厅是否进驻政务服务中心；是否设立并及时更新涉税事项“最多跑一次清单”；办税服务厅是否实现“一窗一人”模式
		网报开通率	0.2	企业类纳税人的电子税务局网报开通率

四、融资环境维度（10分）

附表4　融资环境维度指标分值与指标含义

二级指标	分值	三级指标	分值	指标含义
融资渠道	3	融资方式	2	金融机构提供以应收账款为担保品的担保融资落实情况；金融机构为中小企业提供债务融资方式的落实情况；金融机构提供以专利权质押的融资方式，并对中小微企业通过专利权质押方式获得银行贷款的按贷款年利息的50%给予贴息补助的政策落实情况
		融资机制	1	是否建立中小企业“税务+担保+银行”联动机制，建立健全市（州）、县两级银税合作工作机制；“税务+担保+银行”联动机制是否发挥实际效果
融资支持	3	贷款贴息优惠	1	是否落实为有关部门认定的中小企业技术创新项目和为大企业产品配套的技术改造项目贷款贴息优惠政策
		信贷计划	1	是否落实将单户授信1000万元及以下的小微企业贷款纳入中期借贷便利的合格担保品范围政策
		“政保贷”联动	1	是否落实提供不收或少收保证金、提高放大倍数、控制贷款利率上浮幅度等优惠政策
融资效率	2	贷款同比增速	2	银行业金融机构对小微企业贷款同比增速是否高于各项贷款同比增速
融资服务	2	融资产品支持	1	是否开发特色产业担保贷等融资产品；是否设立中小微企业续贷转贷基金；是否设立地方产业并购基金，鼓励中小企业参与国有企业兼并重组；地方法人银行业金融机构是否发行小微企业金融债券
		融资咨询服务	0.5	行业协会、商会和各类社会中介机构是否为中小企业提供投资融资服务与法律咨询
		担保机构保障	0.5	是否通过中央奖补资金，采取直接补助、绩效奖励等方式，对政策引导性强、效果较好的担保机构加大奖补力度

五、创新创业环境维度（12分）

附表5　创新创业环境维度指标分值与指标含义

二级指标	分值	三级指标	分值	指标含义
平台建设	2	园区建设	1	园区建设得分=三年(2017—2019)各类孵化机构总数量/三年GDP平均数
		培训交流	1	政府部门是否主导开设创新创业培训讲堂；是否建立创新创业常态化交流平台或机制
科技创新	4	创新支持	0.5	是否严格执行并落实国家和省、市(州)对科技创新企业的优惠政策和奖励机制
		科研经费	0.5	科技创新企业经费投入率=三年(2017—2019)科研创新投入平均数/三年GDP平均数
		人才投入	1	高校、科研院所专业技术人员、公职人员离岗创业人数；每万人新增大学生在中小企业就业数量
		科研机构	0.5	是否有服务于中小企业的科研机构
		科技成果	0.5	三年(2017—2019)科技成果转换数量
		专利申请	1	专利申请数复合增长率=(2019年专利申请数/2017年专利申请数)^(1/2)-1
政府支持	5	企业培育	2	“专精特新”、高新技术中小企业数量
		企业改制	0.5	“个转企”数量
		协同发展	2.5	是否建立健全协同发展产业链；是否建立优势主导产业和龙头骨干企业带动、中小微企业协作配套的专业化配套产业集群；集群区环保基础设施建设是否完善；工业园区是否建设中小企业“园中园”；是否鼓励大中型企业和小微企业组成联合体共同参与政府采购
品牌培育	1	品牌塑造	0.5	是否开展品牌塑造培训和交流活动，促进企业品牌标识差异化、有内涵、能够被大众认可
		品牌宣传	0.5	是否通过一定渠道对创新创业企业进行品牌宣传，对中小企业广告宣传是否有相关优惠政策

六、公共服务环境维度（12分）

附表6　公共服务环境维度指标分值与指标含义

二级指标	分值	三级指标	分值	评估依据
公共服务体系	3	公共基础设施	1.5	当地政府是否主导建立工业园区；是否建有中小企业创新创业基地；是否建有标准化厂房
		公共服务体系	1	是否建立中小企业公共服务机构；是否建立跨部门的政策信息互联网发布平台
		公共服务示范平台	0.5	中小企业公共服务示范平台的数量
信息化建设	3	云制造与云服务平台	1	是否具有中小企业云制造和服务平台；是否组织中小企业上云
		智能制造能力	1	是否建立中小企业智能制造支撑服务体系；是否按照国家和省级优惠政策实际推进符合条件的中小企业智能化
		信息化培训和推广	1	是否具有信息化培训和推广活动
信用培育	3	信用共享平台	1	是否按照国家企业信用信息公示系统和中小企业名录，建立完善的中小企业数据库
				企业信用共享平台是否和商业银行共享注册登记、行政许可、行政处罚、“黑名单”以及纳税、社保、水电煤气、仓储物流等完善信息
		信用评级	2	是否具有明确的企业信用评级标准、指标；是否具有专业的企业信用评级团队；是否中小企业参与信用评级活动；是否组织中小企业信用评级修复活动
人才队伍	1	教育培训	1	是否开展中小企业经营管理人员培训；地方各行业主管部门是否开展补贴性职业技能培训
对外合作交流	2	对外合作交流	1	是否按照国家和省级优惠政策搭建对外合作交流服务平台；是否落实优化海关流程、简化办事手续，降低企业通关成本政策；是否提供中小企业对外合作交流服务
		展览展销	1	政府部门是否牵头举行中小企业展览展销会；是否为中小企业参加展览展销会议（含国际、国内、省、地区）给予资金支持

七、新型政商关系维度（6分）

附表7 新型政商关系维度指标分值与指标含义

二级指标	分值	三级指标	分值	指标含义
政商沟通	4	走访座谈	2	是否定期走访中小企业；是否定期召开企业家座谈会
		沟通渠道	1	是否具备热线电话、邮箱、微信、网站、QQ、服务窗口等多形式的沟通渠道
		服务保障	1	中小企业对当地政府涉企工作服务保障情况的满意度
宣传教育	2	宣传先进	1	是否每年通过多种渠道对中小企业家先进典型事迹进行宣传
		思想教育	1	是否对中小企业开展党性、诚信、道德教育等相关实践活动

八、工作机制维度（11分）

附表8 工作机制维度指标分值与指标含义

二级指标	分值	三级指标	分值	指标含义
工作保障	4	组织领导	2	促进中小企业发展专门领导小组单位是否全部出席启动会；是否制定本地区中小企业发展年度工作要点，细化分解重点工作任务
		合作机制	2	是否制定明确各部门任务和分工、落实主体责任的中小企业发展工作安排方案；是否召开联席会议、专题会议部署中小企业发展工作相关事项
监督检查	2	定期督查	1	促进中小企业发展领导小组是否对下级部门的中小企业工作情况开展定期监督检查
		督查机制	0.5	是否建立常态化监督检查机制；是否对督查结果提供整改指导
		评估总结	0.5	是否定期对辖区中小企业发展情况进行自评并形成自评报告或总结报告
奖罚制度	2	评优表彰	1	是否组织开展“优秀中小企业家及中小企业”评选活动并进行激励表彰
		通报问责	1	是否建立定期通报制度；切实落实问责措施
信息宣传	3	信息制度	1	是否建立规范的中小企业发展信息管理制度

续附表8

二级指标	分值	三级指标	分值	指标含义
		信息管理	1	中小企业信息采集是否完备;是否对中小企业信息实行多渠道、全方位的网络化管理
		信息公开	1	是否开设中小企业政策专栏;是否及时发布涉及中小企业的法律法规、财政支持、税收优惠、权益保护等各类信息

九、社会满意度维度(12分)

附表9 社会满意度维度指标分值与指标含义

二级指标	分值	三级指标	分值	指标含义
社会满意度	12	项目审批	1.5	对本区域内企业开办与项目审批的总体满意程度
		工作效率	1.5	对本区域内政务审批办理工作效率的满意程度
		办事便利	1	对本区域内政务办理便利程度的总体满意程度
		流程规范	1	对本区域内政务办理流程规范性的总体满意程度
		政务公开	1	对本区域内政务信息公开程度的总体满意程度
		政策透明	1	对本区域内中小企业发展环境相关政策透明度的总体满意程度
		政策稳定	1	对本区域内中小企业发展环境相关政策稳定性的总体满意程度
		政策公平	1	对本区域内中小企业发展环境相关政策公平性的总体满意程度
		政策落实	1.5	对本区域内中小企业发展环境相关政策具体落实情况的总体满意程度
		政商关系	1.5	对本区域内新型政商关系建设现状的总体满意程度

后 记

中小企业是经济和社会发展的生力军，是促进就业、改善民生、稳定社会、发展经济、推动创新的基础力量，也是构成市场经济主体中数量最大、最具活力的企业群体。近年来，以习近平同志为核心的党中央高度重视中小企业发展，在财税支持、融资支持、创业扶持等诸多方面出台了一系列政策措施，取得了积极成效。

地处西北的甘肃省，地区生产总值、人均地区生产总值和人均可支配收入等重要经济指标长期位于全国末尾，经济社会发展水平明显滞后。究其原因，其中之一就是市场主体不活跃，特别是中小企业的规模、结构和质量等都存在较为明显的短板。为了改变这种现状，近年来甘肃省委、省政府在政务服务、财税支持、融资环境等方面出台了多项重要举措，力图进一步优化甘肃省中小企业发展环境，激发中小企业创新活力和发展动力。

为更加深入地了解甘肃省中小企业发展环境现状，根据甘肃省委、省政府相关要求，甘肃省促进中小企业和民营经济发展领导小组办公室于2019年11月委托兰州大学对甘肃省中小企业发展环境开展第三方评估。具体评估工作由兰州大学管理学院组建的第三方评估项目组来实施，由本人担任项目总负责人，兰州大学管理学院名誉院长包国宪教授担任项目总顾问，评估对象覆盖了甘肃省全部的14个市（州）、兰州新区和86个县（市、区）。评估的目的在于诊断当前甘肃省中小企业发展环境存在的问题，总结可复制推广的典型经验，从而为进一步优化甘肃省中小企业发展环境提供针对性的政策建议。

评估工作自2019年11月开始筹备，实际的调研工作集中在2020年5月至7月之间，实地调查走访全省各地的政务服务大厅100余次，深入各类中小企业170余家，回收有效调查问卷12806份，实地访谈政府工作人员1200余人，企业家1000余人，形成75万余字访谈记录。在这些基础资料的支撑下，项目组完成了《甘肃省中小企业发展环境评估报告（2020）》，得到了甘肃省委副书记、省长任振鹤同志的肯定性批复。经过专家评审及甘肃省促进中小企业和民营经济发展工作领导小组会议审议同意，项目组于2021年7月在兰州大学召开了《甘肃省中小企业发展环境评估报告（2020）》成果发布会，引发了广泛的报道和热烈的反响。

本书正是在上述项目成果的基础上修改成稿，包括评估基础、评估过程、成效与对策三篇内容。其中，评估基础篇主要论述评估背景、阐释学理支撑、说明评估方案；评估过程篇主要分析了九个评估维度的具体评价结果、甘肃省总体发展环境结果以及各市（州）、兰州新区和各县（市、区）的得分与排名；成效与对策篇则总结了甘肃省中小企业发展环境的建设成效，分析了当前存在的问题，并给出了进一步优化的政策建议。总体而言，本书对中小企业的属性与定位、中小企业发展环境优化的相关理论与实践进展等作了系统性梳理和评析，开发了一套中小企业发展环境的评估指标体系，并完整地展示了中小企业发展环境评估的过程与结果，具有理论发展和实践指引的双重意义，可以为相关的专家学者、政府部门、市场主体等提供有益借鉴或参考。

本书能得以出版，首先要感谢所有项目组成员的卓越工作和辛苦付出。包国宪教授作为项目的总顾问，对于项目的总体设计、具体实施都花费了巨大心血；丁志刚教授、孙岩教授、单菲菲教授、杨肃昌教授、韩国明教授、田中禾教授、焦克源教授等作为项目顾问，多次参与课题讨论，提出了极富针对性的建设性意见。屠兴勇教授、王雷副教授、戴巍副教授、孙斐副教授、郑刚副教授、李一男副教授、霍春龙副教授、牛琬婕博士、李艳霞博士以及王浩权老师等项目组成员在方案设计、现场评估、报告撰写上都做了大量富有成效的工作；博士研究生蔡泽山、杜丽娜、杨丽、李雅青、岳晓和硕士研究生王雪娜、谭钧方、郭蕾蕾等在前期的实地调研、联络协调、报告撰写等方面付出了艰辛的努力。博士生王焱、蔡泽山、杜丽娜等负责了后期成果的修改与完善，硕士研究生张奇雯、张敏做了大量校对工作，最终使本书成稿面世。

作为甘肃省首次实施的覆盖全省范围的中小企业发展环境评估成果，本书的完成得到了甘肃省委和省政府、甘肃省促进中小企业和民营经济发展工作领导小组办公室、甘肃省工业与信息化厅、14个市（州）及兰州新区和86个县（市、区）政府与部门、相关企业的大力支持。兰州大学社科处及管理学院为项目的团队组建及相关工作的开展提供了极大的便利和全方位的帮助，新华社、人民网、新华网等媒体对相关成果的推介报道提供了全力支持。同时，本书的出版得到了国家自然科学基金面上项目(71974087)、教育部人文社会科学规划基金项目(19YJA630024)、兰州大学服务甘肃省经济社会发展专项研究项目（2019FWZX09）的资助，兰州大学出版社黄卉编辑为本书的编校与设计也付出了巨大的努力。在此，一并表示感谢。

作为市场主体中占绝大多数的中小企业，在我国经济发展和社会福利增进中发挥着无可替代的作用。从2017年9月1日第十二届全国人民代表大会常务委员会第二十九次会议修订《中华人民共和国中小企业促进法》，到2019年10月23日国务院第66次常务会议通过《优化营商环境条例》（国务院令第722号），可以说中小企业环境优化一直在路上。本书是对甘肃省中小企业发展环境优化的重要探索，虽然已尽可能努力地在理论发展和实践应用上有所突破，但受限于作者的研究水平、精力和时间的限制，难免有诸多疏漏，包括方法的合理性、数据的准确性、表述的恰当性等，相关的政策建议也有待实践的检验。希望广大专家学者和相关读者不吝赐教，以期更好地推进中小企业发展环境的优化。

何文盛

2021年11月26日